国家出版基金资助项目

湖北省学术著作出版专项资金资助项目

数字制造科学与技术前沿研究丛书

可监测性与数字诊断技术

严新平 杨 琨 著

武汉理工大学出版社

·武汉·

内 容 提 要

机械系统的可监测性与数字诊断技术是近年来发展的新技术,是数字制造科学的前沿技术,已成为机械系统监测诊断领域创新发展的重要方向。本书共分为7章,介绍了可监测性与数字诊断技术的基本概念、发展过程,阐述了可监测性与数字诊断技术对于机械系统的作用;论述了机械系统可监测性设计的方法、体系框架和工作流程;提出了基于全寿命周期的机械系统可监测性设计和可监测性分配方法;从在线诊断、远程诊断和智能诊断等方面,介绍了机械系统数字诊断的概念,论述了相关故障诊断系统的设计与实施方法;阐述了将可监测性与数字诊断技术应用于船舶动力机械、旋转机械和工程机械的工程案例。

本书结合理论、技术及典型行业应用,论述了可监测性设计和数字诊断技术。本书可供从事机械系统故障诊断和运维管理的专业技术人员使用,也可以作为机械工程、动力工程、轮机工程等相关学科专业研究生的课程教材或参考用书。

图书在版编目(CIP)数据

可监测性与数字诊断技术/严新平,杨琨著. —武汉:武汉理工大学出版社,2018.1
(数字制造科学与技术前沿研究丛书)
ISBN　978 - 7 - 5629 - 5535 - 1

Ⅰ.①可… Ⅱ.①严… ②杨… Ⅲ.数字化-应用-船舶-监测系统 ②数字化-应用-船舶-故障诊断系统 Ⅳ.①U664-39

中国版本图书馆 CIP 数据核字(2017)第 211167 号

项目负责人:田　高　王兆国　　　　　**责任编辑:**黄玲玲
责任校对:梁雪姣　　　　　　　　　　**封面设计:**兴和设计
出版发行:武汉理工大学出版社(武汉市洪山区珞狮路 122 号　邮编:430070)
　　　　　　http://www.wutp.com.cn
经　销　者:各地新华书店
印　刷　者:武汉中远印务有限公司
开　　本:787mm×1092mm　1/16
印　　张:12.25
字　　数:250 千字
版　　次:2018 年 1 月第 1 版
印　　次:2018 年 1 月第 1 次印刷
印　　数:1—1500 册
定　　价:78.00 元

总　　序

当前,中国制造 2025 和德国工业 4.0 以信息技术与制造技术深度融合为核心,以数字化、网络化、智能化为主线,将互联网+与先进制造业结合,兴起了全球新一轮的数字化制造的浪潮。发达国家(特别是美、德、英、日等制造技术领先的国家)面对近年来制造业竞争力的下降,大力倡导"再工业化、再制造化"的战略,明确提出智能机器人、人工智能、3D 打印、数字孪生是实现数字化制造的关键技术,并希望通过这几大数字化制造技术的突破,打造数字化设计与制造的高地,巩固和提升制造业的主导权。近年来,随着我国制造业信息化的推广和深入,数字车间、数字企业和数字化服务等数字技术已成为企业技术进步的重要标志,同时也是提高企业核心竞争力的重要手段。由此可见,在知识经济时代的今天,随着第三次工业革命的深入开展,数字化制造作为新的制造技术和制造模式,同时作为第三次工业革命的一个重要标志性内容,已成为推动 21 世纪制造业向前发展的强大动力,数字化制造的相关技术已逐步融入制造产品的全生命周期,成为制造业产品全生命周期中不可缺少的驱动因素。

数字制造科学与技术是以数字制造系统的基本理论和关键技术为主要研究内容,以信息科学和系统工程科学的方法论为主要研究方法,以制造系统的优化运行为主要研究目标的一门科学。它是一门新兴的交叉学科,是在数字科学与技术、网络信息技术及其他(如自动化技术、新材料科学、管理科学和系统科学等)跟制造科学与技术不断融合、发展和广泛交叉应用的基础上诞生的,也是制造企业、制造系统和制造过程不断实现数字化的必然结果。其研究内容涉及产品需求、产品设计与仿真、产品生产过程优化、产品生产装备的运行控制、产品质量管理、产品销售与维护、产品全生命周期的信息化与服务化等各个环节的数字化分析、设计与规划、运行与管理,以及产品全生命周期所依托的运行环境数字化实现。数字化制造的研究已经从一种技术性研究演变成为包含基础理论和系统技术的系统科学研究。

作为一门新兴学科,其科学问题与关键技术包括:制造产品的数字化描述与创新设计,加工对象的物体形位空间和旋量空间的数字表示,几何计算和几何推理、加工过程多物理场的交互作用规律及其数字表示,几何约束、物理约束和产品性能约束的相容性及混合约束问题求解,制造系统中的模糊信息、不确定信息、不完整信息以及经验与技能的形式化和数字化表示,异构制造环境下的信息融合、信息集成和信息共享,制造装备与过程的数字化智能控制、制造能力与制造全生命周期的服务优化等。本系列丛书试图从数字制造的基本理论和关键技术、数字制造计算几何学、数字制造信息学、数字制造机械动力学、数字制造可靠性基础、数字制造智能控制理论、数字制造误差理论与数据处理、数字制造资源智能管控等多个视角构成数字制造科学的完整学科体系。在此基础上,根据数字化制造技术的特点,从不同的角度介绍数字化制造的广泛应用和学术成果,包括产品数字化协同设计、机械系统数字化建模与分析、机械装置数字监测与诊断、动力学建模与应用、基于数字样机的维修技术与方法、磁悬浮转子机电耦合动力学、汽车信息物理融合系统、动力学与振动的数值模拟、压电换能器设计原理、复杂多环耦合机构构型综合及应用、大数据时代的产品智能配置理论与方法等。

围绕上述内容,以丁汉院士为代表的一批制造领域的教授、专家为此系列丛书的初步形成提供了宝贵的经验和知识,付出了辛勤的劳动,在此谨表示最衷心的感谢!对于该丛书,经与闻邦椿、徐滨士、熊有伦、赵淳生、高金吉、郭东明和雷源忠等制造领域资深专家及编委会成员讨论,拟将其分为基础篇、技术篇和应用篇三个部分。上述专家和编委会成员对该系列丛书提出了许多宝贵意见,在此一并表示由衷的感谢!

数字制造科学与技术是一个内涵十分丰富、内容非常广泛的领域,而且还在不断地深化和发展之中,因此本丛书对数字制造科学的阐述只是一个初步的探索。可以预见,随着数字制造理论和方法的不断充实和发展,尤其是随着数字制造科学与技术在制造企业的广泛推广和应用,本系列丛书的内容将会得到不断的充实和完善。

《数字制造科学与技术前沿研究丛书》编审委员会

序

我国是机械设备的使用、设计和制造大国,随着中国制造 2025 和德国工业4.0等概念的提出,机械系统的设计、制造、维修和保养等将与信息技术深度融合,数字化、网络化、智能化将成为未来机械设备不可缺少的固有属性。在工业应用中,通过有效的监测技术可以获知机械设备的健康状态及剩余寿命,并对机械设备的潜在故障作出预测,以避免机械设备发生意外故障而造成重大损失。因此,在机械设备的设计过程中就应该考虑未来使用中的可监测性问题,使机械设备出厂后,通过数字诊断技术对其实施监测与状态预测。

可监测性是根据机械设备状态监测与故障诊断的基本原理发展出来的,反映机械设备在使用和维护过程中对其实施监测和诊断的可能性的一种属性。数字诊断技术则是将故障诊断技术与计算机网络和现代通信技术以及一系列智能计算方法相结合发展而来。本书从机械设备检测诊断的基本概念入手,分析了可监测性和数字诊断技术的发展现状,明确了其对机械设备的作用。重点介绍了机械设备可监测性设计和可监测性分配方法、机械设备的数字诊断技术的内涵及设计与实施方法。在此基础上,针对典型的机械设备如船舶柴油机、旋转发电机和工程机械液压系统等所面临的状态监测与故障诊断问题,分析了这些对象的故障机理,并阐述了可监测性设计方法和数字诊断技术在这些对象上的具体应用。

本书作者长期从事以船舶动力系统及船用机械为主要对象的机械设备的状态监测与故障诊断教学和研究工作。本书是作者及其研究团队在这一领域的研究成果的总结和对其未来发展方向的深入思考。可以看到,这些研究工作已经拓展到了船舶以外的诸多机械设备的应用中。相信该书对从事机械设备运用工程和机械设备监测与诊断应用的科研人员具有很好的参考价值,并可为该领域相关专业的工程技术人员和高校师生提供参考。

中国科学院院士
清华大学教授

2017 年 4 月 30 日

前　言

随着现代工业水平的不断提高以及科学技术的迅速发展,机械系统正朝着精密化、高速化、自动化、复杂化、系统化和智能化的方向发展,使得机械系统的运行及维护面临着巨大的挑战,其主要表现如下:(1) 机械系统日益复杂和庞大,元部件之间的联系也越来越紧密,一旦系统的安全性和可靠性下降,发生故障的风险就会增加;(2) 从陆地、海洋到天空和太空,机械系统的服役环境不断扩展并且更加严酷;(3) 机械系统持续无故障运行时间的需求增加,如航行器长时间无故障航行、重点关键机械设备不停机运转要求等,对机械系统的可靠性提出了更高的要求;(4) 机械系统的特性与使用者的生命直接相关,如核能系统、高速列车、水下航行器、载人航空航天器等,其可靠和安全运行是人身财产安全的保障;(5) 随着市场竞争的日益激烈,用户对产品的可靠性、维修性、保障性、安全性及生命周期内的经济性等提出了更高的要求,尤其是军事武器装备(航空航天、洲际导弹等)、重大机械装备等重要设备。为了适应机械系统的上述发展趋势,如何有效地监测、诊断、预防、控制和排除各种故障,发挥机械系统的最大功效,保持机械系统的可靠性和安全性是人们研究的重要课题。

近年来,人们将现代故障诊断技术、计算机网络技术以及现代通信技术等相结合,以满足现代机械系统管理模式为目标,利用多种传感器在线监测技术和信息融合技术,对机械系统主要设备进行实时预警和智能化故障诊断,形成了数字诊断技术,已经被广泛应用于旋转机械、工程机械和内燃机等复杂机械系统,提升了对机械系统的监测和诊断能力。

随着数字诊断技术的发展,可监测性的概念越来越受到重视。作为机械系统设计的一种属性,可监测性是表征机械系统能开展状态监测和故障诊断的可能性,是产品性能设计的重要组成部分,也是实现机械系统状态监测故障诊断的关键环节。可监测性理念的应用和实施是实现机械系统视情维修决策的基础,可大大提高系统的故障诊断和健康管理能力,为解决复杂机械系统故障提供了重要基础。

可监测性的应用实施与机械系统的设计研发、安全运行、维修保障和生命周期成本息息相关,是实现系统可靠性、维修性、安全性、保障性和经济性的一种保障。在机械系统设计阶段,充分考虑机械系统的可监测性,可为机械系统实施数字诊断奠定基础。可监测性与数字诊断的有效应用和推广,是机械系统故障诊断不断发展的必然和重要研究方向。对于复杂机械系统在故障发展初期阶段及时发现并排除故障、保证机械系统的正常运行具有重要意义。

本书的研究内容得到了国家自然科学基金面上项目"船舶动力机械系统的可监测性研究"(50975213)、国家自然科学基金青年基金"船舶动力系统润滑油状态与轴系动态特性多元耦合作用机理研究"(51309185)的资助。

　　中国科学院院士、清华大学温诗铸教授给予了作者所在团队多年的关心和指导,并欣然为本书作序,在此表示衷心的感谢。丛书编审委员会主任委员、武汉理工大学周祖德教授对本书的撰写给予了大力支持,在此表示诚挚的谢意。

　　参与本书撰写的人员有严新平、徐晓健(第1章,第2、3章部分内容),张月雷(第2、3章部分内容),杨琨(第4章部分内容、第6章、第7章),盛晨兴、尚前明(第5章),赵江滨(第4章部分内容),全书由严新平教授制定写作大纲,由杨琨副教授统稿。

　　作为一本全面系统介绍可监测性与数字诊断思想和技术的学术著作,本书融合了作者所在团队多年的研究积累,也参考和借鉴了国内外相关领域的研究成果。由于本书所涉及的专业领域的有关新兴技术和思想方法还在不断发展,限于作者知识水平,书中不完善和纰漏之处在所难免,恳请广大读者批评指正。

著　者

2017 年 4 月

目　　录

1 绪 论

随着现代工业水平的不断提高以及科学技术的迅速发展,机械系统正朝着精密化、高速化、自动化、复杂化以及系统化的方向发展,由此也使得机械系统面临着巨大的挑战,其主要表现如下:(1) 机械系统日益复杂和庞大,元部件之间的联系越来越紧密,造成系统安全性和可靠性有所下降,发生故障的风险增加;(2) 机械系统的使用环境更加复杂和恶劣,从陆地、海洋到天空和太空,使用环境不断扩展并且更加严酷;(3) 机械系统持续无故障运行时间要求更长,如航行器长时间无故障航行、重点关键机械设备不停机运转要求等均为机械系统的可靠性提出了更高的要求;(4) 机械系统的特性与使用者的生命直接相关,如核能系统、高速列车、水下航行器、载人航空航天器等,其可靠和安全运行是人身财产安全的保障;(5) 随着市场竞争的日益激烈,用户对产品的可靠性、维修性、保障性、安全性及生命周期内的经济性等一些专门特性提出了更高的要求,尤其是军事武器装备(航空航天、洲际导弹等)、重大机械装备等重要设备。为了适应机械系统的发展趋势,如何有效地预防、控制和排除各种故障,发挥机械的最大功效,保持设备最高可靠性和安全性是人们研究的重要课题。近年来机械设备状态监测及故障诊断备受关注,并且随着其他领域技术的进展,各种新的技术及理论也被不断地应用到机械设备状态监测及故障诊断中。

可监测性作为机械设备设计的一种属性,是产品性能设计的重要组成部分,也是实现系统状态监测故障诊断的重要基础和关键环节[1]。可监测性理念的应用和实施是实现机械系统视情维修决策的基础,可大大提高系统的故障诊断和健康管理能力[2]。以可监测性为基础,同时随着计算机技术、通信技术以及人工智能技术的不断发展,故障诊断技术也逐步从传统诊断方式向数字化诊断方向发展,从而为解决复杂系统故障问题提供了强有力的工具。

1.1 基本概念

在本节中,我们首先给出了可监测性及数字诊断所涉及的概念,这些概念在过去的时间中,随着科学技术的发展、诊断需求以及诊断方式的转变而不断地改进。

1.1.1　检测、测试、监测

检测:用设定好的方法来检验、测试某研究对象规定的性能技术指标。适用于所有行业范畴所涉及的对象的质量评定,如:水利工程、土建工程、食品工程、环境工程、机械工程等领域对象的评定。

测试:对给定的产品、材料、设备、系统、物理现象和过程按照规定的程序确定一种或多种特性的技术操作。对象可以是产品、物理过程或现象。

监测:对给定的产品、材料、设备、系统、物理现象和过程按照规定的步骤在规定时间内或长时间进行连续不间断检测,确定研究对象的状态或预测未来发展趋势的技术操作。监测几乎适用于所有对象。

检测、测试与监测三者的区别如表 1-1 所示[3]。

表 1-1　检测、测试与监测的区别

名称	概念	目的	意义	时间	时机
检测	测试研究对象的一种性能指标的技术操作	检验研究对象某一特性的指标	验证研究对象某一特性的合格性,确保质量	在规定的或临时设定的某一时间点	人为设定的时刻进行
测试	确定研究对象一种或几种特性的技术操作	确定某一时间点研究对象某一特性或几种特性的状态	验证研究对象某一时间点的状态,减少损失或消除怀疑	某一时间点	研究对象出现问题或怀疑研究对象发生问题时进行
监测	确定研究对象状态或预测研究对象未来发展趋势的连续检测操作	在设定的时间内实时连续掌握研究对象状态及预测研究对象发展趋势	提高研究对象的智能化、安全性水平,预防某一现象的发生,减少不必要的损失	在规定时间内或长时间进行连续不间断的检测	适合研究对象的全寿命过程进行

1.1.2　可监测性

可监测性是表示判别、诊断与预测机械系统和机械设备故障的能力,是机械设备乃至机械系统的一种设计属性,可用于描述及确定机械系统和机械设备的性能状态。此处,性能状态主要是指机械系统结构和运行性能。可监测性与产品可靠性、维修性同等重要。作为产品的一种设计属性,可监测性是相对于系统而言的,并非简单地针对单一零件或部件。抛开系统进行可监测性研究意义甚微,甚至毫无意义。

可监测性设计是在现有监测技术手段和方法下,选择合理监测手段,确立最佳监测点,在产品设计之初就充分考虑系统的可监测性问题,在满足产品设计规范要求(包括功能、结构、形状、尺寸要求)的同时完成监测系统的嵌入式设计。换句话说,可监测性设计就是围绕机械系统的可监测性,以完成机械系统的基于状态监测维护(Condition Based Maintenance,CBM)和故障预测与健康管理(Prognostic and Health Management,PHM)为目标,在全寿命周期范围内从状态监测和现代设计相结合的角度提出的一套理论体系,它贯穿于机械产品论证、设计、生产、制造、使用、维护到报废的整个全生命周期中[4,5]。可监测性设计的研究对象首先是机械,其次是系统,即由若干个机器与机构及其附属装置组成的系统或者说由质量、刚度和阻尼各元素所组成的系统。

另外,在可监测性领域还涉及固有可监测性、可监测性增长、监测点、可监测度、关键故障可监测度、虚警、可监测性虚警度、可监测性设计敏感度等概念,这些概念与机械系统的可监测性设计息息相关。

(1)固有可监测性:机械系统产品设计制造完成、交付用户使用时机械系统所具有的可监测性称为固有可监测性。

(2)可监测性增长:机械系统产品交付使用后,用户在使用过程中为了提高系统的可监测性水平,在对系统进行重大改造或重大项目维修期间加装一些监测设备和仪器或在产品大修及改装中增添监测设备所提高的可监测性水平称为可监测性增长。

(3)监测点:被监测的机械系统中用于安装在线监测传感器和传感设备等的位置点和部位。

(4)可监测度:对于被监测的机械系统,在规定的足够长的时间内,采用可监测性设计构建的状态监测故障诊断系统所指示和预测出来的故障数与该机械系统发生的故障总数之比,用百分比表示。其定量的数学模型可表示为:

$$M_D = \frac{F_M}{F_A} \times 100\% \tag{1-1}$$

式中 M_D——被监测对象的总的可监测度;

F_M——开展可监测性设计的被监测对象监测诊断和预测出来的故障数或在工作时间 t 内监测诊断和预测出来的故障数;

F_A——被监测对象发生的故障总数或在工作时间 t 内发生的实际故障数。

(5)关键故障可监测度:在一定的工作时间内,开展可监测性设计的被监测对象监测和预测出来的关键故障数与被监测对象发生的所有关键故障数之比,常用百分数表示。此处关键故障是指那些使系统发生危险,影响系统任务完成,危及人身安全或造成资源极大浪费的故障。关键故障与非关键故障的界定因系统而异。其定量的数学模型为:

$$M_{KD} = \frac{F_{KM}}{F_{KA}} \times 100\% \tag{1-2}$$

式中　M_{KD}——被监测对象的关键故障可监测度；

　　　F_{KM}——开展可监测性设计的被监测对象监测诊断和预测出来的关键故障数或在工作时间 t 内监测诊断和预测出来的关键故障数；

　　　F_{KA}——被监测对象发生的关键故障总数或在工作时间 t 内发生的实际关键故障数。

（6）虚警：进行可监测性设计构建的状态监测系统诊断或预测指示了故障而机械系统不存在的故障情况。

（7）可监测性虚警度：在规定的时间内，进行可监测性设计的被监测系统发生的虚警数与同一时间段内状态监测故障诊断系统指示的故障总数之比，用百分数表示。其定量的数学模型表示为：

$$F_{AD} = \frac{N_{FA}}{N_A} \times 100\% = \frac{N_{FA}}{N_F + N_{FA}} \times 100\% \tag{1-3}$$

式中　F_{AD}——开展可监测性设计的被监测系统的虚警度；

　　　N_{FA}——被监测系统发生的虚警数；

　　　N_A——状态监测故障诊断系统指示出来的所有故障数；

　　　N_F——状态监测故障诊断系统指示出来的故障中实际存在的故障数。

（8）可监测性设计敏感度：对开展可监测性设计的被监测系统在规定的时间内，监测诊断和预测出来的故障中能定位到系统可更换单元的故障数目与同一时间内监测诊断和预测出来的故障总数之比，常用百分数表示。其可监测性设计敏感度往往受到监测点位置选择、传感器自身性能、数据处理分析系统等多方面的影响和制约。其定量的数学模型表示为：

$$M_{DD} = \frac{N_R}{N_A} \times 100\% = \frac{N_R}{N_{NR} + N_R} \times 100\% \tag{1-4}$$

式中　M_{DD}——开展可监测性设计的被监测系统的敏感度；

　　　N_R——监测诊断和预测出来的故障中能定位到系统可更换单元的故障数；

　　　N_A——监测诊断和预测出来的所有故障数；

　　　N_{NR}——监测诊断和预测出来的故障中无法定位到可更换单元的故障数。

1.1.3　故障诊断

机械设备的故障诊断是指采用各种测试手段获取当前机械设备的状态信息，结合历史状况，通过多种分析手段和故障状态的识别方法对机械设备即将发生或初期故障状态进行检测、分离以及辨识,从而确定设备故障的性质、程度、类别以及故障部位等。

故障诊断技术是一门多学科多技术交叉融合的综合性技术,涉及控制理论、可靠性理论、数理统计、模糊集理论、信息论、模式识别以及人工智能等。根据故障诊断的定义可知,故障诊断的任务从低级到高级可以分为以下几方面的内容[6-8]:

(1) 故障建模

按照先验信息和输入输出关系,建立系统故障的数学模型,作为故障诊断的依据。

(2) 故障检测

从可测量或不可测量变量的估计中,判断被诊断系统是否发生了故障并对故障进行报警。

(3) 故障分离

在检测出故障后,给出故障源的位置,判断发生故障的零部件、子系统以及系统。

(4) 故障辨识

在分离出故障后,对故障性质及其程度进行判断,确定故障的大小、发生时刻以及时变特性。

(5) 故障的评价与决策

判断故障的严重程度及其对诊断对象的影响和发展趋势,针对不同的工况采取不同的措施。

图 1-1 给出了整个故障诊断的流程。

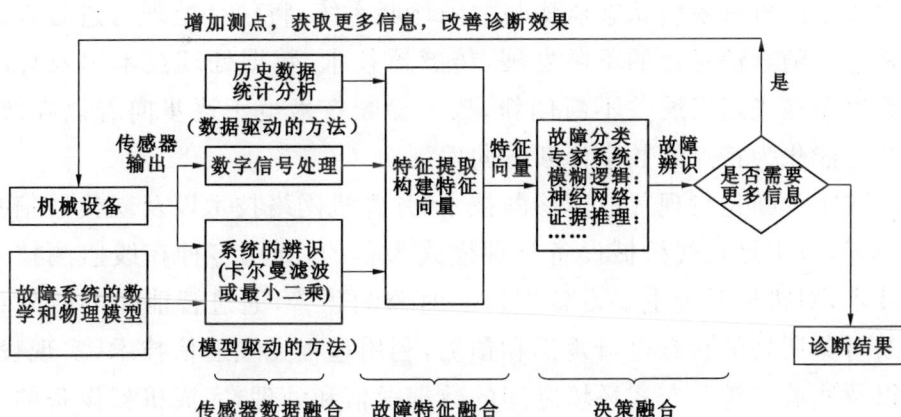

图 1-1 故障诊断的基本流程

故障诊断流程主要包括信号采集与处理、特征提取以及故障识别三个过程。

在信号采集与处理过程中,通过各类传感器(包括实时的或非实时的、在线的或离线的、定期的或连续的)采集机械系统(包括机组或零部件)运行中的各种信息(包括:振动、噪声、温度、油耗、变形、功耗、磨损以及气味等)构建用于故障辨识及分类的故障特征向量。特征提取是从状态信息中提取与机械设备故障有关的特征信号。为了消除或抑制外界以及内部对信息的干扰,需采取信号处理技术突出有用的信号。有的还需要采集信息模式的变化以及信号的压缩等。用于构建特征向量的信息主要通过三种方式进行提取:(1)基于模型的方法,如利用卡尔曼滤波或最小二乘等方法对物理模型的参数进行辨识;(2)数据驱动的方法,如对振动信号进行频谱分析以获得反映机械设备状态的特征信息;(3)基于历史数据的统计回归以及聚类技术。在获得当前的特征向量后,该特征向量将作为故障诊断模块的输入,通过多种类型的决策算法(如统计识别、模糊逻辑、灰色理论以及神经网络等)对故障的性质、程度、产生原因和发生部位进行判断,预测机械系统故障的发展趋势。为了能够对机械系统中存在的故障进行正确的诊断,需要深入分析和研究各种征兆与故障之间存在的客观关系。当根据目前的信息不能作出合理准确的故障诊断结论时,则需要增加额外的信息以提高故障诊断的准确性和合理性。同时为了避免单一方法存在的缺陷,可将信息融合技术用于整个故障诊断流程中,从而获得更为准确的故障诊断结果。信息融合在故障诊断过程中分为三个层次的融合,即传感器数据的融合、故障特征的融合以及决策融合。

1.1.4 数字诊断

在信息化时代,仪器仪表高度的自动化、信息管理的现代化以及监测诊断的智能化已经成为这一时代背景下故障诊断技术的特征。各个行业涌现出大量以计算机为核心的机械系统状态监测与故障诊断系统,将信息处理与过程控制有效结合起来。伴随着信息化的不断发展,传感器技术、数据处理技术以及计算机控制技术等也正在飞速发展并不断创新,故障诊断技术也正逐步向着以在线化、远程化以及智能化为特点的数字诊断方向发展。

所谓数字诊断是将现代故障诊断技术、计算机网络技术以及现代通信技术等整合在一起,以满足现代机械设备管理模式为目的,利用多种在线监测技术和信息融合技术,对机械系统主要设备进行实时监测预警,通过智能化的故障诊断方法对诊断对象所处的状态进行辨识和预测,利用远程无线通信技术,实现设备、机务中心以及实验室等分布式环境之间的数据通信和处理,完成机械设备的在线状态监测与故障诊断[9,10]。从数字诊断的定义可以看出,在线监测、智能故障诊断以及远程故障诊断是构成数字诊断的三个主要要素。

与传统的离线状态监测不同,在线监测技术通过将数据采集仪器安装在设备上,使仪器不断采集数据和分析数据,或将采集的数据通过网络传到分析中心,由中心的计算机进行分析处理。在线监测系统实现了数据的实时不间断采集,为机械设备的故障诊断提供了数据基础。

作为数字诊断系统的关键组成部分,智能故障诊断系统是指该系统有效地获取、传递、处理、再生和利用诊断信息,结合领域知识和 AI 技术进行诊断推理,从而对给定环境下的诊断对象成功进行状态识别与预测。智能故障诊断系统主要由人(领域专家)、模拟脑功能的硬件及其必要的外部设备、物理器件以及支持这些硬件的软件所组成。智能诊断的优越性在于它实现了人机联合诊断功能,综合了多个专家的最佳经验,其功能水平可以超过或等同于专家,实现对多故障、多过程、突发性故障的快速分析诊断[11,12]。

远程故障诊断系统是设备诊断技术和计算机网络技术的有机融合。远程故障诊断系统以若干台计算机作为服务器,在关键机械设备上建立状态监测点,通过状态监测系统采集设备的状态数据,并在技术力量雄厚的相关科研院所或高校实验室设立远程诊断分析中心,为设备的健康状态维护提供远程技术支持[13]。通过远程故障诊断系统可以将分布在异地的诊断资源和专家系统形成一个诊断网络,一旦机械设备出现异常,该系统可以在短时间内调动入网的所有资源,通过协作的方式完成故障诊断。通过远程故障诊断系统,可以对诊断任务进行调度,包括对诊断任务进行分解,即将某一诊断请求按照一定策略分解或分送到不同的诊断子系统进行诊断,并对整个诊断过程进行调度管理。该系统也可以对多个诊断任务同时进行管理[14]。通过远程故障诊断系统,用户还可以从网上获取该设备的设计、制造、维修等相关信息。

为了使数字诊断系统能够适应机械设备的发展所带来的诸多挑战,数字诊断系统应当具备如下功能和特点:

(1)采用多种在线监测方式,从多角度全方位对机械设备的健康状态进行监测。诊断系统应该能够综合利用多种信息,采用灵活合理的诊断策略对多种诊断方法进行融合,使得数字诊断系统的诊断效率和诊断准确性大大提高,并且数字诊断系统应该具有对错误信息和不确定信息的处理能力,降低诊断系统对测试仪器和工作环境的要求。

(2)数字诊断系统应该具有多种诊断信息的获取途径。诊断系统应该具有自动获取诊断信息的能力,通过在线监测系统获取机械设备当前的运行状态,通过查询相关的数据库获得设备的历史状态数据信息,并且可以通过人机交互平台获取专家以及用户所具有的诊断信息。

（3）数字诊断系统要利用在线监测系统提供的信息实时对机械设备发生的故障进行诊断。一旦采集到设备的异常状态信息，则应立即开始诊断工作，并且系统能够对发生故障的模式、严重程度、故障位置以及故障原因等作出明了详细的说明。在信息不完备的情况下，应当给出所有可能的故障解，并对每一种可能的故障解赋以权值。或者向诊断系统提供更多的信息，进一步精确诊断结果。

（4）由于经验知识的不全面性和新的领域知识的不断出现，数字诊断系统应该具有良好的自学能力。通过对在线监测系统采集的机器设备运行数据和历史数据进行分析计算，发现新的故障征兆与故障模式之间的关系。数字诊断系统应能随着机械设备健康状态的变化，对系统中的故障诊断模型的结构和参数进行不断的调整，以提高诊断系统的适应性。

1.2　可监测性及数字诊断的发展

1.2.1　可监测性发展现状

目前，国内外众多科研院所围绕机械系统状态监测和故障诊断技术开展了许多卓有成效的研究。各种机械设备状态监测技术正逐步从研究阶段走向实用化阶段，各种在线监测传感器和在线监测系统不断问世。机械系统状态的监测技术正在从局部的监测发展到系统的全局监测；从单一方法监测发展到多种方法综合监测；从对系统静态的监测发展到对系统的动态监测；从系统故障后诊断发展到故障发生前的预测和预防；从系统趋势监测发展到系统自动实现状态评估；从系统设备现场监测发展到可以实现系统的远程监测。虽然从机械系统状态角度对监测系统本身的设计方面取得了较大进展，但是从被监测系统的可监测性角度进行的国内外研究还比较缺乏。Wassim[15]对基于故障容限的系统检测指标和键合图进行了研究，建立了在确保预先确定安全标准下的监测系统结构，在构建键合图模型基础上计算系统的监测指标的算法。Cristina[16]以汽轮机为研究对象采用结构分析法研究了系统的可监测性问题，对传感器自身的故障予以充分的考虑，提出采用三个多余传感器可以弥补传感器自身故障带来的不能实现系统结构监测性的问题。Haffaf[17]提出一种用于系统监测性分析的模型，即基于键合图的系统结构属性模型。上述文献均将可监测性（Monitorability）定义为检测和隔离故障的能力，并且这些文献均是从机械结构强度和失效学的角度（即结构监测角度）做出的解释，并未对可监测性的概念做出系统全面的介绍，也未在产品设计之初对机械系统的可监测性予以考虑。文献[1]指出国内大量机械设备的可监测性都比较差,且大多数的状态监测和故障诊断系统都是后装或外装的,制造厂商通常在设计阶段没有完整地考虑设备的状态监测能力,从而大大限制了设备的可监测性水平。但是上述研究为可监测性的相关研究奠定了基础,指出了机械系统可监测性存在的问题。

在上述研究基础上,国内近年来对可监测性问题的系统介绍初见端倪。本书作者所在团队就可监测性设计开展了一系列的相关工作。文献[18]分析了机械系统可监测性设计的必要性和可行性,详细介绍了可监测设计的设计目标、设计内容以及设计方法。文献[19]在阐述了可监测性设计内涵的基础上将协同理论引入机械系统可监测性设计过程,提出了基于协同理论的可监测性设计信息协同模型。同时经过研究,我们发现开展机械系统的可监测性设计是物联网环境下实施机械系统状态监测技术的基础。在文献[20]中论述了物联网环境下机械系统状态监测技术的进展,并指出了在机械系统中存在的不足和需要解决的问题。文献[2]则以内燃机试验机为研究对象,说明了可监测性设计在实际工程应用中的意义,明确了可监测性设计过程中各个部门之间的信息流程。目前,可监测性理论在船舶动力机械系统状态监测和故障诊断[21]以及风电机组传动系统的状态监测和故障诊断[22]中得到了良好的应用。

1.2.2 数字诊断发展现状

20 世纪 60 年代以来,故障诊断逐渐发展成为一门学科。美国最先进行了故障诊断的研究,1967 年在美国宇航局的倡导下,美国海军研究室主持建立了机械故障预防小组(Mechanical Fault Prevention Group,MFPG)负责故障诊断技术的研究和开发工作,并将成果成功地应用于航天、航空、军工和机械等行业。在接下来的时间里,其他各国也相应开展了故障诊断相关的研究工作,发展了具有各自特色的故障诊断技术。随着状态监测以及维修技术的不断发展,综合了现代信息技术和人工智能技术的诊断方式逐步发展。在此背景下,美国海军开发了综合诊断支援系统(Integrated Diagnostic Support System,IDSS),该系统包含了自适应诊断、诊断结果反馈分析、故障预测等功能[23]。具有故障诊断及预测功能的诊断系统在船舶、航空等领域均得到了成功的应用,如在船端安装的船上机械设备的集成故障诊断系统,能够对机器的状态进行评估,对早期的故障进行检测并对故障的发展趋势进行预测[24];F-22、F-35 战机上搭载的故障诊断与健康管理系统实现了视情维修,能够对战机的关键部件进行故障定位以及故障预测[25]。

作为数字诊断的三个重要组成部分,在线监测、智能故障诊断以及远程故障诊断的不断发展均为数字诊断的发展提供了有利条件。

（1）在线监测技术

作为提供可用输出信号的设备，传感器是实现数字诊断必不可少的重要组成部分。现如今，传感器及仪器设备得到了长足的进步，大量新型传感器不断涌现，如光纤传感器、便携式测量仪器、基于视觉的在线检测设备和微纳测量等。随着微机电系统、纳机电系统以及智能材料技术的成熟，传感器中的传感元件、扩大器、模拟数据转换器以及内存单元可以集成到一个小的芯片中，使得传感器变得更小、更轻、更易集成，便于实现机械系统的在线监测。同时，超低功耗传感器的产生为机械设备的持续不间断测量提供了可能，尤其是该类传感器可以在不可接近的监测环境中使用[26]。

目前，在大型机械设备上所采用的在线监测技术手段主要包括性能参数监测、油液分析监测、振动监测等。其中性能参数监测由于其携带大量的故障信息并且受外界干扰小、信息质量好、可用性强和易于获取等优点，在机械系统状态监测与故障诊断中得到了广泛应用。MAN B&W 公司以大型二冲程柴油机为研究对象开发了 COCOS 系统，该系统对柴油机的燃油增压压力、燃油温度、燃油消耗量、滑油温度和滑油压力等性能参数进行了采集，用于柴油机性能参数的实时在线监测和趋势分析[27]。在国内，上海海事大学、大连海事大学以及武汉理工大学等也针对机械设备在线性能参数监测开展了相关研究工作[28-30]。近年来振动监测技术也逐步从试验研究转为工程实践中的应用。该方法具有诊断速度快、准确率高以及在线可实施性强等优点，在大型汽轮发电机组[31]、压缩机[32]、柴油机[33]等复杂机械设备中得到了应用。另外，在线油液监测技术也在机械设备中得到了广泛的应用。该技术通过获取机械系统润滑油中磨粒的大小、多少以及成分等参数信息和润滑油当前的理化性质等，对系统当前的运行工作状态做出评价。该监测方法对于机械设备的摩擦磨损故障具有良好的监测和诊断效果。目前，在线油液监测技术的研究主要集中在：在线油液传感器的研究，如 Wu[34] 在传统铁谱技术的基础上发展了在线图像铁谱传感器以获得实时在线铁谱图像；在线油液监测系统的应用研究，如 Sheng[35] 在 Wu 的基础上，利用在线铁谱技术实现了对船舶柴油机主要摩擦副磨损程度的判断。但是，不同的在线监测技术均具有其自身的局限性，为克服单一监测方式存在的局限性，研究者将多种状态监测手段相结合用于船舶柴油机状态监测中。盛晨兴在其博士论文中详细阐述了多种监测方法融合的船舶动力系统在线状态监测系统的组成及工作工程，并通过在某挖泥船上的工程应用验证了该系统的有效性。余永华[36]将热力参数监测（即性能参数）与瞬时转速相结合开展了船舶柴油机故障诊断技术的研究。Malik[37]将性能参数监测、油液监测以及振动监测集成在计算机化的维护管理软件（Computerised Maintenance Management Software，CMMS）系统中实现对船舶柴油机的全面监测。

（2）智能故障诊断技术

目前,不少研究者对智能故障诊断领域进行了研究,发展出多种智能故障诊断技术,如基于故障树的智能故障诊断技术、基于专家系统的智能故障诊断技术、基于神经网络的智能故障诊断技术、基于案例推理的智能故障诊断技术等。在诸多的智能故障诊断方法中,基于专家系统和基于神经网络的故障诊断技术是目前应用最为广泛的两种方法。基于专家系统的故障诊断应用研究主要集中在 20 世纪 90 年代,该阶段研究主要关注专家系统的构建及其在机械设备故障诊断中的应用。如黄碧华[38]以柴油机的摩擦磨损故障为研究对象,建立了 FDEXSYS (V1.0)专家系统,实现了对拉缸以及轴承异常磨损等故障的辨识。但是,基于专家系统的智能故障诊断存在知识获取瓶颈,大大限制了该方法的应用范围,尤其在经验知识缺乏的故障诊断领域。研究者通过改进专家系统结构或采用与其他方法相结合的方式来解决知识获取困难的问题。Li[39]通过将知识获取过程分解为需求分析描述、故障分类与故障集确定、设备结构原理分析、专家分析等几个步骤解决了地铁机车相关数据、维修经验知识获取困难的问题。Peng[40]将专家系统与故障树相结合,扩展了经验知识的获取途径,实现了对齿轮箱异常磨损故障的有效诊断。神经网络是一种非线性故障识别技术,具有容错性能好、响应快、学习能力强等优点。在人工神经网络(ANN)中,发展最为成熟的 BP 神经网络在柴油机子系统的异常工作状态监测[41]、缸内异常[42]和磨损故障[42]中均有所应用。但是 BP 神经网络存在网络结构不易确定、收敛速度慢的缺点,所以基于其他隐含层函数的神经网络模型逐步应用于设备的故障诊断中,包括径向基神经网络(RBF)[44]、概率神经网络(PNN)[45]、模糊神经网络[46]等。但神经网络不可避免地存在受训练样本限制、无法解释推理过程等缺陷。除此之外,基于故障树的智能故障诊断方法[47]、基于案例推理的智能故障诊断方法[48]、基于灰色关联的智能故障诊断方法[49]等在机械设备故障诊断领域也有所应用。近年来,故障诊断中的不确定性问题受到了研究者越来越多的关注。通常,故障诊断过程中的不确定性主要表现在诊断对象本身及服役环境的不确定性、故障检测手段的不确定性、故障与故障征兆之间对应关系的不确定性以及不同专家经验差异造成的不确定性等[50]。为解决故障诊断过程中存在的不确定性,姜万录等[51]针对轴向柱塞泵故障特征的模糊性和不完备性,采用贝叶斯参数估计算法对多特征信息进行融合,通过构造贝叶斯网络并建立贝叶斯分类器达到故障识别的目的。Liu[52]将模糊推理的方法用于智能故障诊断中以解决故障诊断的不确定性问题,运用 FCM 聚类方法建立了故障特征与相应故障的关系映射,使用模糊积分产生最终的诊断结果,为机械故障诊断提供解决方案。此外,基于证据推理发展而来的置信规则推理方法也得到了越来越多的关注,成为解决故障诊断不确定性问题的有效手段。张伟[53]利用基于证据推理算法的置信规则推理方法对发动机进行了故障诊断,给出了发动机相关故障的产生原因,为维修人员提供了重要的参考依据。徐晓滨[54]通过建立置信规则库,利用振动信息对机车轨道高低不平顺状态进行了辨识,并取得了良好的效果。未来智能故障诊断技术将向着分布式、自适应以及混合式智能诊断的方向发展,从而实现大规模诊断问题的智能求解,使得模型自身能够不断地"学习"和"进化",并且通过动态融合使模型能够适用于不同的诊断环境和诊断对象。

（3）远程故障诊断技术

随着计算机技术、网络技术的快速发展,特别是 Internet/Intranet 及其应用技术的快速发展和故障诊断技术的发展需要,故障诊断系统从系统结构形式上经历了单机系统、局域分布式系统,现正向网络化系统发展。斯坦福大学、麻省理工学院、密歇根大学、ABB 公司等一些著名大学和研究机构都对远程监测和故障诊断技术展开了研究。其中,麻省理工学院（MIT）的 LFM 工作组（Leaders for Manufacturing Program）和斯坦福大学（Stanford University）的 SIMA 工作组（Stanford Integrated Manufacturing Assn）从 1996 年便开始进行远程故障诊断的研究,分别开展了基于 Internet 的远程诊断技术的研究,并通过相互合作制定了相关标准[55,56]。国内一些长期从事机械设备故障诊断技术研究的科研院所,如武汉理工大学、浙江大学、西安交通大学、哈尔滨工业大学、华中科技大学等单位,近年进行了基于 Internet 的远程诊断技术研究,如华中科技大学开发的"汽轮机工况监测和诊断系统 KBTGMD",西安交通大学研制的"大型旋转机械计算机状态监测系统及故障诊断系统 RMMD",南京理工大学 CIMS 研究所承担的国防科工委"长春 FMS 实验中心检测监控系统",哈尔滨工业大学的"微计算机化组状态监测与故障诊断专家系统 MMMDES",武汉理工大学于 1999 年 2 月起初步建立的"远程诊断示范体系 IRDS V1.0"等[36]。在船舶领域,除利用 Internet 网络外,还利用国际海事卫星通信实现了对部分航行的远洋船舶的远程监测与诊断,如中远集团与上海海事大学合作共同开发研制的岸船远程机舱动态监控系统,可由 Inmarsat-C 定时将机舱工况参数发送至公司岸上的管理系统中进行分析,实现机舱工况的可视化动态远程监控[57]。目前远程故障诊断系统多具有较强的监测和故障预报能力,但是成本仍相对较高并且系统安全性缺乏保障。如何以经济实用为原则,建立一个性能稳定、安全性高、外网环境适应能力强的远程故障诊断系统是未来该领域需要考虑的问题,这也直接影响到远程诊断在机械设备状态监测与故障诊断领域的应用范围。

1.3　可监测性及数字诊断的作用

1.3.1　可监测性的作用

可监测性设计作为产品性能设计的重要组成部分,是实现系统状态监测故障诊断的重要基础和关键环节。可监测性的作用主要表现在:

(1) 可监测性设计的实施使设备的可监测性水平得到显著提高

通过合理完善的监测系统设计,状态监测系统的监测能力得以增强,避免某些部位需要监测而在产品设计之初未考虑或缺乏充分考虑的弊端。通过采用多种监测技术实时地或间断地对机械系统的运行状态进行监测,获得大量反映设备运行状态的相关信息,为不容易发现的故障提供判断依据和预警,同时为后续的故障诊断奠定基础。

(2) 可监测性设计的实施可以获得更为准确和可靠的监测数据

通过对机械设备进行可监测性设计,可以对设备的监测点和传感器的安装位置进行优化布置,避免故障信息的延迟、外界环境的干扰、监测信息的缺失等问题,提高所得监测数据的可靠性,保证故障诊断的时间充裕性和准确性。

(3) 可监测性设计能够提高机械系统的故障预测和健康管理能力

可监测性设计的应用和实施是实现机械系统视情维修决策的基础,为以可靠性为中心的自治维修的实施奠定基础。经过可监测性设计,机械设备的状态监测与故障诊断系统将具备良好的性能监控、故障监测诊断与预测和故障定位能力,大大减少故障诊断与定位的时间,降低对维修保障人员的技能要求,从而提高系统的故障预测和健康管理能力。

(4) 可监测性设计可以提高状态监测和故障诊断系统的可靠性、维修性、安全性、保障性和经济性

可监测性的应用实施与系统设计开发、安全可靠、维修后勤保障和生命周期成本息息相关,是实现系统可靠性、维修性、安全性、保障性和经济性的一种关键技术。通过可监测性设计,使得系统具有实时监测和故障诊断的能力,从而使系统保持最佳可靠性,使产品更为可靠。可监测性设计赋予了系统故障提前预测和告警能力,提供了反应处置时间,从而避免了灾难性故障,提高了系统的安全性。同时,CBM 的实现减少了计划外维修,最大限度消除了不必要的检查和定期维护,改善了系统的维修性,同时有效地改进了后勤保障的模式和保障系统的设计,使得后勤保障系统更能做到资源的合理配置。通过可监测性设计,降低了常规检查成本,降低了备件库存成本,减少了直接和间接维护人力成本,保留了尚有剩余寿命的零件。

1.3.2 数字诊断的作用

对于复杂机械设备系统,在故障发展初期阶段及时发现并排除故障对于保证设备的正常运行具有重要的意义。数字诊断的作用主要表现在:

(1) 数字诊断技术可以提高机械设备及系统的可靠性

机械设备发生故障会造成巨大的经济损失,同时带来严重的社会危害和人员伤亡。通过开展数字诊断工作,实现机械设备的在线监测和故障诊断,开发相应的数字诊断系统,可以有效地保证设备的安全运行和参与者的生命安全,延长设备的使用寿命,从而提高机械设备及系统的可靠性[58]。

(2) 数字诊断可以产生良好的经济和社会效益

充分发挥设备的效能,取得良好的经济效益,最大限度地降低设备维护费用是现代化设备管理所追求的目标,也是提高设备利用效率,促使社会经济和谐发展的因素之一。通过数字诊断技术可以更为准确、更为及时地了解设备状态,使零部件的性能得到充分的利用,提高维修的精度,降低维修的费用,从而获得最佳的经济效益。与此同时,对于那些对环境有污染的机械设备,通过数字诊断技术可以使机械设备在最佳性能下运行,从而达到节能减排的目的,产生巨大的社会效益。

(3) 数字诊断的应用可以推动现代维修制度的转变

当前的维修作业方式正逐步从预防性维修和事后维修向视情维修转变。预防性维修即对没有发生故障的设备确定一个强制性的维修计划,使得每台设备都具有自己固定的维修保养周期。而事后维修则是在设备出现故障后或性能低下后再进行修理。但是这两种维修方式正逐步被视情维修所取代。它根据设备的日常点检、定期检查、状态监测与故障诊断系统提供信息,通过分析处理后对设备的技术状态做出评价,在故障发生前进行有计划的维修。开展视情维修的基础是通过可靠的方法获得设备的真实状态,因此需要相应的状态监测与故障诊断系统的支持。而数字诊断系统所具备的在线监测、智能诊断以及远程协作均为视情维修的开展提供了条件,因此数字诊断的发展可以推动维修制度的变革[59,60]。

(4) 数字诊断技术实现了对分布式资源的利用

数字诊断系统改善了资源分布不均衡的问题。数字诊断系统中的分布式知识共享丰富了诊断系统中诊断信息与知识的来源,诊断规则可以是来自检测现场维修人员的经验,也可以来自于从事设备故障理论研究的科研人员。与此同时,这些知识可以实时更新,增强诊断系统对机械设备当前状态的诊断能力[61]。各检测现场可以同时与诊断中心建立联系,通过对分布式存储的故障诊断知识和信息进行综合利用,可对远程检测现场的用户要求进行响应,使得诊断系统的使用效率提高,从而避免诊断系统和维护人员的冗余,降低企业的维护费用。

(5) 数字诊断技术使得人机联合诊断得以实现

数字诊断系统通过远程诊断方式可以实现本地诊断与异地诊断的联合。当被监测的机械设备或其子系统发生故障时,通过安装在设备底层的在线状态监测系统对故障信息进行采集、处理并作为输入信息发送至本地故障诊断系统。当本地故障诊断系统不足以解决问题时,多方的专家可以通过远程系统对机械设备状态进行监测,与现场工作人员进行交流,对设备状态进行诊断。该系统的实施实现了人机联合诊断功能,综合了多个专家的最佳经验,其功能水平可以超过专家或至少具有专家水平,实现多故障、多过程、突发性故障的快速分析诊断。

参 考 文 献

[1] 张优云,谢友柏. 状态监测故障诊断与现代设计技术[J]. 中国机械工程,1997,8(5): 101-103.

[2] 张月雷,严新平,袁成清,等. 可监测性设计在机械产品中的应用研究[J]. 中国机械工程, 2010,21(20):2500-2504.

[3] 张月雷. 机械系统可监测性设计理论及在船舶机械中的应用研究[D]. 武汉:武汉理工大学,2011.

[4] 严新平,张月雷. 机械系统可监测性设计理论研究及典型应用[J]. 中国机械工程,2012, 23(24):2903-2912.

[5] 盛晨兴,张月雷,袁成清. 可监测性设计理论在船舶动力机械系统设计中的应用[J]. 船舶工程,2015,37(2):24-27.

[6] 陈玉东,施颂椒,翁正新. 动态系统的故障诊断方法综述[J]. 化工自动化及仪表,2001, 28(3):1-14.

[7] VACHTSEVANOS G, LEWIS F, ROEMER M, et al. Intelligent fault diagnosis and prognosis for engineering systems [M]. Hoboken:John Wiley & Sons, Inc, 2006.

[8] JARDINE A K S, LIN D, BANJEVIC D. A review on machinery diagnostics and prognostics implementing condition-based maintenance [J]. Mechanical Systems and Signal Processing,2006(20):1483-1510.

[9] 严新平. 机械系统工况监测与故障诊断[M]. 武汉:武汉理工大学出版社,2009.

[10] 王颖,冯志敏,朗豪翔. 船舶柴油机远程故障诊断研究[J]. 船舶工程,2002(4):31-33.

[11] 李伟. 复杂系统的智能故障诊断技术现状及其发展趋势[J]. 计算机仿真,2004, 21(10):5-7,11.

[12] 李红卫,杨东升,孙一兰,等. 智能故障诊断技术研究综述与展望[J]. 计算机工程与设计,2013,34(2):632-637.

[13] 袁楚明,张莉,陈幼平,等. 制造企业基于 Internet 的设备远程诊断与维护系统研究[J]. 高技术通讯,2001,12:55-59.

[14] 黎洪生,何岭松,史铁林,等. 基于因特网远程故障诊断系统架构[J]. 华中理工大学学报,2000, 28(3):13-15.

[15] OSTA W E ,BOUAMAMA B O, SUEUR C . Monitorability indexes and bond graphs for fault tolerance analysis [C]. Supervision and Safety of Technical Processes 2006,2007:1485-1490.

[16] VERDE C, SANCHEZ-PARRA M. Monitorability analysis for a gas turbine using structural analysis[C]. Supervision and Safety of Technical Processes 2006,2007:675-680.

[17] HAFFAF H, BOUAMAMA B O, DAUPHIN-TANGUY G. Matroid algorithm for monitorability analysis of bond graphs [J]. Journal of the Franklin Institute,2006,343(1):111-123.

[18] 张月雷,严新平,袁成清. 机械系统可监测性设计探讨[J]. 船海工程,2010,39(2):78-81.

[19] 张月雷,严新平,袁成清. 基于协同理论的机械系统可监测性综合优化设计方法[C].2011年全国青年摩擦学与表面工程学术会议论文集,北京,2011:332-336.

[20] 严新平,张月雷. 物联网环境下的机械系统状态监测技术展望[J]. 中国机械工程,2011,22(24):3011-3015.

[21] 严新平,张月雷. 机械系统可监测性设计理论研究及典型应用[J]. 中国机械工程,2012, 23(24):2903-2907.

[22] 张进,赵春华,田红亮,等. 风电机组传动系统可监测性设计分配方法研究 [J]. 现代制造工程,2013(8):5-10.

[23] ROSENBERG B J. The navy IDSS program:adaptive diagnostics and feedback analysis:precursors to a fault prognostics capability [C]. Proceedings of the IEEE 1989 National Aerospace and Electronics Conference NAECON 1989,Dayton, OH, May 1989 (3):1334-1338.

[24] HADDEN G, BERGSTROM P, BENNETT B, et al. Shipboard machinery diagnostics and prognostics/condition based maintenance:a progress report [J]. MARCON 99, Maintenance and Reliability Conference, Gatlinburg, TN, May 9-12, 1999 (73):1-16.

[25] 张宝珍,曾天翔. PHM:实现 F-35 经济可承受性目标的关键使能技术[J]. 航空维修与工程,2005(6):20-23.

[26] METRAS H. Trends in wireless sensors:potential contribution of nanotechnologies and smart systems integration issues [C]. 2006 IST Conference, Helsinki, Japan, November 2006.

[27] 刘希. 柴油机自动化的发展方向及应用[J]. 江苏船舶,2000(6):23-25.

[28] 胡以怀,万碧玉,詹玉龙. 柴油机性能故障仿真及信息特征分析[J]. 内燃机学报,1999,17(3):233-240.

[29] 黄加亮. RBF 神经网络在船用低速柴油机故障诊断中的应用研究[D]. 大连:大连海事大学,2000.

[30] 袁泉. 柴油机性能监测系统的开发与试验研究[D]. 武汉:武汉理工大学,2005.

[31] 杨璋. 大型汽轮发电机组振动在线监测系统数据采集系统的研制[D]. 杭州:浙江大学,2006.

[32] 刘树林,王日新,黄文虎,等. 基于反面选择算法的压缩机振动在线监测方法研究[J]. 压缩机技术,2001(5):9-10.

[33] 常勇,胡以怀. 柴油机振动监测及故障诊断系统[J]. 噪声与振动控制,2008,28(1):93-96.

[34] WU T H, PENG Y P, SHENG C X. Intelligent identification of wear mechanism via online ferrograph images [J]. Chinese Journal of Mechanical Engineering, 2014, 27(02):411-417.

[35] SHENG C X, WU T H, ZHANG Y L. Non-destructive testing of marine diesel engines using integration of ferrographic analysis and spectrum analysis[J]. Insight: Non-destructive Testing and Condition Monitoring, 2012,52(7):394-398.

[36] 余永华. 船舶柴油机瞬时转速和热力参数监测诊断技术研究[D]. 武汉:武汉理工大学,2007.

[37] ZAMIR M , MARTIN B. Integrated condition monitoring in the maritime sector[C]. 8th International Conference on Condition Monitoring and Machinery Failure Prevention Technologies 2011, 02:867-877.

[38] 黄碧华,裴崇伟,谢友柏. 柴油机磨损状态监测及故障诊断专家系统知识库建立的研究[J]. 摩擦学学报,1994(4):352-359.

[39] LI X, CAI G Q, ZHU X N, et al. A Novel Fault Diagnosis Expert System Knowledge Acquisition Method of Metro Vehicle Equipments [C]. Computer and Automation Engineering, Singapore, 2010:535-539.

[40] PENG Z X. An integrated intelligence system for wear debris analysis[J]. Wear, 2002,252:730-743.

[41] BASURKO O C, URIONDO Z. Condition-based maintenance for medium speed diesel engines used in vessels in operation [J]. Applied Thermal Engineering, 2015, 80:404-412.

[42] 李敏. 船舶动力装置状态监测与主机故障诊断的研究[D]. 重庆:重庆大学,2009.

[43] GUO Z W, YUAN C Q, LI Z X,et al. Condition identification of the cylinder liner-piston ring in a marine diesel engine using bispectrum analysis and artificial neural network[J]. Insight:Non-destructive Testing and Condition Monitoring, 2013, 55(11):621-626.

[44] 肖健梅. 基于径向基函数神经网络的柴油机故障诊断[J]. 仪器仪表学报,2005, 26(04):355-357,377.

[45] 郑小倩，胡仕强，吴舰. 基于概率神经网络的柴油机故障诊断与预测研究[J]. 工矿自动化，2013,39(09):104-108.

[46] 韩江，李雪冬，夏链，等. 基于粗糙集的模糊神经网络在故障诊断中的应用[J]. 合肥工业大学学报，2012,35(05):577-580.

[47] 张春华，刘伟. 基于故障树的故障诊断专家系统[J]. 兵工自动化，2009, 28(11):15-23.

[48] 陈友东，韩美华，叶进军. 基于CBR的数控设备故障诊断系统知识表示[J]. 北京航空航天大学学报，2011, 37(12):1557-1561.

[49] JIANG L P. Gas path fault diagnosis sytem of aero-engine based on grey relationship degree[J]. Procedia Engineering, 2011(15):4774-4779.

[50] 杨昌昊. 基于不确定性理论的机械故障智能诊断方法研究[D]. 合肥:中国科学技术大学，2009.

[51] 姜万录，刘思远. 多特征信息融合的贝叶斯网络故障诊断方法研究[J]. 中国机械工程，2010(8):940-945.

[52] LIU X F, MA L, JOSEPH M. Machinery fault diagnosis based on fuzzy measure and fuzzy integral data fusion techniques[J]. Mechanical System and Signal Processing, 2009, 39(2):176-185.

[53] 张伟，石菖蒲，胡昌华，等. 基于置信规则库专家系统的发动机故障诊断[J]. 系统仿真技术，2011, 7(1):11-15.

[54] 徐晓滨，汪艳辉，文成林，等. 基于置信规则库推理的轨道高低不平顺检测方法[J]. 铁道学报，2014, 36(12):70-78.

[55] LI H S, SHI T L, YANG S Z, et al. Internet-based remote diagnosis:concept, system architecture and prototype[C]. IEEE WCICA, 2000(the 3rd World Congress on Intelligent Control & Automation), IEEE CN:00EX393, 2000, 6:713-723.

[56] LI H S. Research on Internet-based Remote Diagnosis System Model[C]. The 16th IFIP WCC (World Computer Congress)-IIP2000, 2000, 8:320-326.

[57] 盛晨兴. 挖泥船动力机械远程诊断系统关键技术研究[D]. 武汉:武汉理工大学，2009.

[58] 谭志荣. 国际海事卫星通信及应用前景[J]. 中国水运，2004(3):43-44.

[59] WANG D, ZHOU D H, JIN Y H, et al. A strong tracking predictor for nonlinear processes with input time delay [J]. Computer & Chemical Engineering, 2004, 28(12):2523-2540.

[60] 刘杰. 分布式资源环境下船舶动力设备诊断系统的关键技术研究[D]. 武汉:武汉理工大学，2010.

[61] 关惠玲，张优云，韩捷. 从故障实例数据库中挖掘振动信号特征[J]. 振动工程学报，2002, 15(3):337-341.

2 机械系统可监测性设计

2.1 可监测性设计的研究内容

可监测性设计分为狭义的可监测性设计和广义的可监测性设计。广义的可监测性设计可以理解为是在系统、分系统、设备、组件和部件的综合设计过程中,综合考虑在系统运行过程和各种监测技术手段方法的基础上,为完成系统监测的可观性、可达性而进行的内部监测和外部监测设备的设计和安装,实现系统状态监测的全寿命周期的设计过程。狭义的可监测性设计就是在现有状态的监测技术手段和方法下,选择合理的监测手段,确立最佳监测点和传感器,在产品设计之初就充分考虑系统的可监测性问题,在满足产品设计规范要求(包括功能、结构、形状、尺寸要求)的同时完成监测系统的嵌入式设计。归纳起来,可监测性设计理论体系亟须解决的问题(即主要研究内容)可以简要概括为可监测性设计相关术语内涵、可监测性分配方法、可监测性设计方法和可监测性设计评价方法等四个方面的研究内容,如图 2-1 所示,四个方面研究内容同等重要。

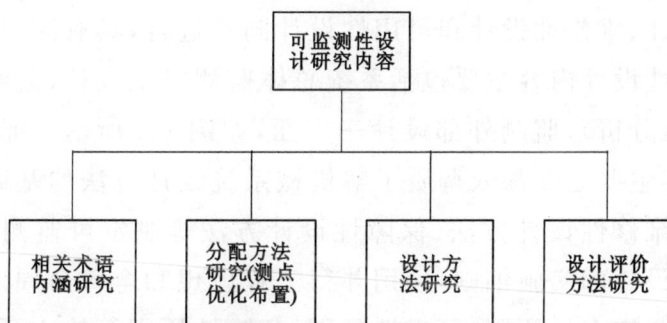

图 2-1　可监测性设计理论体系研究内容

2.1.1 可监测性设计相关术语研究

该部分主要是结合 CMFD 技术、PHM 技术、机械现代设计理论、机械故障机理、机械失效理论等,采用科学调研、工程化项目总结提炼、领域专家研讨等手段,系统研究机械系统状态监测与现代设计基础理论知识,借鉴机械系统可靠性设计、维修性设计等理论体系的经验,构建可监测性设计体系的基本术语的组成、标准定义、内涵及外延等内容,建立较为系统的可监测性设计理论,为可监测性理论的工程化应用和推广提供理论支撑。

2.1.2 可监测性分配方法研究

测点的选取是可监测性设计的关键,直接影响可监测性设计实施的效果。可监测性分配方法即系统监测点优化布置方法研究。主要是借鉴可靠性、维修性分配方法理论,以机械系统高可靠性、高安全性和智能化为目标,以获取反映机械系统运行状态准确可靠的数据为准则。研究基于层次分析理论、FMECA 分析、故障树分析理论及最优化理论等的机械系统监测点优化布置方法,构建监测点选取策略和基本选取原则,并制定传感器选取的原则和策略,形成机械系统可监测性优化分配方法体系。

2.1.3 可监测性设计方法研究

可监测性设计就是要求机械在整个设计过程中,用全寿命周期的观点,合理考虑系统监测的要求进行设计,使所设计的机械系统能达到状态监测的目标,能准确提供系统状态评估和预测的可靠数据。该项工作应与产品功能结构设计、可靠性设计、维修性设计和可用性设计同步进行,具有同等的重要性。总结起来,可监测性设计内容主要包括系统总体监测方案设计、监测内部设计(固有监测性设计与分析)、监测外部设计三方面,如图 2-2 所示。那么可监测性设计方法研究内容主要是在深入调研了解机械系统设计方法的基础上,结合可靠性设计方法、可维修性设计方法、保障性设计方法等制定可监测性设计的设计准则、可监测性设计的实施细则,运用并行工程思想和全寿命周期设计理论,综合考虑效益原则、安全性原则、可靠性原则、危险性原则等建立可监测性设计综合优化方法体系,开展可监测性设计的工程化实施方法指导,从而实现可监测设计的设计内容。

图 2-2 机械系统可监测性设计内容

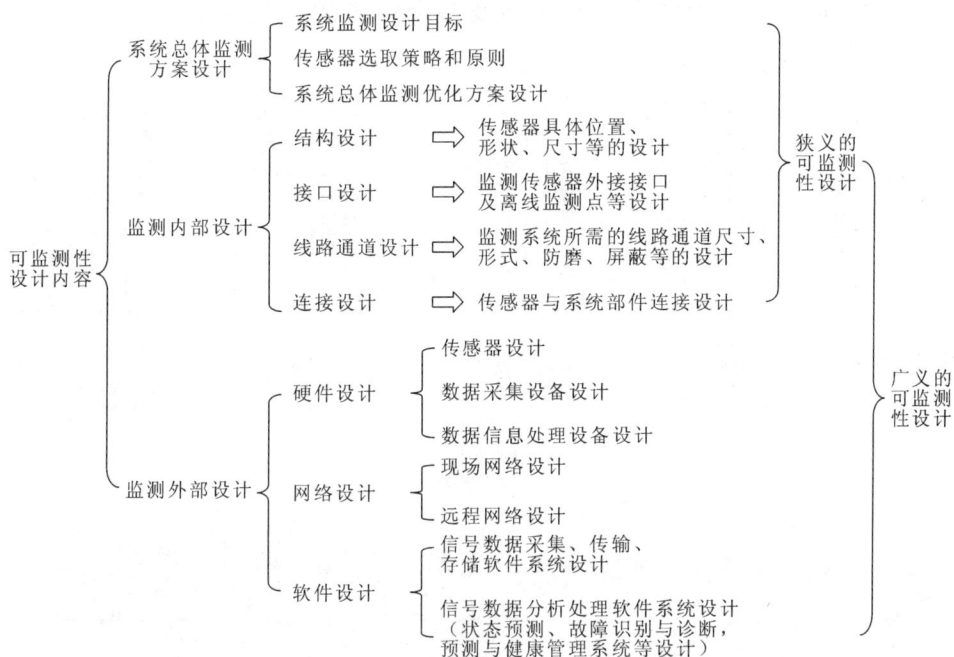

2.1.4 可监测性设计评价研究

实施科学评价是可监测性设计实施的关键,它贯穿于可监测性设计的整个过程,包括设计阶段的评价、生产阶段的评价和使用阶段的评价等。该部分主要是结合当前系统评价理论和方法,收集相关数据建立基于各特征参数不完全信息情况下的机械系统可监测性设计的评价参数体系,进而构建系统可监测性设计各阶段的评价模型,形成可监测性设计各阶段的评价体系和评价方法。

2.2 可监测性设计理论体系框架

先进的在线状态监测技术手段是可监测性设计理论发展的前提,没有可靠的状态监测技术手段、传感器和数据处理设备,可监测性设计就变成空谈。另一方面,如果没有先进的现代设计方法和策略,光有先进的硬件及手段,设计师也很难在大型机械系统上实现可监测性设计。综上所述,可监测性设计涉及众多专业和学科,是一项系统工程。系统论认为系统是指若干个元素按照一定的结构形式组成的具备某项功能特性的有机的整体,其内涵包括系统、结构、要素与功能四个方面的概念,暗示了系统与要素、系统和环境、元素之间三个方面存在关联[1]。运用系统论整体性的核心思想[2],借助系统论研究方法可监测性设计理论体系基本框架如图 2-3 所示。可监测性设计理论涉及多个学科的关键因素。

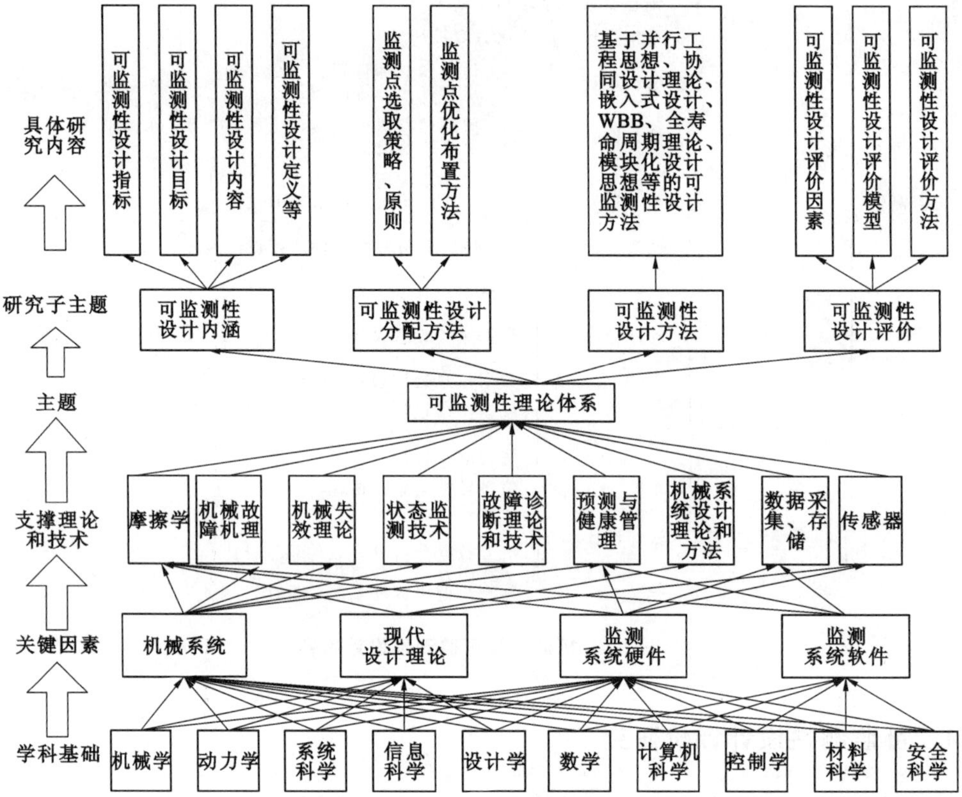

图 2-3　可监测性设计理论框架

2.3　机械系统可监测性设计目标和内容

2.3.1　各阶段可监测性设计目标

根据全寿命周期理论,产品大致可分为四个阶段:产品设计论证阶段、产品设计研制阶段、产品生产阶段、产品使用乃至报废阶段。根据机械系统全寿命周期划分的阶段,可监测性设计在各个阶段的具体目标描述如下:

(1) 产品设计论证阶段目标

该阶段主要根据该机械系统的任务、性能和其他要求确定系统初步总体监测要求;根据类似系统故障情况及当前的监测技术软硬件现状和技术应用市场的情况确定该系统采用的初步监测技术方式和手段。

(2) 产品设计研制阶段目标

该阶段主要根据试验机运行特点和常见故障确立系统监测的重要部件及采

用的监测方式,确立最佳监测点优化方案,在条件允许的情况下完成各种监测设备的试验和软硬件平台的搭建及调试工作。在完成上述工作的情况下根据监测设备的尺寸在系统结构设计中完成结构设计、线路设计、接口设计以及备用监测点所需的设计等工作,最终完成系统的总体设计和图纸设计。

(3) 产品生产阶段目标

该阶段为可监测性设计的实施落实阶段,主要工作是根据各项技术要求和按照图纸完成产品的设计制造。在系统组装过程中完成各种传感器的安装调试和布线工作,并完成外部数据采集显示分析系统网络布线、网络配置、外部硬件平台搭建及软件平台调试工作,最终完成产品的制造工作并进行必要的测试,最后交付用户使用。

(4) 产品使用乃至报废阶段目标

该阶段是对可监测性设计指标的验证和评价阶段,主要工作是记录和分析系统在使用乃至报废阶段所发生的故障、虚警、维修费用等信息数据,最后做出对该系统进行可监测性设计的总体评价,并对今后类似或同型系统的可监测性设计提供经验数据和案例支持。

2.3.2 各阶段可监测性设计内容

可监测性作为机械系统产品的设计属性,其设计贯穿于机械系统产品的要求和指标论证阶段、方案论证和确认阶段、工程研制阶段、生产和使用阶段。每个阶段的可监测性设计工作内容有所不同。

(1) 要求和指标论证阶段

① 确定机械系统状态预测与故障诊断需求和可监测性要求。在本阶段根据新机械系统的可用性或完好性要求、系统用途、任务及使用条件、系统布置情况、系统初步维修方案、维修保障器材及条件、系统安全要求以及相关的人员配置情况,初步确定机械系统状态预测与故障诊断需求、系统可监测性要求。

A. 根据机械系统用途、任务和其他使用要求和使用环境,提出系统状态预测与故障诊断的需求。

B. 根据系统状态预测与故障诊断需求转换成机械系统的可监测性要求。

C. 开始时可监测性要求是定性的,经过分析论证应提出机械系统定量的可监测度(MD)和关键故障可监测度(MKD)。

② 研究并提出满足机械系统用途、任务需求的状态预测和故障诊断方案。这些方案可能是初步的且不完善的,等方案阶段有了更多的信息反应后应进一步细化。

③ 准备制订可监测性工作计划。该阶段的工作计划主要是建议确定机械系

统状态预测与故障诊断方案、可监测性要求的方法,并考虑开展可监测性设计工作的项目。

④ 可监测性评审。作为机械系统产品论证阶段评审的一个组成部分,评审该阶段的可监测性工作。

（2）方案论证和确认阶段

① 制订系统可监测性工作计划

在该阶段,应该按照要求制订出系统完整的可监测性工作计划,除规定应该完成的可监测性工作内容和时间安排之外,还要考虑系统使用的可监测性指南、分析模型以及要提交的评审资料要求,以及各级可监测性所需的保障措施等。

② 评价机械系统备选状态预测与故障诊断方案

分析各备选方案的优劣性,考虑影响系统使用和费用等因素,确立系统所采用的状态预测与故障诊断方案。

③ 可监测性分配

通过分析论证最后确定机械系统可监测性要求,并列入机械系统研制规范。且在该阶段根据机械系统的组成情况,考虑各组成单元的特点、可靠性、维修性和重要性等因素,把系统的可监测性指标分配到系统的各组成单元,并列入机械系统研制设计规范中。

④ 进行初步可监测性设计

A. 制订系统级可监测性设计方案,如监测点优化布置方案、监测线路设计方案、可监测性数据收集方法、数据显示记录方法、传感器安装设计以及整个系统状态预测与故障诊断系统构成的建议。

B. 制订可监测性设计准则,用于指导可监测性设计人员把固有可监测性设计到产品中,并向系统工程师提供有关系统结构备选方案。

⑤ 可监测性评审

作为机械系统产品方案阶段评审工作的一部分,进行该阶段可监测性工作的评审。

（3）工程研制阶段

在该阶段应继续完成可监测性初步设计,对机械系统进行详细可监测性设计和分析,预计和验证可监测性设计的有效性。概括起来主要包括以下几点:

① 修改、补充可监测性工作计划。随着机械系统产品设计的进展和可监测性工作的不断深入,对已制订的工作计划进行必要的修改及补充,并加强该阶段可监测性工作的协调和管理。

② 完成各级产品的固有可监测性设计,并进行分析和评价。

③ 分析设计各层次产品的状态监测方法。

④ 进行机械系统状态预测与故障诊断系统硬件及软件设计，把可监测性设计到机械系统具体产品中去。

⑤ 开展相关试验，评价可监测性设计的有效性，分析预计系统可监测度和关键故障可监测度，必要时采取改进措施。

⑥ 研制出产品样机后，给系统注入故障进行必要的可监测性检查与验证。

⑦ 制订生产和使用阶段可监测性数据收集和分析的计划。

⑧ 承制方根据需要对系统进行可监测性设计评审。作为机械系统研制阶段评审工作的一部分，还要进行该阶段可监测性设计工作的评审。

（4）生产阶段和使用阶段

生产阶段的可监测性工作主要有：按计划收集生产试验中的可监测性数据；发现可监测性方面存在的问题，采取必要的纠正措施。使用阶段除生产阶段完成的任务外，还包括评价机械系统在实际使用环境下的可监测性水平，并为新一代机械系统和机械系统的改进提供数据支撑。

2.4 机械系统可监测性设计工作流程

2.4.1 按研制阶段划分

机械系统可监测性工作贯穿于机械系统产品的全寿命周期，包括论证阶段、方案阶段、工程研制阶段、生产使用阶段。机械系统不同阶段可监测性设计工作之间的关系和工作流程如图 2-4 所示。

2.4.2 按系统功能和专有特性并行设计划分

可监测性是机械系统的一种设计属性，可监测性设计构建的状态预测与故障诊断系统是机械系统工程的一个组成部分。所以可监测性设计必须与机械系统任务功能/性能设计同时进行。机械系统设计过程一般是从性能指标和方案的确定、初步设计、详细设计到软硬件开发和试验。同样，可监测性设计也是一个与机械系统设计过程并行的设计过程：从确定可监测性要求和系统状态预测与故障诊断方案、系统可监测性设计以及子系统和零部件的可监测性详细设计，直到可监测性设计完成的机械系统状态预测与故障诊断系统软硬件开发和演示试验，其与系统功能和专有特性设计并行的可监测性设计流程如图 2-5 所示。

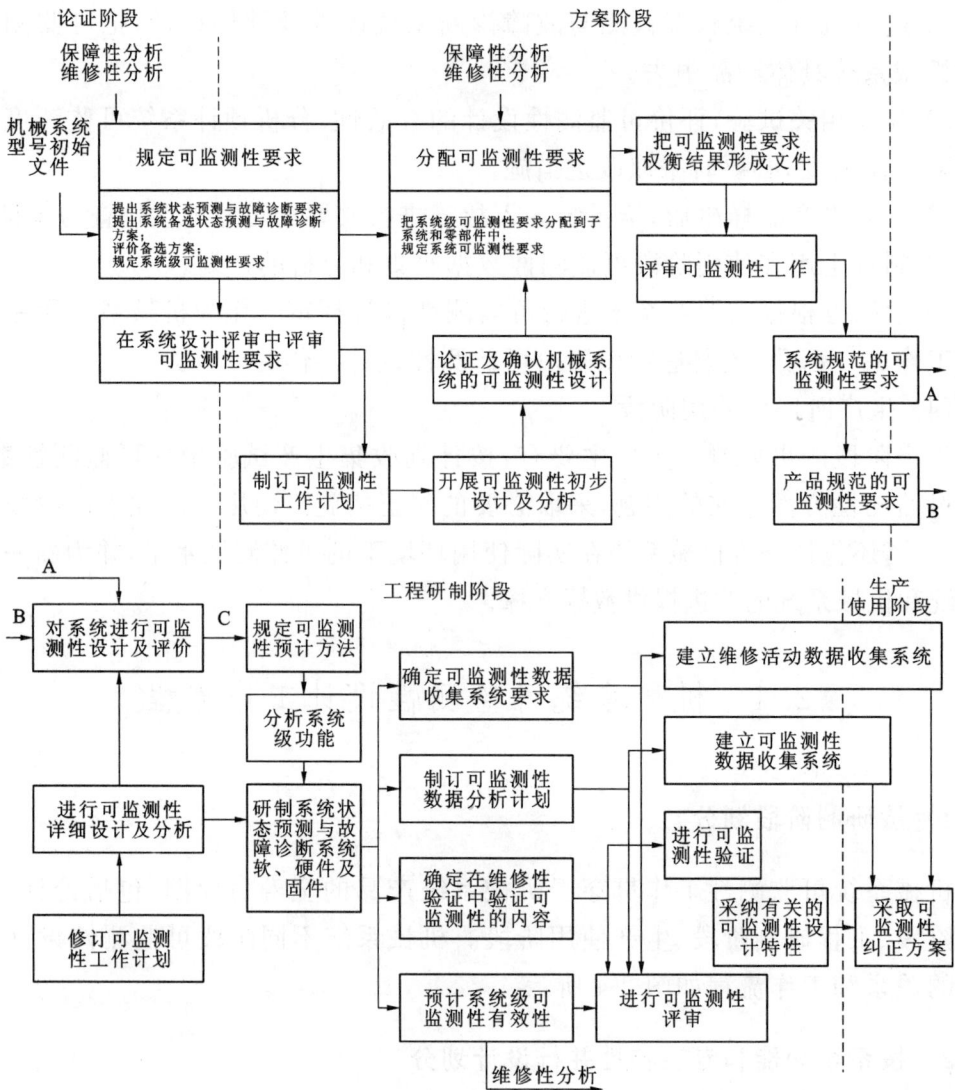

图 2-4　系统不同阶段的可监测性设计工作流程

2.4.3　按系统构成层级划分

　　机械系统一般由多个子系统组成,每个子系统又由多个零部件组成,也就是说机械系统可以划分为系统、子系统、零部件三级,对机械系统进行可监测性设计就是要对各级产品进行可监测性设计。系统、子系统、零部件三级产品的可监测性设计工作协调关系与流程如图 2-6 所示。

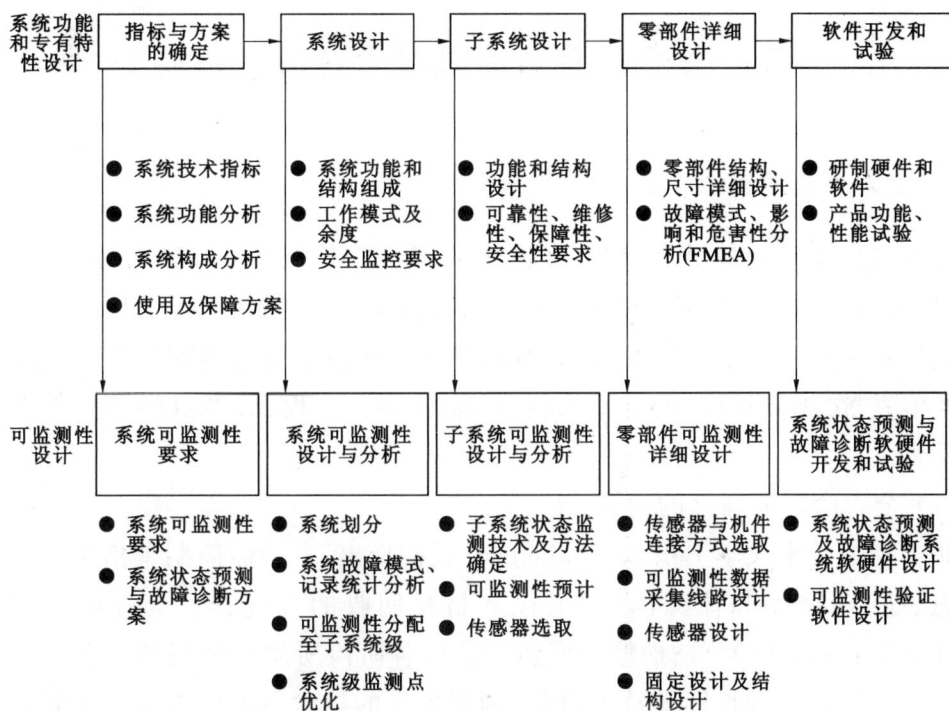

图 2-5 与系统功能和专有特性设计并行的可监测性设计流程

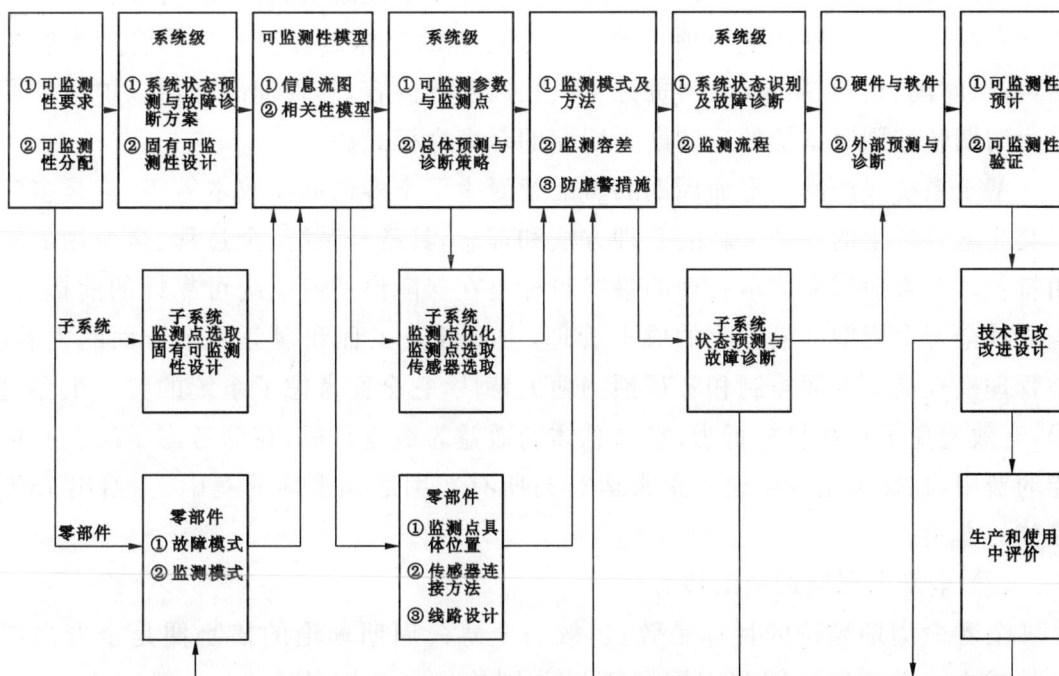

图 2-6 多级产品可监测性设计流程

2.5　基于全寿命周期的机械系统可监测性设计

2.5.1　全寿命周期理论

全寿命周期理论最早出现在 20 世纪 60 年代,首先由美国军方用于航母、大型舰船、各种导弹、战斗机等大型高科技武器装备的生产设计管理上。70 年代全寿命周期理论进入一个快速发展的阶段,许多国家将全寿命周期理论广泛应用在交通运输系统、国防建设、航空航天科技、能源系统工程、大型机械装备等领域的生产管理上。

（1）全寿命周期理论的内涵[3]

弗吉尼亚技术大学 Ben S. Blanchard 教授指出,全寿命周期是指装备从设计和开发、生产、使用和保障,直到退役和材料回收的全过程。全寿命周期费用（Life Cycle Cost,LCC）是指整个寿命周期内各阶段所发生费用的总和。全寿命周期管理是指以实现长期效益为目的,利用先进的技术与管理模式优化管理系统或项目从论证、设计、生产制造、运行直至报废的所有环节（即从项目对象的建设构思到项目对象的工程报废的所有阶段）,在确保系统或项目高效、可靠、经济、安全顺利的基础上实现系统或项目的全生命过程的整体最优。其具体管理内容包括资产、时间、费用、质量、人力资源、沟通、风险等内容,其管理的周期以项目的期限为周期转变到以系统的运营期为周期的全寿命模式。

基于系统或产品全寿命周期的考虑就诞生了全寿命周期成本管理,它是多学科交叉融合产生的一种全新的管理方法和理念,具备全系统、全过程、全费用的鲜明特色。全寿命周期成本管理的最终目标是在保障设备或系统可靠性的前提下,实现其全寿命周期的最小化的成本管理,主要涉及工程和财务两个方面的内容。该管理模式具备全面控制和宏观预测两大特性,它全面考虑了系统的整个生命过程,有效避免了短期目标行为;它以总体的效益为最终目标,充分考虑了所有有可能的费用,在保障系统或设备正常运行与所有费用最佳平衡的基础上,给出 LCC 最佳的方案。

（2）全寿命周期理论的核心

全寿命周期理论的目标是效益,故而全寿命周期理论的核心便是全寿命周期的成本。美国国防部和美国预算局分别给出了不同的含义,一般来说,全寿命周期成本包括设计成本、制造成本、销售成本、使用成本、维修成本和回收报废成本。

（3）全寿命周期的种类及选择

全寿命周期根据研究的需要，主要分为物理寿命、经济寿命、功能寿命以及法律寿命四种不同的类型。当进行项目的全寿命周期内的费用分析时，经济寿命便被作为项目的全寿命周期。

（4）全寿命周期管理的基本特点

① 系统性：它是一项系统工程，为达到各个阶段效益的最大化，必须进行科学系统的全面管理。

② 全面性。其管理涉及项目的全过程，在不同的管理阶段有不同的特点与目标，各阶段相互关联。

③ 持续性。项目的全寿命周期既具备阶段性又具备整体性，这就需要项目的各个阶段之间具备良好的持续性。

④ 约束性。参加管理的主体往往很多，他们之间既有联系又有约束。

⑤ 复杂性。由项目全寿命周期管理的系统性、阶段性、多主体性决定。

2.5.2 基于全寿命周期的机械系统可监测性设计

可监测性作为机械系统产品的一种设计属性贯穿于产品论证、设计、生产、制造、使用、维护到报废的整个生命周期中。可监测性设计包括结构设计、线路设计、软件系统设计等内容，涉及现代设计、系统工程、状态监测故障诊断技术、计算机技术、传感器技术等学科，是一种多学科的融合，是一项复杂的系统工程[4]。首先在充分收集类似机械系统相关数据的基础上提出初步可监测性要求，在设计验证定型生产制造阶段充分考虑可监测性问题，完成测点优化布置和图纸的设计，接着在机械系统设计制造阶段完成产品的可监测性设计任务和指标，最后把系统交付使用。其中监测点的选取直接影响可监测性设计和系统状态监测故障诊断能力的水平，可见在机械系统设计论证阶段系统的故障机理研究和产品研制阶段中系统的测点优化布置是可监测性设计的实施过程中的关键环节，直接决定可监测性设计效果的优劣。根据各阶段可监测性设计的具体任务，基于全寿命周期理论可监测性设计在机械系统设计中开展应用实施的基本业务流程可用图 2-7 表示。

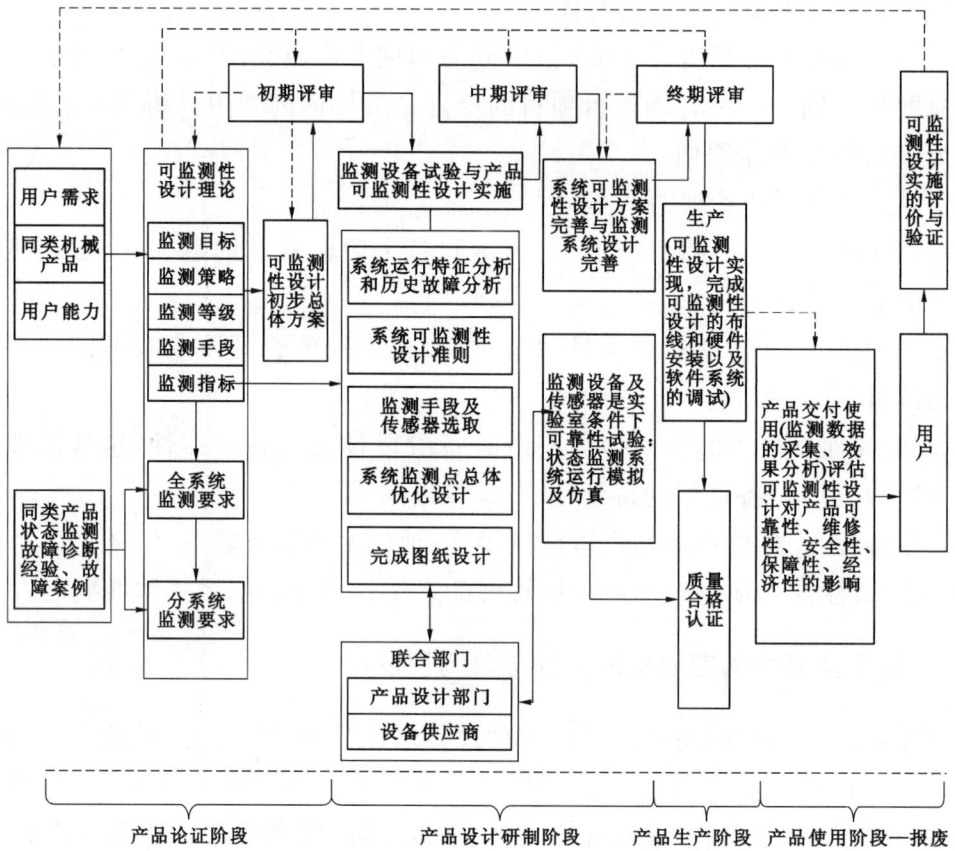

图 2-7   基于全寿命周期的可监测性设计系统结构

参 考 文 献

[1] 魏宏森，曾国屏. 系统论：系统科学哲学 [M]. 北京：清华大学出版社，1995.

[2] 熊剑平. 基于系统论的道路混凝土多指标组成设计方法 [D]. 西安：长安大学，2008.

[3] 陆凯. 无人战斗机系统及其全寿命周期费用研究 [D]. 西安：西北工业大学，2002.

[4] 张月雷，严新平，袁成清，等.可监测性设计在机械产品中的应用研究 [J].中国机械工程，
    2010，21(20)：2500-2504.

3 机械系统可监测性分配方法

3.1 机械系统监测点及传感器系统选取策略

3.1.1 机械系统监测参数

通常,机械系统设备状态监测的性能参数有基本参数、主要参数及次要参数三类。基本参数有:长度、质量、时间、电流、温度和光强等。由基本参数推导出来的主要参数有:力、压力、功、能量、功率、电荷、电位差、电阻、电容、电感和导热率等。由各个量之间的内在联系推导出来的参数,即次要参数有:力矩、冲量、流量、燃料消耗率、单位燃料消耗率等。在机械系统状态实际监测中,针对特定的监测对象要选择与之相适应、敏感性强的监测参数。例如:性能参数监测是柴油机工况监测的基本方法之一。柴油机的性能参数监测选择的监测参数主要是热工参数,它们包括:油、水系统的温度与压力、各缸的排气温度、进排气管平均压力、各种压力差、曲轴箱压力、空气流量、转速、各缸指示功率、油耗、喷油压力曲线、进排气压力波、压缩压力和爆发压力,等等。其他还有振动监测参数、油液监测参数、瞬时转速参数和其他类型参数。

3.1.2 机械系统监测点分类

按照目前划定机械系统状态监测手段(性能监测、瞬时转速监测、油液监测、振动监测等)而获取的机械系统监测参数情况,机械系统监测点可以划分为五类,如图 3-1 所示。性能参数监测点是指在机械系统上安装用于获取机械系统性能参数传感器的位置点;瞬时转速监测点是指在机械系统上安装用于获取瞬时转速参数传感器的位置点;油液参数监测点是指在机械系统上安装用于获取油液监测参数传感器的位置点;振动参数监测点是指在机械系统上安装用于获取振动监测参数传感器的位置点;其他类型监测点是指通过目视、听力、嗅觉、触觉获取系统初步运行状态和发展趋势等信息的系统部件和设备的位置点,也包括通过安装摄像头等手段对设备进行监测的位置点以及监测系统其他性能而设置的监测位置点。

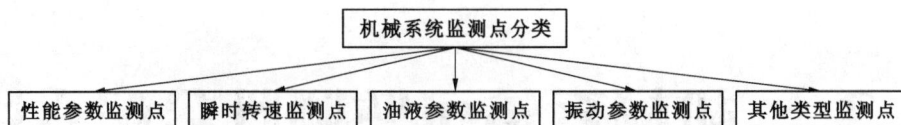

```
            机械系统监测点分类
    ┌──────┬──────┬───┴───┬──────┬──────┐
性能参数监测点 瞬时转速监测点 油液参数监测点 振动参数监测点 其他类型监测点
```

图 3-1　机械系统监测点分类

3.1.3　机械系统监测点的选取

　　机械系统监测点的选取与设计是可监测性设计的一项重要工作,其中监测点的设计应作为被监测系统设计的一个有机组成部分。机械系统监测点选取的核心是根据监测对象的结构特征与监测目标,恰当地选用不同的监测方法,以最经济的方式(让用户花最少的费用)达到最佳的监测效果(用户获取到最大的经济效益)。其选取和设置的适当与否直接影响机械系统状态监测故障诊断的水平、系统处置重大故障的反应时间和系统全寿命周期的费用。不同的监测点得到的参数反映了被监测机械系统不同侧面和不同程度的状态信息。如何有针对性地选择与被监测机械系统的故障种类密切相关联的监测点,是工程化实施机械系统可监测性设计理论成败的关键。

　　总的来说,机械系统可监测性设计监测点设置的总要求如下:

　　① 选取的监测点获取的监测参数具有足够的信息量,并具备典型的意义。在满足可监测性设计指标的同时,应尽量选取较少的监测点。

　　② 选取的监测点应不影响被监测系统的工作,尽量方便维修保障人员检查和维护,并尽量使工作维修保障人员能理解和接受。

　　③ 在监测点选取过程中尽量采用被监测系统现有的监测点,尽量避免重新设置;若要重新选取应保障可监测性设计在造价低的条件下开展,并确保选取的监测点获取的监测参数有一定的监测精度,保障工程中可实现。

　　④ 选取的监测点获取的监测参数应该对那些影响机械系统安全性至关重要、灾难性、对机械系统完成任务至关重要或造成系统长时间不能运行的故障有明显的预测和诊断能力。

　　⑤ 适用性原则:选择该监测点不能影响系统的性能和可靠性,不能加快系统功能的恶化速度。

　　⑥ 敏感性原则:选取的监测点能准确、及时地反映系统恶化和性能发展的趋势,对反映系统恶化和性能发展具有很强的敏感性。

　　⑦ 有效性原则:通过该监测点的设置能有效监测系统发展的趋势,准确预测,避免故障的发生,降低危险性。

⑧ 经济性原则:进行可监测性设计中的监测点选取必须是有经济效果的,可以降低系统全寿命周期的保障费用。

3.1.4 传感器系统选取的策略

传感器系统包括传感器、A/D 转换器、存储装置以及数据传输等部分,在可监测性设计工作实施过程中传感器选择的一般流程如图 3-2 所示,首先确定系统对传感器的技术和应用要求,其次搜索备选传感器系统,在综合权衡后确立最佳的传感器。

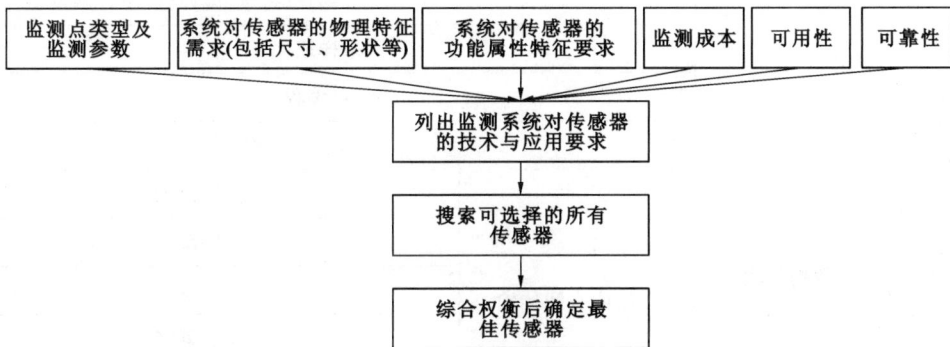

图 3-2　传感器选择一般流程

在满足机械系统可监测性设计指标情况下,可监测性设计人员在选择传感器时需要考虑的全部因素见表 3-1。

表 3-1　传感器选择需要考虑的因素

传感器 性能要求		准确性
		灵敏度
		精确度
		辨析率
		测量范围
		一致性
		响应时间
		稳定时间
传感器 物理属性	尺寸	偏大、偏小
	质量	偏重、偏轻
	形状	圆形、矩形、扁平
	封装	塑料、金属、特种材料
	与系统连接方式	螺栓、焊接、粘接、磁力

续表 3-1

传感器功能属性要求	电源	自带还是外接	
		是否需要功率管理	
	数据存储	传感器板上自带内存	是/否
		存储容量	大/小
		是否需要存储管理功能	是/否
	数据采样	采样模式	主动/被动
			自动开/关
			可编程(持续、阶段性、事件触发型)
		采样速度	
	数据传输	可编程	
		主动/被动传输	
		无线或有线传输	传输范围
			协议
			传输速度
			安全策略
			有线传输类型:USB、串行端口或其他主机连接方式
		可与传感器通信的设备类型	
	数据处理	所需的数据处理类型	
		系统提供的数据处理类型	
传感器工作限制	工作环境	温度、湿度、辐射、气体、灰尘、化学物质	
	运行	信号输入限制	
传感器成本		包括传感器采购成本、维护成本、更换成本	
传感器可靠性		具有自检功能并确保自身正常工作的功能	
		可考虑冗余系统	
传感器可用性		该传感器已经投放市场产品化,且有工程应用案例	

　　在实际选取传感器时需要注意的事项如下:

　　① 选取传感器时只要有可能,优先选用不需施加电源的无源传感器;

　　② 选取传感器时应避免选取需要校准的传感器;

　　③ 选取的传感器应具备良好的设计准则,尽量是标准化的,必要时要有防潮、防腐、防电磁辐射等设计;

④ 所选取的传感器应满足被监测系统参数最大变化范围,即传感器测量范围要满足需要;

⑤ 选取的传感器灵敏度与被监测系统参数分辨率要适当;

⑥ 选取的传感器其负载和失真应该最小,其传感器物理属性应满足可监测性设计的需要;

⑦ 传感器自身应满足被监测系统对部件可靠性、维修性规定的要求,不影响被监测系统的可靠性和维修性;

⑧ 选取的传感器应满足被监测系统的工作环境要求。

对于具体的机械系统,在进行可监测性设计工作过程中选择传感器的基本策略是:① 首先满足监测手段和监测点选取的基本要求;② 考虑系统对传感器性能、物理属性和功能属性的要求;③ 考虑系统的监测成本;④ 考虑传感器的可靠性和可用性因素。在具体实施过程中应对监测点监测参数要求、传感器性能和功能要求、传感器物理属性要求、监测成本要求、传感器可靠性和可用性等因素进行等级优先划分,综合多因素权衡进行必要的取舍,从而确定适合系统的最佳传感器。

3.2　可监测性分配

可监测性分配(即监测点优化布置)是将可监测性设计要求的指标和诊断系统的指标从系统分析的角度分配给系统、子系统、设备、组件和零件,作为各自的可监测性指标提供给可监测性设计人员,在产品设计过程中必须满足上述要求。在进行可监测性分配时,应尽量将有限的监测资源优先用于被监测系统中那些可靠性较低、故障危害性较大的部件和系统部位。

3.2.1　可监测性分配的时机

可监测性分配(监测点优化布置)工作的时机主要集中在机械系统产品方案论证阶段和设计的初步阶段。当机械系统的可监测性级别、系统可监测度或关键故障可监测度、可监测性设计敏感度确定后,就要把这些要求和指标划分到系统的各个组成部分。其划分工作从系统角度出发一般按照从整体到局部、由大到小的顺序进行,把要求和指标分配至不能再划分的层次,落实到具体部位或零部件上。在机械系统方案论证和设计的初级阶段,由于信息多来自于可监测性设计人员的经验和类似系统的数据,形成的可监测性分配方案(监测点优化布置方案)只是一个既定的初步方案。当设计进入详细设计阶段,其方案可进行必要的调整与修订。

3.2.2　可监测性分配的输入与输出

　　为使监测点优化布置的结果更加合理、经济和优化，在进行监测点分配时应尽量考虑到影响机械系统可监测性设计的所有因素和制定的可监测性指标。例如机械系统自身特性、当前成熟的监测技术手段、传感器、类似产品的可监测性设计经验、系统可监测度、关键故障可监测度、可监测性设计敏感度等，这些因素都是可监测性分配的输入参数，只要能获得这些信息，在分配工作中都要进行考虑。可监测性分配的输出就是监测点优化布置方案、监测点具体位置、选取的传感器方案。可监测性分配的示意图如图 3-3 所示。

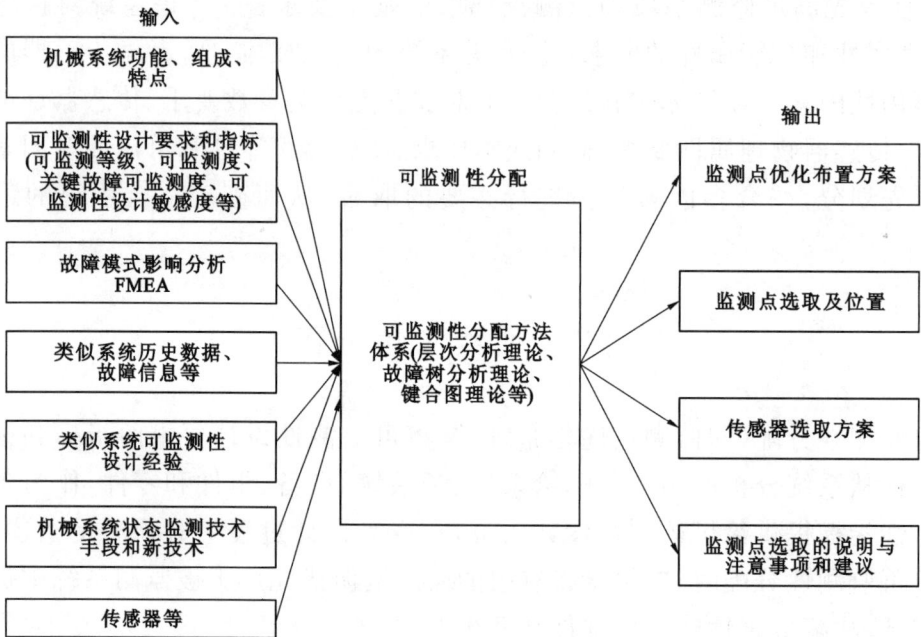

图 3-3　可监测性分配

3.3　基于故障树的监测点优化布置方法及实例

3.3.1　基于故障树理论的监测点优化布置方法

　　基于故障树理论的监测点优化布置方法是采用故障树分析理论方法对机械系统监测点进行优化布置的一种方法[1,2]，其基本流程如图 3-4 所示。

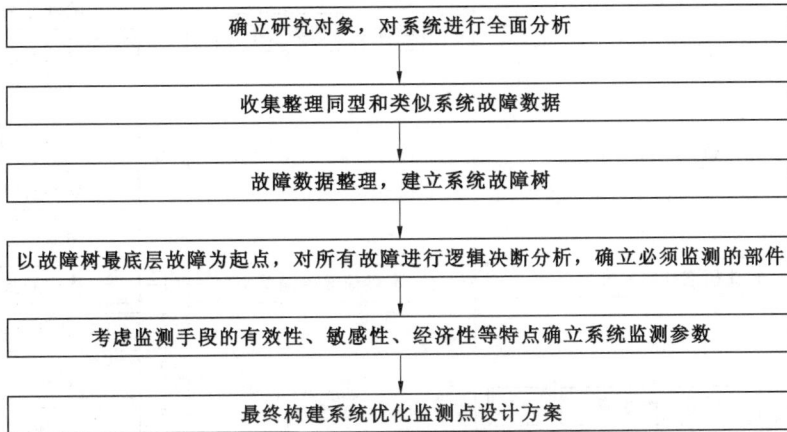

图 3-4 基于故障树的监测点优化布置基本流程

3.3.2 基于故障树的监测点优化布置实例[3]

船舶动力机械系统包含部件众多、结构复杂、故障种类繁多、工况复杂,是一个典型复杂机械系统。它不但结构复杂,而且工作环境具有多变性,失效模式具有多样性,其故障跟其他机械故障一样具有明显的渐发性、潜在性、耗损性、模糊性等特点。往往一个故障是由多因素引起的或一个因素引起多种故障。其故障机理包括磨损、变形、断裂、裂纹和腐蚀等。船舶动力机械故障一旦发生直接影响船舶运行的安全,甚至影响人身安全,造成巨大的经济损失。

(1)收集故障,建立故障树

以长江航道局工程船舶动力机械为对象,收集近几年的船舶动力机械故障,以主机故障为例,可分为八类故障,依据故障树理论对主机故障进行整理分析,以燃油供给系统故障为例进行细化故障而构建的船舶主机简易故障树如图 3-5 所示。

(2)确立系统监测参数,进行监测点的选取及设计

船舶机械故障跟其他机械故障一样具有渐发性、潜在性等特点。在故障的发生过程中总会出现一定的故障征兆和现象,即船舶动力机械在运转使用中总会出现异常现象,主要包括温度、压力、转速、功率等输出参数表现异常。这些现象就是选取监测点的依据。系统和装置监测点的选取可以通过一种循序渐进的逻辑决断图来进行。这个逻辑决断图是基于船舶动力机械功能故障和故障原因基础上评价故障对系统的重要性,进而确定预测设备状态和判断故障的监测参数体系,进而考虑系统可靠性和设备自身条件设计安装传感器,即确定监测点位置,从而实现监测性设计的可监测性分配方案。监测点选取的逻辑决断图如图 3-6 所示。

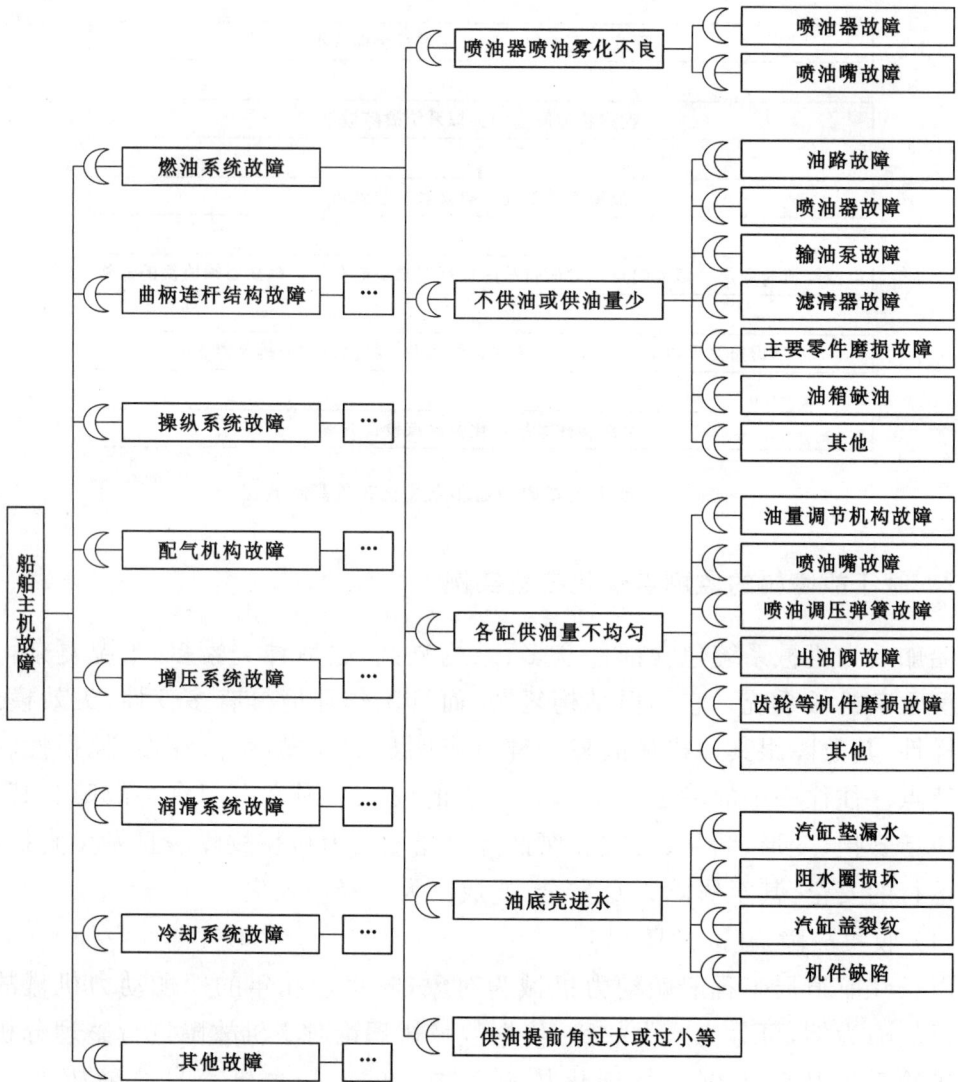

图 3-5　船舶主机简易故障树

　　选取船舶动力机械中主机故障树中最后一层主机高压油泵磨损故障为例,按照图 3-6 逻辑决断图进行分析决断,该故障为明显的功能故障,需要进行可监测性设计的实施。该故障的显著症状主要表现为汽缸内爆压下降、排气温度下降、排气冒黑烟、功率下降、主机转速和增压器转速下降,严重时还表现出有敲击声。所以该故障的状态监测参数体系如图 3-7 所示,各监测参数的传感器(即监测点)具体设计安装位置视设备具体情况而定。

　　(3)监测点选取实例

　　审查故障树最后一层主机故障进行如图 3-6 所示的分类决断,确立必须进行可监测性设计的故障,进而根据反映故障状态和发展趋势的故障现象确立监测参

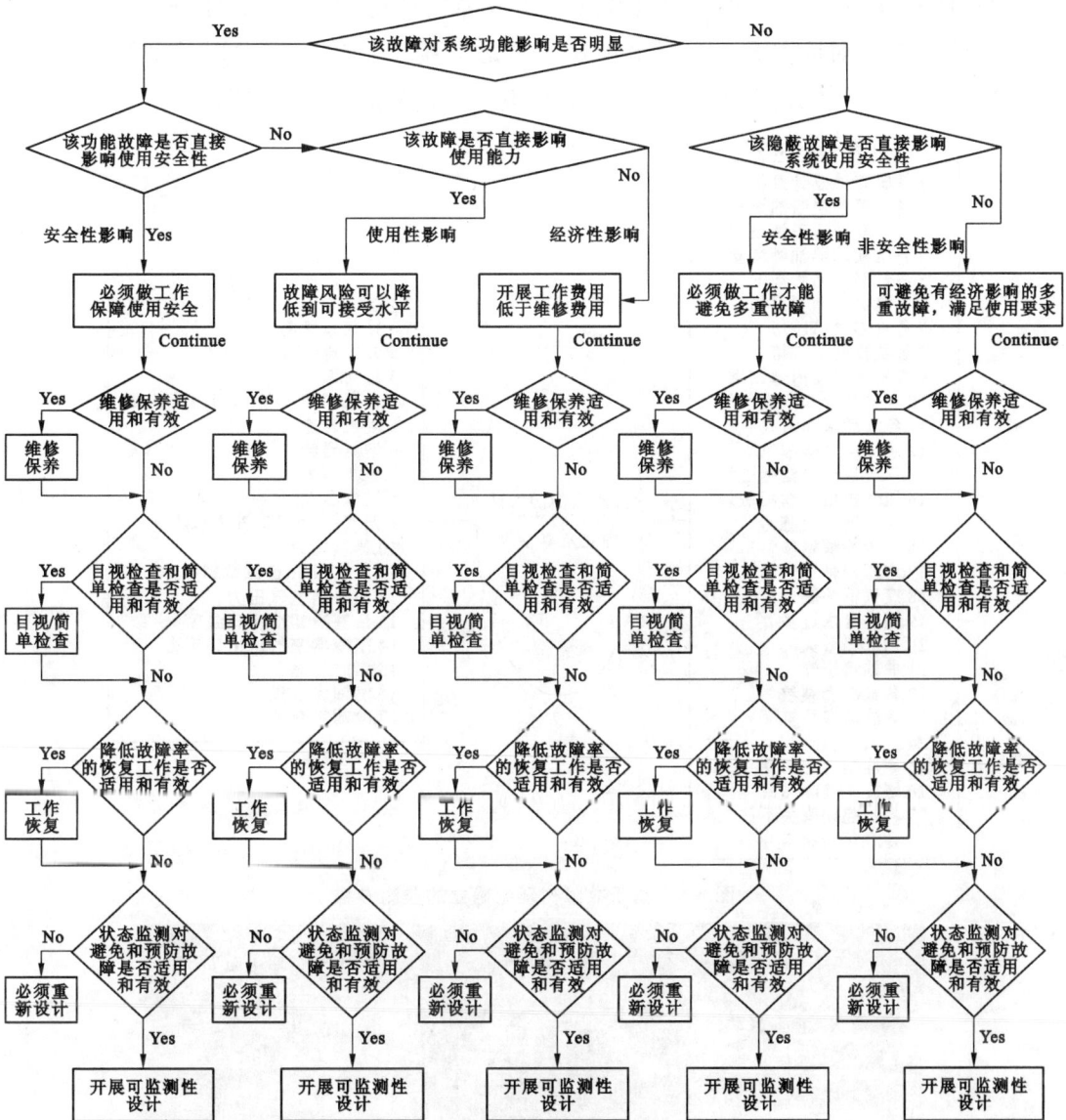

图 3-6　监测点选取的逻辑决断图

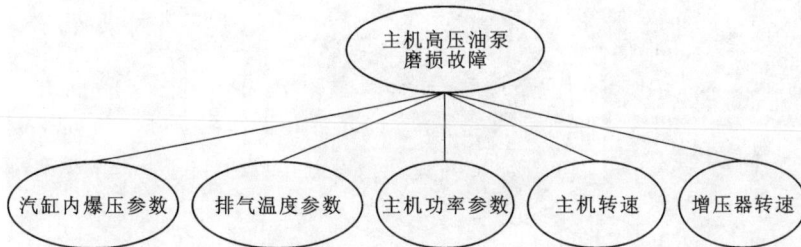

图 3-7　监测参数选取实例

数体系,以长江航道局某型船为例开展基于故障树理论确立主机故障最后一层典型故障与监测参数对应关系如图3-8所示。考虑系统自身的可靠性以及系统安全性、经济性原则,主机部分监测点(传感器安装设计)具体位置实例如图3-9所示。

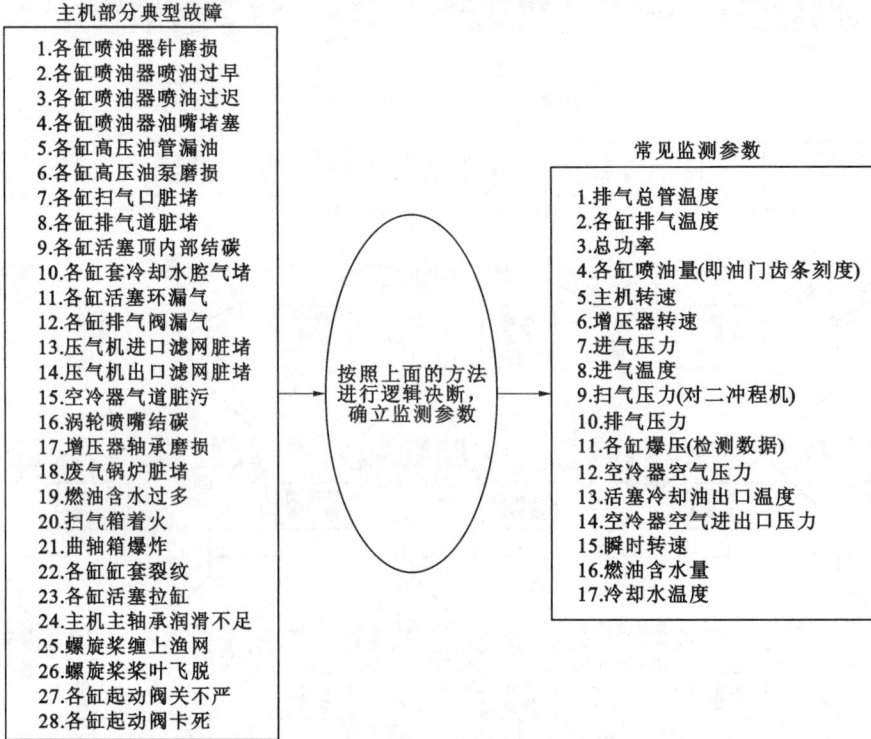

图 3-8　基于故障树理论确立的监测参数

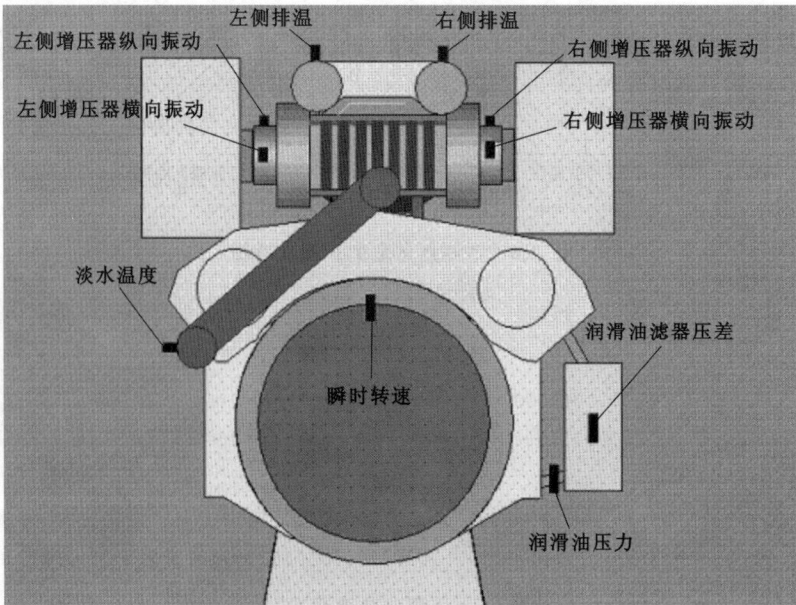

图 3-9　监测点(传感器)设计位置实例

3.4   基于层次分析理论的测点优化布置方法

3.4.1   基于层次分析理论的测点优化布置方法

基于层次分析理论[4-6]的监测点优化布置方法首先是用层次分析理论构建机械系统层级结构模型,再根据一定的评价原则对各层次的系统或设备进行重要度评价以确立开展可监测性设计的应用对象,最后基于一定的原理完成监测点的布置的方法。其基本流程如图 3-10 所示。

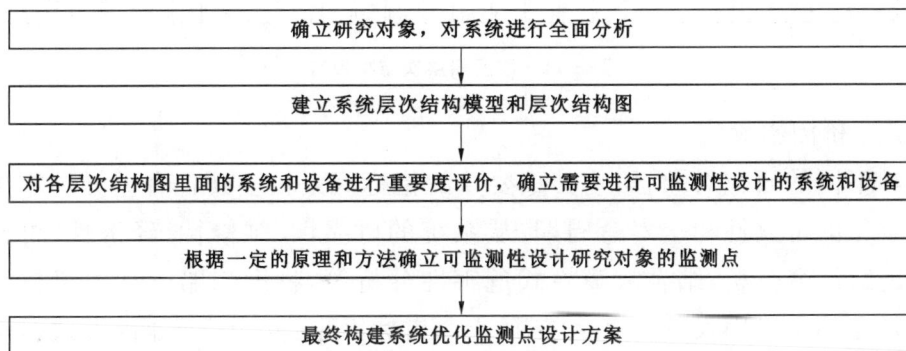

图 3-10   流程图

3.4.2   基于层次分析理论的监测点优化布置实例[7]

挖泥船动力机械在一种苛刻恶劣环境下工作,对其设备重要度的评价是确定设备监测优先顺序、确定关键监测项目的关键点,是实现监测点优化布置的前提保障。挖泥船的动力机械系统是一个由相互关联、相互制约的众多因素构成的复杂而往往缺少定量数据的系统,如果笼统地分析,很难确定挖泥船动力机械重点监测对象,而层次分析法刚好能提供一个清晰的脉络来分析挖泥船动力机械系统。首先进行层次和系统划分,构建层次结构模型;然后通过故障模式影响及危害度分析(FMECA)确定系统评价的因素并量化评分;最后构建判断矩阵确定各因素权重,计算各系统评价指标,形成系统优先监测次序,确立关键监测项目。

（1）挖泥船机械层次分析及结构层次建模

这里以自航耙吸挖泥船为例,该类型船舶除具有普通船舶特点外,还拥有用以疏浚作业的系统。这样挖泥船动力机械系统就由用于提供船舶航行、停泊的船舶动力机械和用于疏浚作业的疏浚作业动力机械两个系统组成。挖泥船全面层次结构模型如图 3-11 所示。

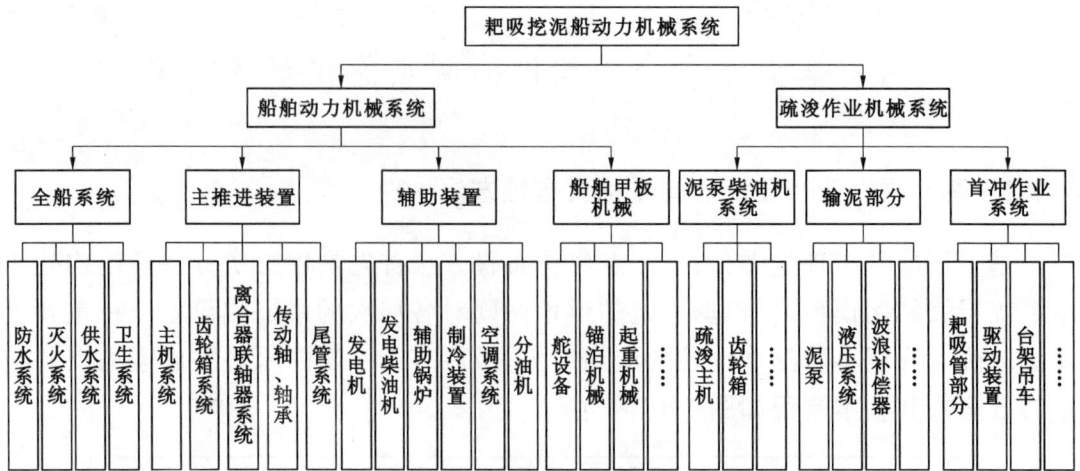

图 3-11　挖泥船层次结构模型

（2）评价因素确定

针对不同的研究对象，影响其重要性的指标因素较多又各有差异。本书立足于研究对象的可靠性和全寿命周期，从系统的可靠性、维修性、经济性、可监测性等角度进行综合分析，结合故障模式危害性分析等，将影响船舶动力机械重点监测项目确立的主要因素分为 5 大方面 8 个指标因素：安全性方面（失效对船上工作人员、船舶安全性的影响）、可靠性方面（失效引起的系统功能的变化、失效的频率）、经济性方面（维修所需费用、停机造成的损失）、可监测性方面（可监测性的水平）、维修性方面（维修的难易程度）。在尽量保障评价准确可靠的基础上兼顾评价简约和时效性，评价指标因素划分等级不宜过多，一般每个因素被划分为 5 个等级。在实际应用时各评价指标因素的等级根据挖泥船动力机械基本信息来确定，其各个等级的分值也是这样的，当然各分值还可在今后使用过程中根据用户的反馈信息进行修正。挖泥船动力机械各个指标因素等级划分和评分基本情况如下：

① 系统失效对船上工作人员与船舶安全的影响（PS）

该指标因素制定时要考虑船舶的使用区域，即船舶是在江河湖泊、近岸作业还是远洋及远岸作业，其评分标准如表 3-2 所示。

表 3-2　PS 评分表

序号	级别	分数（江河湖泊、近岸作业）	分数（远洋、远岸作业）
1	高	80	100
2	较高	60	80
3	中	40	60
4	一般	10	20
5	低	0	10

② 失效对系统功能影响的程度（SF）

该因素主要考虑船舶在运行过程中，设备系统失效后对系统功能的影响，同时考虑该设备系统有无备用的，其评分标准见表3-3。

表 3-3　SF 评分表

序号	级别	分数（有备用）	分数（无备用）
1	高	60	100
2	较高	50	90
3	中	30	70
4	一般	20	50
5	低	10	30

③ 失效的频率（FF）

该因素可根据系统的故障率及平均故障时间来确立，其具体评分可根据相似设备的运行历史记录和可靠性数据，并经过现场运行、检修人员修正得到。其评分标准见表3-4。

表 3-4　FF 评分表

序号	级别	分数
1	高	100
2	较高	80
3	中	50
4	一般	30
5	低	10

④ 维修所需费用（MC）

该指标要考虑到设备的复杂程度、备品备件运输安装等费用成本及该系统在船舶总价格中的比重，其评分标准见表3-5。

表 3-5　MC 评分表

序号	级别	分数
1	高	100
2	较高	80
3	中	50
4	一般	30
5	低	10

⑤ 停机造成的损失（OC）

该损失包括因设备停机而导致系统运行方式改变、停机而引起的所有经济损失。其评分标准见表 3-6。

表 3-6　OC 评分表

序号	级别	分数
1	高	100
2	较高	80
3	中	60
4	一般	30
5	低	10

⑥ 可监测性（M）

船舶动力机械实施状态维修离不开设备的状态监测，因此，应将设备的可监测性作为一个影响设备重要度的因素。该因素主要考虑监测费用和对监测技术的要求，其评分标准见表 3-7。

表 3-7　M 评分表

序号	级别	分数（监测费用低）	分数（监测费用高）
1	低	70	100
2	一般	60	80
3	中	40	60
4	较高	20	40
5	高	0	20

⑦ 维修的难易程度（D）

从维修的角度进行分析，它与设备的接近难易程度（包括高度、周围环境、可达性、维修空间）、设备复杂程度和备品备件供应程度有关，具体评分可以通过与现场维修人员讨论确定，评分标准见表 3-8。

表 3-8　D 评分表

序号	级别	分数
1	高	100
2	较高	80
3	中	50
4	一般	30
5	低	10

（3）评价指标的计算

按照层次分析理论，确定系统重要度综合评价体系如图 3-12 所示。

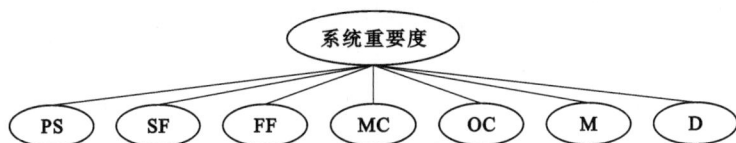

图 3-12 系统重要度综合评价体系

为得到各评价因素的权重,我们首先构造判断矩阵为

$$D = \begin{bmatrix} e_{11} & e_{12} & \cdots & e_{1j} \\ e_{21} & e_{22} & \cdots & e_{2j} \\ \vdots & \vdots & \vdots & \vdots \\ e_{i1} & e_{i2} & \cdots & e_{ij} \end{bmatrix} \tag{3-1}$$

式(3-1)中:e_{ij} 表示第 i 个评价因素对第 j 个评价因素的相对重要度,$e_{ji} = 1/e_{ij}$。相对重要度的取值可参考表 3-9。

表 3-9 相对重要度取值表

序号	含义	取值
1	同等重要	1
2	稍重要	3
3	相当重要	5
4	非常重要	7
5	极端重要	9
6	上述判断的中间值	2,4,6,8

计算判断矩阵 D 的特征向量进而求得权重向量。在这里用方根法,其步骤如下:

$$\bar{e}_i = \prod_{j=1}^{n} e_{ij} \tag{3-2}$$

$$e_i = \sqrt[n]{e_{ij}} \tag{3-3}$$

将方根归一化,即得各因素的权重为:

$$a_i = \frac{e_i}{\sum\limits_{i=1}^{n} e_i} \tag{3-4}$$

这样对每个评价因素权重进行了量化,然后按下面式子进行一致性检验。

计算判断矩阵最大特征根 $\lambda_{\max}$:

$$\lambda_{\max} = \sum_{i=1}^{n} \frac{(DA)_i}{na_i} \tag{3-5}$$

计算一致性指标 C_n:

$$C_n = \frac{\lambda_{\max} - n}{n - 1} \qquad (3\text{-}6)$$

计算一致性比例 C：

$$C = \frac{C_n}{\boldsymbol{R}_n} \qquad (3\text{-}7)$$

当 $C < 0.1$ 时，即认为判断矩阵具有满意的一致性，说明权值分配是合理的。其中 1~8 阶判断矩阵 $\boldsymbol{R}_n$ 取值如表 3-10 所示。

表 3-10 $\boldsymbol{R}_n$ 的取值

阶数	1	2	3	4	5	6	7	8
$\boldsymbol{R}_n$	0	0	0.52	0.89	1.12	1.25	1.35	1.42

最后，船舶动力机械设备系统重要度评分（E_{NS}）采用线性加权数学模型的方法来计算。那么：

$$E_{NS} = \sum_{i=s}^{D} m_i a_i \qquad (3\text{-}8)$$

式中 m_i——各评价因素的评分；

       a_i——各评价因素的权重，$i = \{PS, SF, FF, MC, OC, M, D\}$；

       E_{NS}——该系统重要度评价分数。

最后对计算结果（各系统重要度指标）进行排序，即得出船舶动力机械各级子系统监测优先监测顺序，进而确定重点监测项目。在考虑可监测性因素的基础上，考虑到各监测方式的可行性及各参数在判断故障时的贡献，确立各重点监测项目的监测参数体系。

（4）基于层次分析法（AHP）的监测点优化布置示例

以航道工程局所属自航耙吸式挖泥船为例进行监测点优化排序布置。首先通过与船员和维修人员讨论，得到各因素权重的判断矩阵：

$$\boldsymbol{D} = \begin{pmatrix} 1 & \frac{1}{3} & \frac{1}{2} & \frac{1}{4} & \frac{1}{2} & 1 & \frac{1}{2} \\ 3 & 1 & 2 & 2 & 4 & 3 & 2 \\ 1 & \frac{1}{2} & 1 & \frac{1}{2} & 1 & 2 & \frac{1}{3} \\ 4 & \frac{1}{2} & 2 & 1 & 2 & 3 & 1 \\ 2 & \frac{1}{4} & 1 & \frac{1}{2} & 1 & 1 & \frac{1}{4} \\ 1 & \frac{1}{3} & \frac{1}{2} & \frac{1}{3} & 1 & 1 & \frac{1}{3} \\ 2 & \frac{1}{2} & 3 & 1 & 4 & 3 & 1 \end{pmatrix} \qquad (3\text{-}9)$$

求解得到七个因素 PS、SF、FF、MC、OC、M、D 的权重值为：0.066、0.259、0.099、0.201、0.089、0.072、0.213。验证一致性 $C<0.1$，则权值分配合理。然后通过对各系统可靠性数据、运行状态历史数据、运行历史故障等收集的信息和到现场调研（向工程人员咨询等形式），对挖泥船动力机械系统及子系统各评价因素进行打分，计算各层系统的重要度分值，按照数值大小进行各层系统监测优先顺序排布，最终确定自航耙吸挖泥船的重点监测项目。按照相同的方法综合考虑监测实施和设计的难度、监测实施的费用、监测反映系统状态的敏感程度、判断故障的准确性四个影响因素，确立合理监测方法，构建监测参数体系。其综合优化布置方案见图 3-13。

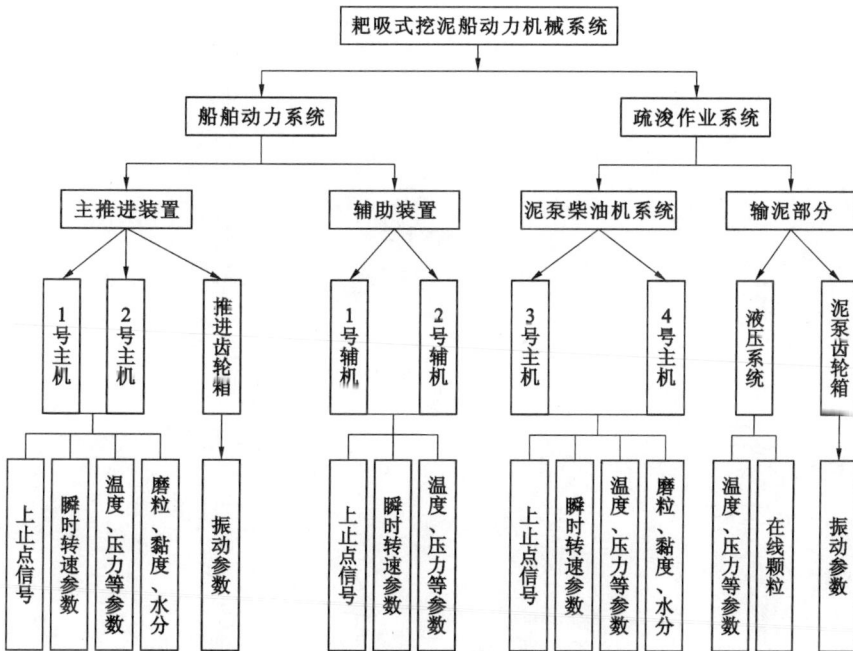

图 3-13　挖泥船动力机械监测点优化布置方案

参 考 文 献

[1] 罗航. 故障树分析的若干关键问题研究 [D]. 成都：电子科技大学，2006.

[2] 周海京，遇今. 故障模式、影响及危害性分析与故障树分析 [M]. 北京：航空工业出版社，2003.

[3] ZHANG Y L , YAN X P, YUAN C Q . Study of optimal monitoring point placement for marine power machinery using fault tree theory [C]. Shenzhen，IEEE Prognostics and Health Management Conference，2011：1-5.

[4] 兰继斌. 关于层次分析法优先权重及模糊多属性决策问题研究 [D]. 成都：西南交通大学，2002.

［5］ MILLET I，SCHONER B. Incorporating negative values into the analytic hierarchy process ［J］. Computers and Operations Research. 2005，32(12)：3163-3173.

［6］ SAATY T L，OZDEMIR M. Negative Priorities in the analytic hierarchy process ［J］. Mathematical and Computer Modelling，2003，37(9-10)：1063-1075.

［7］ ZHANG Y L，YAN X P，YUAN C Q. The research of optimal monitoring point placement for health monitoring of dredger based on analytic hierarchy process ［C］. Macau，IEEE Prognostics and Health Management Conference，2010：1-4.

4 机械系统的数字诊断

4.1 数字诊断的内涵

随着计算机和数字通信技术的发展,机械系统的数字化程度越来越高,能够更全面准确地掌握其技术状态,优化运行性能,优化运行效率。为了监测技术状态,现代机械系统大都安装了传感装置,采集各种运行参数,经过一系列的信号处理过程,形成了表征技术状态的参数向量,从监测性(测试性)的角度出发,这个参数向量就是征兆向量,可用于诊断系统故障。

所谓数字诊断,就是在征兆信号数字化、诊断知识数字化的基础上,将诊断推理过程编制成计算机程序,利用计算机完成故障诊断全过程。数字诊断可以结合在线监测系统实现在线实时监测,也可以针对历史监测数据实现离线诊断[1]。

征兆信号来自监测系统,常用的有在线监测、远程(在线)监测、数字诊断系统可内置智能诊断算法,推断出具有可信度的诊断结论。

4.1.1 在线监测技术

在线监测(On-Line Monitoring)技术区别于离线检测技术,意指在工程系统运行时,实时监测其技术参数,判定其技术状态,运行异常时及时报警。还可附加故障诊断模块,在状态异常时诊断故障原因,识别出故障部位,判定故障类型[2-3]。

在线监测系统通常是视情维修(Condition Based Maintenance,CBM)技术体系的一部分。为了便于系统开发、功能分层和数据交流,根据 CBM 涉及的功能需求,国际标准化组织 ISO 提出了机械状态监测和诊断(Condition Monitory and Diagnostics of Machines)ISO-13374 技术标准,把 CBM 系统分成了 6 个层次的技术模块;机器信息管理开放系统联盟(Machine Information Management Open System Alliances,MIMOSA)据此提出了 OSA-CBM(Open Systems Architecture for Condition-based Maintenance，CBM 的开放架构）模型。OSA-CBM 是 ISO-13374标准的一种实现规范，它定义了各功能模块涉及的数据结构和接口规范，并提供了 UML 和 XML 格式的规范定义。OSA-CBM 结合 ISO-13374 标准，使 CBM 技术体系结构能够层次化、标准化、组件化，不同技术机构和人员可以发挥在各自领域的专业技术优势，充分实现技术整合，共同推进 CBM 技术的发展和应用[4]。

ISO-13374 和 OSA-CBM 的功能模块和信息流程如图 4-1 所示。

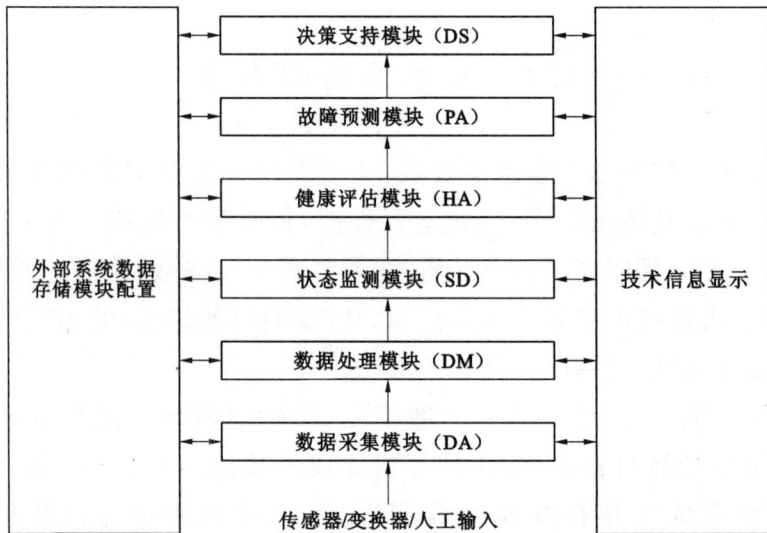

图 4-1 · ISO-13374 和 OSA-CBM 的功能模块和信息流程

ISO-13374 和 OSA-CBM 的 6 层结构及各模块的功能为：

（1）数据采集模块（Data Acquisition，DA）

数据采集模块用于采集现场设备上的实时数据，为其他模块提供现场的数据信息。

（2）数据处理模块（Data Manipulation，DM）

数据处理模块用于完成单/多信道数据处理任务，提供对 DA 模块的输出数据进行预处理，如特征向量抽取、软件滤波、均值计算等。

（3）状态监测模块（State Detection，SD）

状态监测模块主要完成 DA、DM 模块的输出数据与系统工作限定值比较（如振动高限）功能，也可以完成简单的报警功能。

（4）健康评估模块（Health Assessment，HA）

健康评估模块主要用于对监测系统、子系统、组成部件的性能衰退进行评估。如果系统的性能处于衰退期，模块产生一些诊断记录，描述一些可能发生的故障和故障模式。HA 模块在进行系统评估时考虑了系统的历史趋势、操作状态、维护历史和系统运行负载等因素。

（5）故障预测模块（Prognostics Assessment，PA）

故障预测模块主要根据底层模块的数据信息，推断设备未来的有效工作时间剩余寿命（Remaining Useful Life，RUL）。

（6）决策支持模块（Decision Support，DS）

决策支持模块主要用于提供推荐的系统维护动作和指令，其中包括维护调度、修改设备的配置操作等。决策支持模块的工作需要考虑当前、历史及未来系统工作状态。

通常意义上的在线监测系统包括数据采集模块 DA、数据处理模块 DM，以及状态监测模块 SD。在线监测系统，大致来说可以分为两种技术路线：数据采集卡和现场总线。数据采集卡又称为 DAQ 卡，是一种 PC 外设，用以将传感器的模拟信号转换成数字信号，并通过 PC 外设接口输入计算机；计算机软件通过驱动软件读写控制 DAQ 卡，用以读写数据，控制工作过程；数据采集卡缺乏统一标准，特别是软件接口，因此通常采用通用开发软件，如微软的 Visual Studio，或者图形化的开发软件 LabView。现场总线（Field Bus）是一种标准化的数据传输网络，具有高实时性、高可靠性的技术特点，现场总线仪表是一种高度集成的数字化监控装置，内置信号变送器、A/D 或 D/A 转换器、微处理器和网络接口，通过现场总线与控制器、其他现场总线仪表，以及监控计算机传递数据；现场仪表通过总线协议交换数据，标准化程度高，通常采用组态软件开发现场在线监控软件；组态软件通过配置信号 I/O 参数、配置监控界面、编制脚本的方式完成监测软件开发。数据采集卡模式大多用于实验室环境，开发平台选择多，软件功能丰富，易于开发、调试，费用低；现场总线模式大多用于工业现场，开发计算机监控系统，如集散控制系统 DCS，现场总线控制系统 FCS。工业现场的在线监控系统通常称为数据采集与监视控制（Supervisory Control and Data Acquisition，SCADA）系统。

4.1.2　远程监测技术

航空公司的班机载着乘客在广阔的高空飞行，轮船公司的船运载着大量货物在宽阔的大海航行，某一工厂生产的机器设备分散在世界各地运行，人们有一种天然的倾向，希望了解它们的实时运行状况。随着信息感知和计算机通信技术的发展，特别是因特网技术，以及无线移动网络的普及，这一切成为可能，这就是远程监测（控）技术。

信息和通信技术的应用日益广泛深入，世界进入了深度互联的时代，特别是物联网（Internet of Things，IOT）相关技术的蓬勃发展，以及工业现场的实际需求,美国 GE 等公司提出了工业因特网(Industrial Internet)的概念。传统的因特网是一种广域的计算机信息网络,人们借助于计算机进行信息交流;工业因特网则是一种广域的机器数据网络,监控中心的技术人员可以获知远程机器(群)的实时运行参数和技术状态。工业因特网包括三大部分:网络化的智能机器、先进的数据分析处理和相关工作人员,能够通过普适网络实时紧密联系,实时感知机器态势,及时行动,使得机器处于良好的运行工况和健康状态。工业因特网组成见图 4-2。

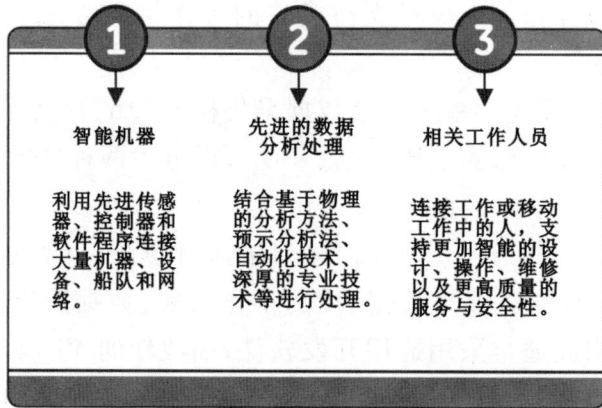

图 4-2　工业因特网组成图

远程监测技术系统通常面向整个编队(Fleet),拥有一个监测(控)中心,通过通信网络,将地域上分散的机器运行状态信息实时汇聚起来。下面举例说明船队远程监测管理系统的运行模式,见图 4-3、表 4-1。

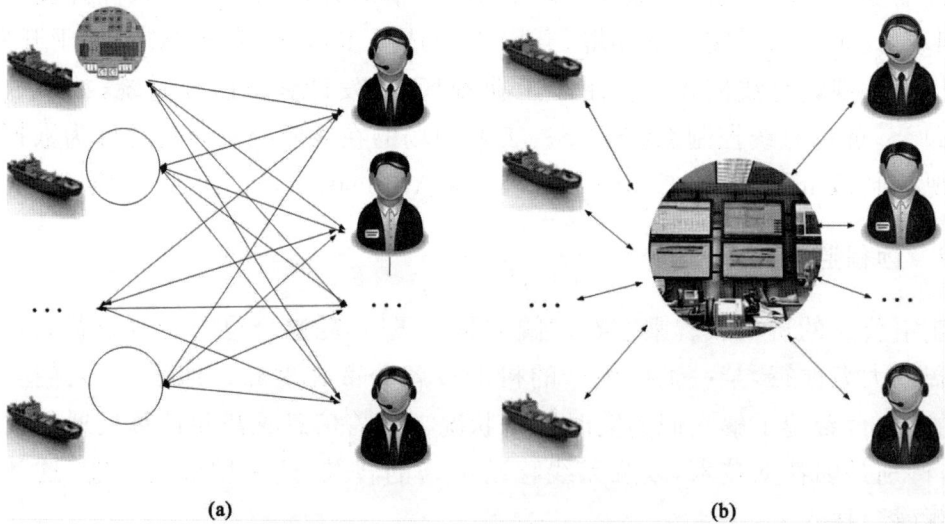

图 4-3　船队远程监测和管理系统运行模式
(a) 船舶中心模式;(b) 中心建站模式

表 4-1　船队远程监测和管理系统运行模式

比较项目	船舶中心模式	中心建站模式
服务器	船舶计算机兼作服务器	专门的高性能服务器,位于中心站
数据	全部位于船舶系统中,船船之间可能具有不同的数据定义	原始数据在船舶系统中,快照数据在中心站,在中心站具有统一的数据定义
应用软件	监测报警系统兼作远程监测应用软件	专门的中心站服务器软件系统,服务于船队所有船舶
优势	实现简单,与船舶系统界面一致	单一访问入口,服务于所有船舶的统一界面,数据汇总、统计、比较
劣势	船船之间具有差异性,数据不能汇总,每船一个访问入口	实现复杂,需要单独设计部分的船端软硬件
关键技术	具有因特网功能的工控组态软件	船舶、测点等统一编码方案,大容量数据库,因特网、Web 等技术

船队机务管理面向整个船队,关注的对象从单一船舶发展到整个船队,强化了数据信息的船间应用。相对于传统面向单船的远程监测,提出了新的技术要求,更加强调监测数据的规范化和标准化。

（1）功能需求

船队监测和管理在原有面向单船的远程监测基础上,提出了一些新的功能要求,概括起来,综合性的船队监测和管理系统需要实现如下功能:

① 中心站集中监测

船队远程监测管理系统要求在统一的平台上,集中监测管理船队所有船舶的各种参数,是一种一对多的星形结构。为实现这一要求,需要建立中心站,船端数据集中上传到中心站,中心站解析并区分来自不同船舶的各种数据,这就要求对船舶、参数进行标准化编码,并制定标准的船岸通信协议及其数据结构。

② 船岸数据通信

远程监测需要在船岸之间建立通信链路,以便双向传递实时信息。船岸通信至少涉及三个方面的内容,包括通信网络的选用,船岸数据通信协议及其数据结构,以及传输内容。

③ 远程实时监测

在船队管理中,对船舶位置、航向、航速、里程、设备工况、事件报警、燃油消耗等参数的远程实时监测是重要的基础性功能,使得岸基管理部门能够掌握实时状况,并为其他各种功能（如船载设备健康状态评估、作业和燃油效率分析等）提供了基础性数据。

④ 参数的汇总、统计和比较

某些参数,如事件报警、航行作业（里程和时间）、燃油消耗等可以进行汇总统计。在船队管理模式下,不仅仅需要针对特定船舶统计不同时间段的运行状况,还需要统计整个船队的信息,以及在不同船舶之间进行比较,这就需要在整个船队建立统一的编码体系,从而使得汇总统计和比较成为可能。

⑤ 数据回放

数据回放功能,主要是回放航行作业工况,有助于了解船舶航行作业的全过程,以及回放事件报警前后的设备工况数据,利于设备状况的评判和故障诊断。由于数据存储在中心站数据库中,且采用统一的编码,因此,可以在统一的中心站软件系统中回放船队中所有船舶的数据。

⑥ 船岸一体化的机务管理

在掌握船舶个体及船队整体实时数据的基础上,由岸基软件系统自动识别船舶技术状况,合理安排维修保养等技术工作,合理确定备件库存水平,合理安排备件采购计划,促进计划性维修(Planned Maintenance System,PMS)、船舶维修保养体系(CWBT)、视情维修(Condition Based Maintenance,CBM)/故障预测和健康管理(Prognostics and Health Management,PHM)等先进的机务管理理念的实施,推进机务管理工作的现代化、科学化。

(2) 关键技术

为实现中心建站模式的船队远程监测和管理系统,需要应用或者开发一些关键技术,包括以下几个方面[5,6]。

① 远传监测点的标准化编码

标准化的船舶监测点编码是实现统一界面监控、汇总统计分析比较的关键。我们以中国船级社 CCS"钢质海船入级规范"中的自动化系统监测项目表为基础,适应航道维护船艇的实际,考虑远程监测的需要,进行了裁剪。测点的编码分成三大部分,各为两位十进制数字。第一部分为设备编码,例如 01 代表左主机,02 代表右主机;中间两位代表参数类型,11 代表工况参数,12 代表事件报警参数;后两位代表测点序列号。例如 011101 为左主机转速,011201 为左主机油压低,021101 为右主机转速,012201 为左主机本次运转时数。

② 通信网络的选用

由于船舶离岸且移动(航行)作业,必须选择无线移动通信网络。在可选的无线通信技术中,海事卫星覆盖广泛,没有盲点,但速率低,且过于昂贵;移动专网与商业网络采用类似的技术,具有较好的横向(江面)覆盖率,但纵向(长江沿线)覆盖率较差,且面临技术升级换代缓慢的问题;船舶自动识别系统 AIS 只适合传输少量文本数据,不适合通用数据传输;商用的地面移动通信网络(3G/2G)(纵向)覆盖广泛,技术成熟,费用低廉,速率高,只是由于江面宽阔,横向覆盖率稍显不足。综合考虑,内河船舶远程监测选用 3G/2G 移动通信网络,并通过断点续传缓解横向盲点问题。

③ 船岸通信协议

无论是卫星通信,还是 3G 移动通信,均支持主流的 TCP/IP 协议,这样可以利用成熟的 IP 软硬件,并与主流的软硬件系统无缝集成。在 IP 协议之上,提供了 TCP 和 UDP 两种方式可供选择,各有优缺点。TCP 的优势在于感知网络状态,既能传输长文件,也能传输短消息,能够及时获知传输成功或是失败,利于断点续传功能的实现;UDP 的优势在于传输速度快,但只能发送短消息,且传输状态无法自动感知。

④ GPS 位置监测

位置监测是远程监测和船队管理的首要任务,一般通过主动报告的方式实现。船舶可通过 GPS 装置获知自身位置,大多数 GPS 装置支持 NMEA 的 0183 协议,通过解析协议文本获知位置、航向、航速等信息。中心站在接收到船舶的实时位置信息后,可通过地理信息系统(GIS)技术,在地图上实时显示整个船队的各船舶当前位置,还可以回放航行作业的历史轨迹。

⑤ 设备工况远程监测

船舶设备,特别是机舱设备的热工参数、事件报警等信息,是表征设备运行状况的重要信息。通过远程监测,岸基机务部门能够掌握其运行过程中的动态变化过程,实现对船舶设备健康状态的即时掌握,特别是掌握事件报警发生前后的工况参数,对设备状态的评判和故障诊断具有重要作用。

⑥ 基于 Web 技术的中心站系统

采用 Web 等因特网技术搭建中心站系统,用户使用标准的 Web 浏览器(如 IE,Firefox)即可直接使用,不需要安装特殊软件,既便于用户使用,也便于日常管理和升级维护。Web 模式超越传统的 2 层 C/S(客户端/服务器)模式,具有更好的性能,支持更多的用户同时在线使用。

⑦ 高效的内存数据库技术

中心站需要将接收到的船载数据存储到大型的关系型数据库中,从而高效地管理大规模的历史数据,并能够利用标准的 SQL 数据库查询语言进行各种汇总统计。此外,还需要利用内存数据库,存储最新的测点数据,并通过进程间通信技术,提供给中心站应用系统。

⑧ 中心站监测数据处理技术

中心站接收了大量的远端船舶数据,这些数据反映了船舶的运行状况。研究数据处理方法,挖掘数据中蕴含的船舶状态信息,预测发展趋势,具有重要的价值,也是成功实施智能维护(CBM/PHM)的基础。

4.1.3　智能诊断技术

智能诊断技术(Intelligent Diagnosis Technology)是在计算机和人工智能的

基础上发展起来的,是一门集数学、物理、化学、电子技术、计算机技术、通信技术、信息处理、模式识别和人工智能等多学科于一体的综合性技术,它的出现为提高现代复杂工程技术系统的可靠性开辟了一条新途径。作为 20 世纪 80 年代中后期故障诊断领域的前沿学科,基于计算机的智能诊断技术受到了越来越多工程技术研究人员的关注,并成功应用于工程生产实践。计算机人工智能与诊断理论的结合,产生了具有信息时代特色的智能诊断系统。设备故障智能诊断系统是基于知识的系统,它以知识处理为研究内容,以基于知识寻求提高系统智能化程度和诊断准确率为目标。早期模拟人脑思维推理的基于知识的专家系统,以串行运行的格式进入设备诊断领域,形成了基于知识的诊断推理专家系统[7]。

智能诊断系统是由故障诊断领域的专家、能模拟人脑功能的硬件、外部设备、物理器件以及支持这些硬件的计算机软件所组成的系统。该系统以对诊断对象进行状态识别与状态预测为目的。

之后,知识工程、专家系统、人工神经网络、信息融合等技术在诊断领域中的进一步应用,使人们对智能故障诊断技术进行了更加深入与系统的研究。故障诊断技术,广义上包含三方面的内容:故障检测(Fault Detection)、故障辨识(Fault Identification)、故障隔离(Failure Isolation);狭义上单指故障隔离。故障隔离就是在检测数据的基础上确定故障的部位和类型。从本质上讲,故障诊断技术是一个模式识别和分类的问题,即把系统的运行状态分为正常和异常两类。智能故障诊断具有传统诊断方法没有的优点,另外,复杂设备的故障诊断在很大程度上需要依赖专家的经验知识,因此国内外专家陆续开发了一大批基于知识的故障诊断系统,各种诊断方法和技术也在诊断系统中得到了应用。基于建模处理和信号处理的诊断技术正在发展为基于知识处理的智能诊断技术。智能诊断技术在知识层次上实现了辩证逻辑与数理逻辑的集成、符号逻辑与数值处理的统一、推理过程与算法过程的统一、知识库与数据库的交互等功能[8]。

智能故障诊断技术的发展虽然短暂,但是在电路与数字电子设备、机电设备等方面已取得令人瞩目的成就。

在电路和数字电子设备方面,麻省理工学院(Massachusetts Institute of Technology,MIT)研制出了用于模拟电路操作并演绎出故障可能原因的 EL 系统;美国海军人工智能中心开发了用于诊断电子设备故障的 IN-ATE 系统;意大利米兰工业大学研制出了用于汽车启动器电路故障诊断的系统。由于机电设备在整个生产领域中占有极其重要的地位,因此有关机电设备的故障智能诊断问题一直受到研究人员的关注,出现的智能诊断系统也比较多。如日本日立公司研究了用于核反应堆的故障诊断系统;美国通用电气公司研制的用于内燃电器机电故障诊断的专家系统 CATS-1;哈尔滨工业大学和上海发电设备成套设计研究所联

合研制的汽轮发电机组故障诊断专家系统 MMMD-2；清华大学研制的用于锅炉
设备故障诊断的专家系统，等等。

目前研究的智能故障诊断方法主要有基于专家系统的故障诊断方法、基于神
经网络的故障诊断方法，另外，国内外使用的智能故障诊断方法还有基于信息融
合的故障诊断方法、基于置信规则推理的故障诊断方法和基于可视化的智能故障
诊断方法。

4.2 在线监测与故障诊断系统的设计与实施

4.2.1 系统设计原则与总体方案

为了保证机器（机械）的正常运行，需要经常对设备进行检修，目前许多设备
的检修仍采用离线定期维修方式，比较完善的检测和诊断系统在生产实际中应用
还非常少且很不成熟，定期检修的缺点是工作量大、效率低、测量精度不高等。而
在线监测的一般方法是通过传感器感知被监测信号，然后利用一定的诊断算法评
估和预测机器设备的工作状态，它能方便合理地检测出机械设备的状态特征，对
机械设备的工作状态做出科学的估计，以便能科学地安排维修计划，避免不必要
的解体检查和大量的人力和物力浪费，对防止故障和保证机器设备系统的经济可
靠运行具有重要意义[9]。

在线监测与故障诊断系统的设计遵循以下原则：

① 实用性原则。在系统设计中首先要考虑的是实用性和易于操作性，易于
管理和维护，易于用户掌握和学习使用。要采用技术成熟的数据采集技术和传输
技术。

② 可靠性和安全性原则。系统的安全可靠是整个系统建设的基础。要求系
统有较高的可靠性，要确保系统数据传输的正确性，防止异常情况的发生。

③ 标准化原则。系统各项技术遵循国际标准、国家标准、行业和企业相关
规范。

对于在线监测与故障诊断系统的总体方案，可分为两大部分，即硬件部分与
软件部分，而硬件部分又由在线监测系统与故障诊断系统两部分组成。

4.2.2 基于可监测性的在线监测与故障诊断系统

图 4-4 所示为设备在线监测与故障诊断系统框图，由系统框图可以看出，虽
然针对不同设备的不同特征量开发出来的监测与诊断系统在硬件和软件上可能
形态各异，但总结起来还是有一些共性，那就是任何一个在线监测系统都可以简

化地视为由数据采集单元和数据处理过程组成。数据采集单元获得被监测设备的原始信息,数据处理过程则对信息进行加工、处理,并最后对设备某一方面的状况作出估计。

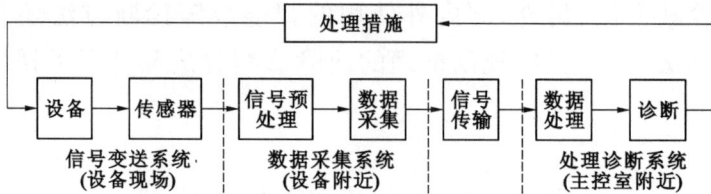

图 4-4　设备在线监测与故障诊断系统框图

如图 4-5 所示为在线监测与故障诊断的抽象模型,几乎所有的监测子系统都符合这一模型,其基本工作方式都是数据采集和数据处理。

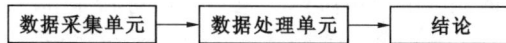

图 4-5　在线监测与故障诊断的抽象模型

4.2.3　在线监测与故障诊断系统的硬件实现

机器设备在运行的过程中存在一些变化的参数,而这些变化的参数能够反映出机器设备的运行状态,该系统的硬件部分的设计包括信号传感部分和数据采集系统[10]。

（1）被监测的信号

对于不同的机器设备,会产生不同的信号用来反映设备的运行状态,比如电力设备可用于监测的信号有电压、电流、频率等,对于一些轴系进行在线监测,可监测的信号有油液温度、振动频率等。

（2）硬件系统的实现

对于机器设备的监测点所产生的信号,首先利用信号感知元件感知信号的变化,然后通过传感器将被感知的信号传送到数据处理单元,通过数据处理单元对感知的信号进行数据分析和诊断,最后通过显示元件将机器设备及监测的元件的状态显示出来。

① 流体特性测量模块

流体特性测量模块采用的是四合一传感器,这是高度整合的传感器,可以精确、重复地检测油液的温度、黏度、介电常数以及密度,采用 NIST(美国国家标准研究所)标定流体进行标定,按照 J1939、CAN2.0B 或者 CAN2.0A 的数字输出,具有高分辨度的参数读取功能[11]。这些参数是油液监测的关键,通过这些数据,我们可以得到水分、污染度等方面的相关数据。图 4-6所示为流体特性测量四合一传感器实物图,其功能结构示意图见图 4-7。

图 4-6　流体特性测量四合一传感器实物图

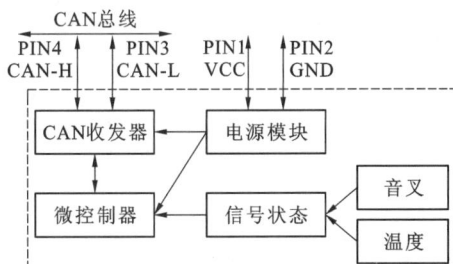

图 4-7　流体特性测量模块功能结构示意图

表 4-2 中列出了流体特性测量模块参数。

表 4-2　流体特性测量模块参数

参数	最小值	典型值	最大值	单位
黏度(动力)	0.5	15	70	mPa・s(cP)
黏度(动力黏度)>10 mPa・s(cP)	−5	±2	+5	%
黏度(动力黏度)<10 mPa・s(cP)		±0.2		mPa・s(cP)
密度	0.65	0.85	1.50	gm/cc
密度精度		±2	+5	%
介电常数	1.0	2.0	6.0	—
流体温度	−40		150	℃
温度精度		0.1		℃

② 油中微水模块

图 4-8 所示为油液含水量在线监测示意图。

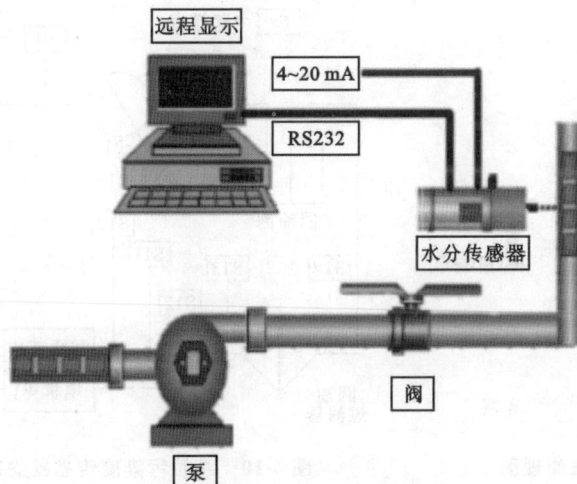

图 4-8　油液含水量在线监测示意图

表 4-3 中列出了微水测量模块参数。

表 4-3　微水测量模块参数

序号	参数	范　围
1	量程	0～0.1％(0～1000 ppm)， 0～1％,0～3％,0～10％,0～25％ (其他非标准的范围是用户可选择的,例如 0～4％)
2	分辨率	±30 ppm
3	温度补偿	整数
4	传感器温度测量范围	0～125 ℃
5	推荐的最小流动速度	0.15 m/s
6	标准额定压力	1.6×10^6 Pa
7	电源要求	低压 12/24 V DC
8	电子元件外壳保护	IP66
9	电子元件外壳工作环境温度范围	−40～85 ℃
10	输出	4～20 mA DC,RS232 全双工

③ 油中颗粒污染度测量模块

颗粒污染度传感器的工作原理符合光阻法原理,油液流过传感器时具有系统压力和 50～500 mL/min 的流量,经过激光分析器,在激光的对面,光电二极管计量由于颗粒存在而导致能量衰减的情况,从而计算出颗粒的大小和数量[12]。光阻法原理见图 4-9,由于监测器需要在不同的压力和黏度范围进行调整,可以选择不同的传感器。颗粒监测器需要安装在特殊的管路中,管路中不应有大的压力波动和压力峰值。颗粒污染度传感器安装位置示意图如图 4-10 所示。

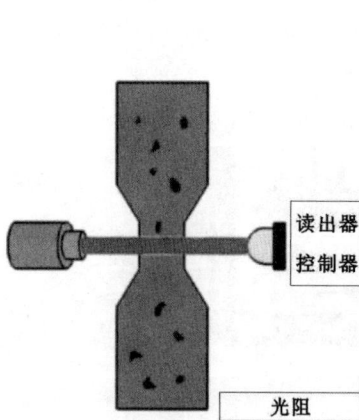

图 4-9　光阻法原理图

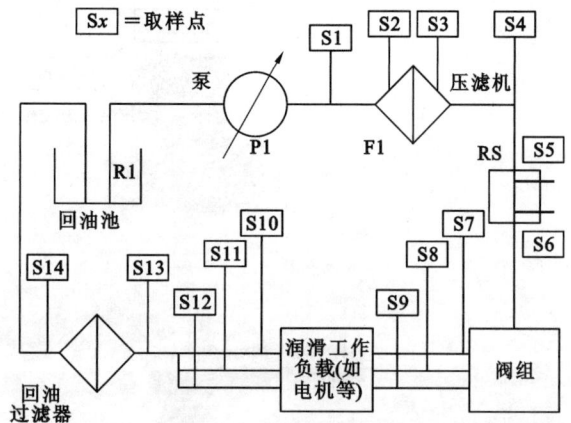

图 4-10　颗粒污染度传感器安装位置示意图

表 4-4 中列出了颗粒污染度测量模块参数。

表 4-4 颗粒污染度测量模块参数

项目	技术参数
大小类别	$4~\mu m$、$6~\mu m$、$14~\mu m$、$21~\mu m$
显示	清洁度等级符合 ISO 4406:1999
最低检出浓度	29 级符合 ISO 4406:1999
工作电压	$9\sim36$ V(DC)
介质压力	最大 500 bar
温度范围	$-20\sim+80$ ℃
黏度范围	>2 mm^2/s
工作环境条件	$-20\sim+60$ ℃,20%$\sim$95%相对湿度,无冷凝
保存环境条件	$-40\sim+85$ ℃,<98%相对湿度,无结露

④ 总铁量检测传感器

总铁量检测传感器是利用金属颗粒流过通电线圈后会导致线圈电感发生变化,继而对驱动线圈的交流电信号产生一个输出信号,其结构示意图及输出信号图见图 4-11 所示。根据输出信号变化的大小来判断当前流过线圈的金属颗粒的尺寸,然后通过统计一段时间内流过线圈的金属颗粒的总数来计算总的颗粒浓度。该传感器可以分别判断两种形式的金属颗粒,一种是铁磁性颗粒,另一种是非铁磁性颗粒。

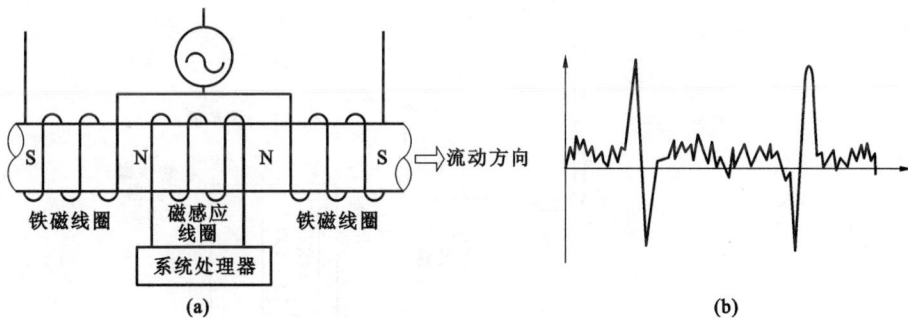

图 4-11 总铁量检测传感器结构示意图及输出信号图
(a) 传感器结构示意图;(b) 传感器输出信号图

总铁量检测传感器具有以下测量优势:

a. 没有光学零部件,不受油液污染和流速的影响。

b. 能够检测的颗粒尺寸范围较大:对铁磁性颗粒,一般大于 40 μm;对非铁磁性颗粒,一般大于 135 μm。

c.能够稳定工作在 200 ℃的油液中。

总铁量检测传感器实物图如图 4-12 所示。

⑤ 在线铁谱仪

在线铁谱仪实际上就是直流式铁谱仪用于在线测量的一种改进型。由于在线铁谱传感器直接装在被检测的机械设备润滑系统中,因此能自动连续监测设备磨粒情况,既保证了监测的及时性,对设备的早期磨损及时发出预报,同时又避免了采取油样的麻烦,提高了监测的可靠性和工作效率[13]。

图 4-12　总铁量检测传感器实物图

为了提高在线监测的准确度,在线铁谱仪应安装在被监测润滑系统最能收集到主要磨损零部件信息的部位,这样就可以比较可靠地对设备的磨损故障给出早期预报。目前,在线铁谱仪已可由微机自动对油样标定、校准与操作,使用更为方便。在线铁谱仪监测示意图如图 4-13 所示。

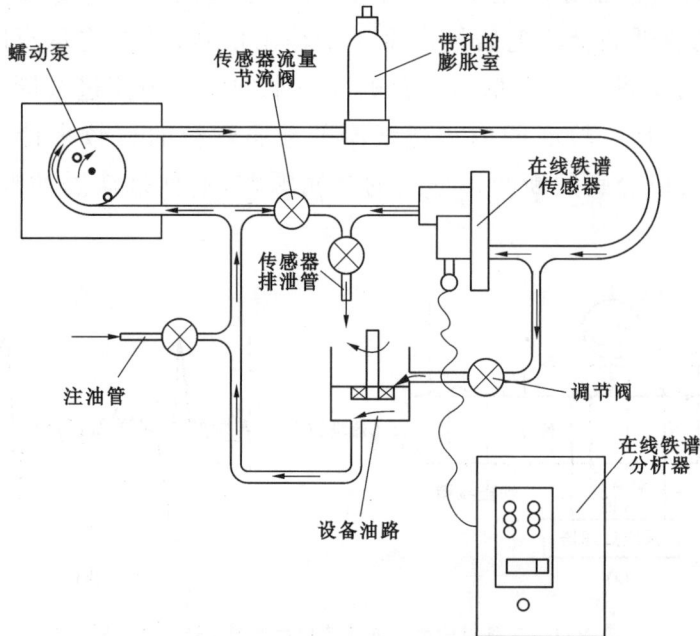

图 4-13　在线铁谱仪监测示意图

总之,铁谱仪是检测设备状态信号的手段,正确地、真实地、充分地检测到反映设备状态的信号,是设备诊断技术的关键。在线铁谱分析技术具有较高的检测效率和较宽的磨屑尺寸检测范围,可同时给出磨损机理、磨损部位以及磨损程度等方面的信息。

4.2.4 在线监测与故障诊断系统的软件实现

对于不同设备的在线监测与故障诊断系统,可以利用不同的软件来设计,比如基于Internet的三层结构 B/S 模式的系统、基于 Labview 与 Matlab 混合编程的系统等。但是殊途同归,其最终目的都是相同的,都是通过软件的设计来实现硬件的功能[14,15]。

现场监测部分的开发流程如图 4-14 所示,下面就具体步骤进行说明:

① 数据采集:监测数据由安装在设备上的数据采集卡采集并进行数模转换后传输到实时监测平台。

② 实时数据库的创建:实时数据库是整个应用系统的核心,是构建分布式应用系统的基础。它负责整个应用平台的实时数据处理、历史数据存储、统计数据处理、报警信息处理、数据服务请求处理,完成与过程数据采集的双向数据通信。在数据库中,操纵的对象是点(TAG)的概念,系统也以点为单位存放各种信息。点存放在实时数据库的点名字典中。实时数据库根据点名字典决定数据库的结构,分配数据库的存储空间。在点名字典中,每个点都包含若干参数。一个点可以包含一些系统预定义的标准点参数,还可包含若干个用户自定义参数。

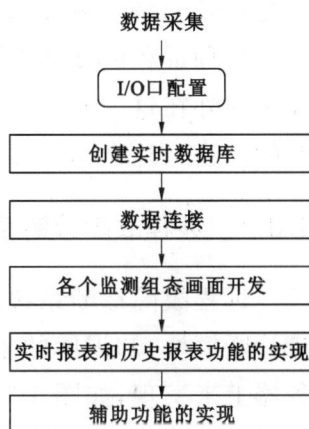

图 4-14 开发流程图

③ 建立数据库后要完成数据库点和现场设备监测点的连接工作。

④ 各个监测组态画面的开发实现:该部分主要实现数据的实时动态显示,包括设备模拟图、信号实时和历史趋势图、报警查询图等。运用丰富的图形资源开发好各个监测画面后需要将画面各路点与实时数据库组态联系。

4.2.5 在线监测数据的分析、处理与诊断[16,17]

(1) 数据分析与处理

数据预处理采用的方法包括数字平均、滤波与平滑技术、传感器非线性特性的数字校正等,然后采用现代数字信号处理方法,包括傅立叶变换、小波变换、模糊分析、基于几何弥散现象的建模方法等,提取各种机械故障模式的特征以描述正常和异常机械性能。

(2) 故障诊断

根据监测数据所得到的参数,与同一参数的标准值进行比较,机械设备在正常工作时,通常每个参数都处在一定的范围内,但参数超过这个范围则说明机械设备出现故障。同时根据超出范围的参数类型就可以判断出机械设备的故障。

4.3　远程故障诊断系统的设计与实施

设备监测和故障诊断是一门综合性很强的学科。近年来,随着工业领域对设备安全性、稳定性、寿命的要求越来越高,传统依靠人工的监测诊断方式越来越不适应现代工业发展的需求。基于传感技术、信号分析处理技术、智能故障诊断技术的现代监测与诊断技术得到了快速发展,特别是远程网络技术、专家系统、人工智能神经网络在故障诊断中的应用,使得监测和诊断越来越方便、快捷、高效、准确。这种远程的在线监测和故障诊断正成为当前和今后监测诊断的发展方向,目前国内外在这方面的研究方兴未艾,取得了可喜的成果,可以预见设备监测和诊断的前途一片光明[18]。

4.3.1　远程故障诊断系统的设计

远程故障诊断系统的功能模块主要有信号分析和故障特征提取模块、远程故障诊断模块、知识库的生成模块、知识库的扩展模块等,整个系统可以在 Web 服务器上来实现,如图 4-15 所示。下面以在 Web 服务器上为例说明各个模块之间的关系及实现[19,20]。

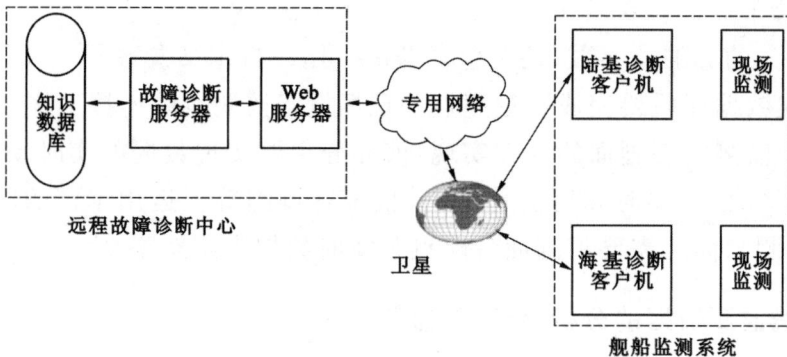

图 4-15　远程故障诊断系统功能图

（1）远程信号分析与故障特征提取模块

对客户端上传的各种信号进行傅立叶分析、小波分析、提取故障的特征等处理,最终形成故障样本,可以利用这个样本进行故障诊断,如果它是一个新样本,就把它保存在数据库中,供后面介绍的知识库扩展模块对原有的知识库进行扩展。整个模块上可以用一个 JAVA Applet 实现,保存样本的后台数据库可以采用 MS Access、MS SQL 等,JAVA Applet 与 MS Access、MS SQL 通过 JDBC通信。

（2）远程故障诊断模块

客户利用上面介绍的软件分析现场的信号得到某种特征,根据现成的知识库文件,推理出是何种故障。同样这也可以用一个 JAVA Applet 来实现,知识库可以用神经网络来表示,知识库是保存神经网络结构参数、权值、阈值等参数的文件。

（3）知识库的生成模块

根据给定的故障样本,利用神经网络的记忆功能进行学习,根据不同的样本,选择不同结构的神经网络和不同的学习算法进行训练,得出的结果以知识库的形式保存起来。它可以通过任意一种高级语言如 VC++、VB 来实现。

（4）知识库的扩展模块

在实际的生产过程中,有时候会出现新的故障和某些故障的特征出现变化,这需要对原来的知识库进行扩展或修改,这个模块每隔一段时间就对样本库进行扫描,如果发现新的样本,就自动根据现有的样本选择合适的神经网络结构和算法进行训练并更新知识库。这个模块可以是 Web 服务器上的一个后台运行的程序,可以用 VC++、VB 等实现。

4.3.2　远程故障诊断系统的关键技术

要实现舰船机械设备远程故障诊断,必须实现故障信号采集、信号分析和诊断专家系统在网络上的运行,有以下技术亟待解决:

（1）远程故障信号采集、分析技术

该技术使得传统意义上的信号采集、分析从设备现场延伸到远程诊断中心。由于自身可靠性限制和环境的影响,传感器会出现故障,因此在远程故障信号采集过程中,对传感器故障进行滤波和证实是一项重要的工作。另外必须对采集数据进行合理取舍,以在网络上传输必要和充分的信息。

（2）数据压缩、传输技术

故障信号包括数据、视频、音频等信息,这些信息不仅数据量庞大,而且远距离传输时存在较大损耗,因此必须发展数据压缩与传输技术,在保证传输质量的前提下,力求提高传输速率,满足实时性要求。

（3）网络机械故障诊断技术

主要是解决基于 Web 数据库的开放式专家系统。传统的故障诊断专家系统往往是封闭或半封闭性质,其知识库主要由设计者添加,而新兴的网络故障诊断专家系统允许广大用户对知识库进行建造和维护。

（4）复杂任务分解技术

远程故障诊断系统能够将一项复杂诊断任务分解成若干个子任务，并送到不同的专家系统进行处理。这些子任务往往相互耦合，因此系统在取得各个诊断子任务的结果后，可以进行综合，得到最终的诊断结果[21]。

4.3.3 船舶机械远程诊断系统的实施

船舶动力机械的远程监测与诊断系统的基本构成如图 4-16 所示。

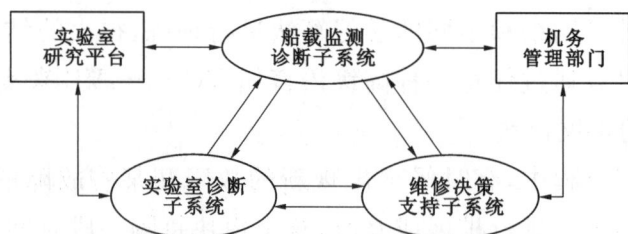

图 4-16 船舶动力机械的远程监测与诊断系统构成图

（1）船载监测诊断子系统的实现

船载监测诊断子系统硬件构成如图 4-17 所示。

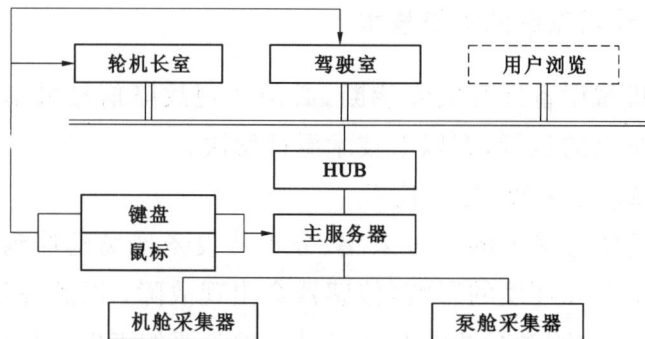

图 4-17 船载监测诊断子系统的硬件构成

船载监测子系统 C/S 模式数据库结构如图 4-18 所示。

船载监测诊断软件结构流程如图 4-19 所示。

船载监测诊断子系统流程如图 4-20 所示。

（2）机务管理子系统的实现

现代化的航运企业，每天都有数以万计的信息或数据需要处理，为管理决策工作便捷、快速提供第一手的资料和信息，实现办公自动化、企业信息化已势在必行，传统经验已经很难满足现代航运企业对船队管理发展的需要。航运企业信息化要求利用现代信息技术实现企业内部数据信息交流共享以及管理过程的监督，以数字化的方式管理整个公司的运转。

机舱采集器客户端　泵舱采集器客户端　驾驶室通信客户端

(1) SQL请求

(3) 返回结果记录集

数据保存在服务器上
在服务器上进行数据库操作

(2) 完成数据库操作

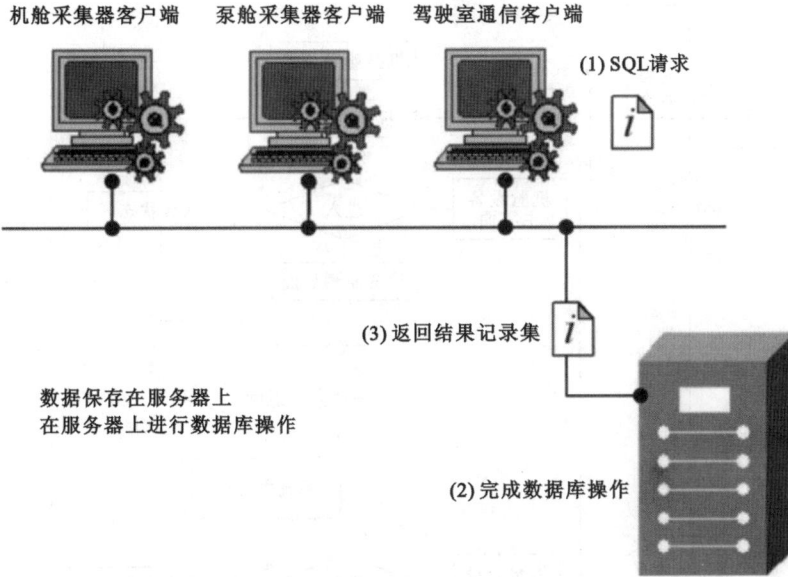

图 4-18　船载监测子系统 C/S 模式数据库结 1 构

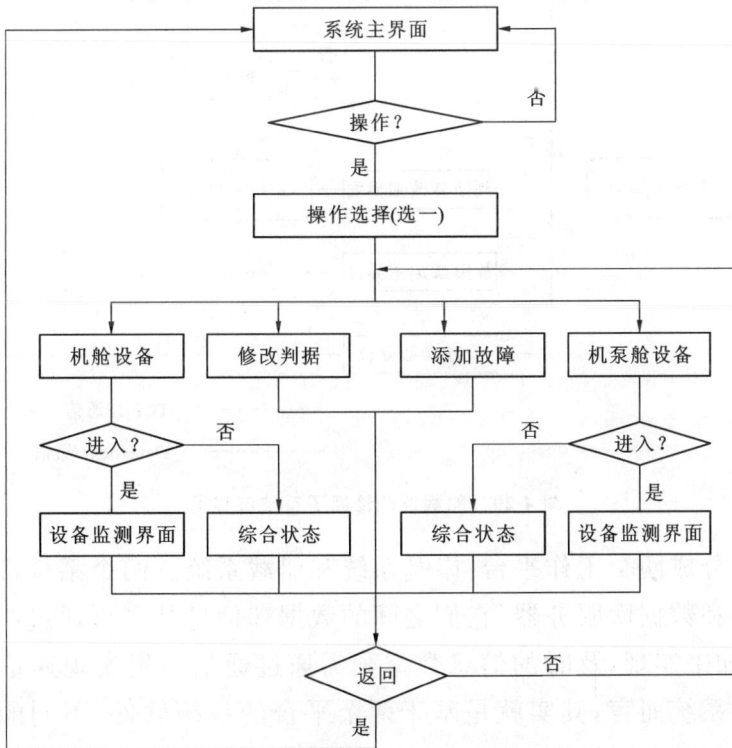

系统主界面

操作？　否

是

操作选择(选一)

机舱设备　修改判据　添加故障　机泵舱设备

进入？　否　　否　进入？

是　　　　　　　　是

设备监测界面　综合状态　综合状态　设备监测界面

返回　否

是

图 4-19　软件结构流程图

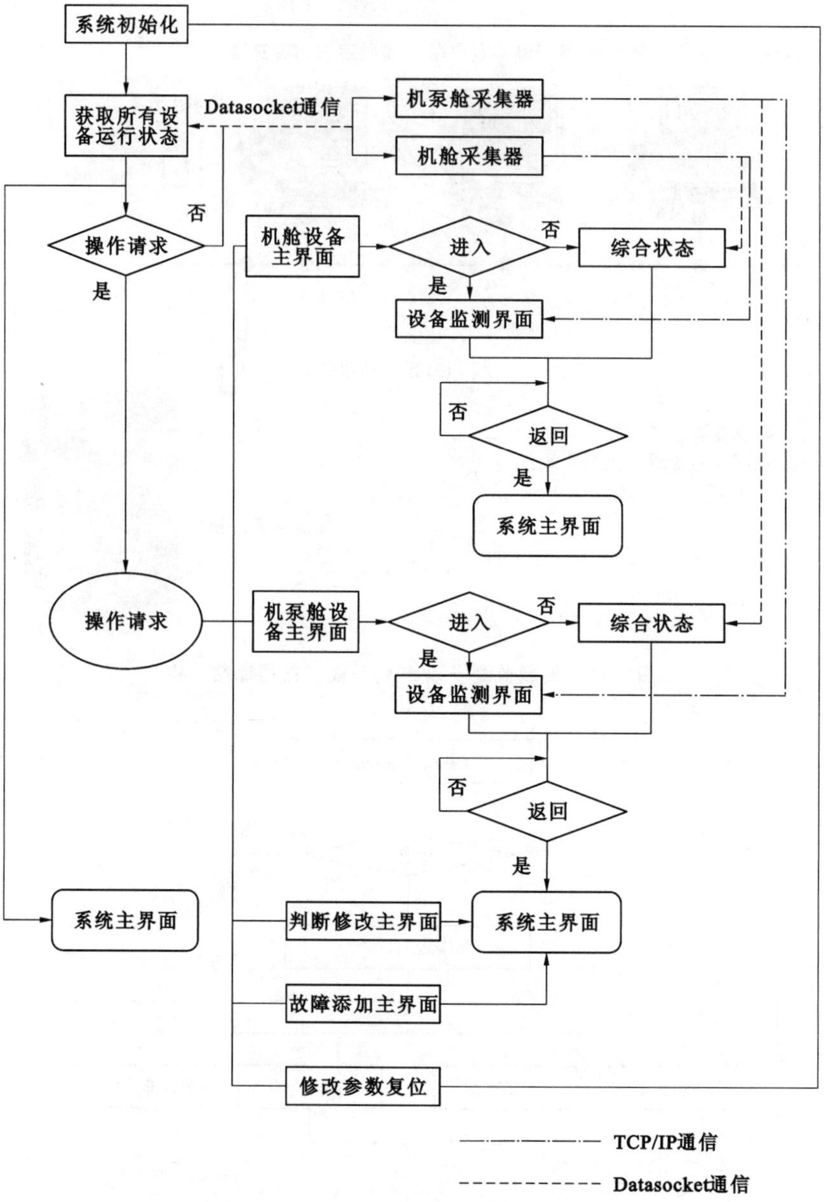

图 4-20　船载监测诊断子系统流程图

整个系统分成两个工作平台：岸基系统和船载系统。两个系统都有自己的机务系统客户端和数据库服务器，它们之间的数据和信息共享可通过两个平台的数据库备份、附加来实现，及时的信息数据则需通过通信卫星实现通信[22,23]。对于船舶机务管理系统而言，其实就是基于两个平台的系统软件，不同的管理人员或者职位具有不同的权限级别。

机务管理子功能图如图 4-21 所示，机务管理系统组成图如图 4-22 所示。

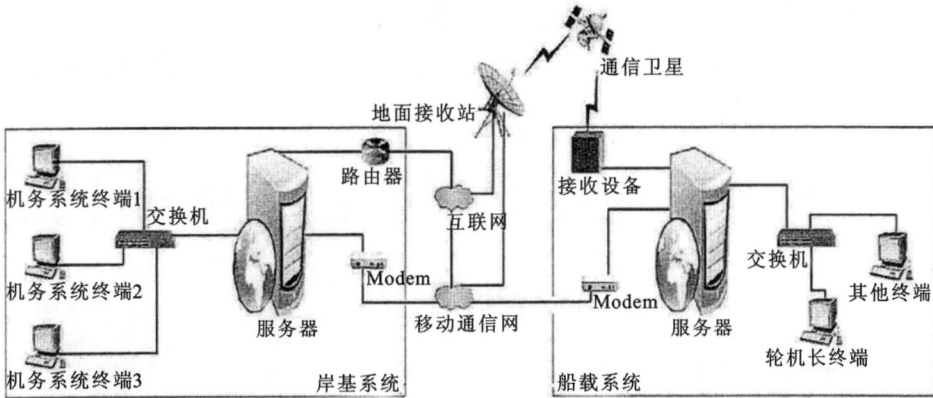

图 4-21　机务管理子功能图

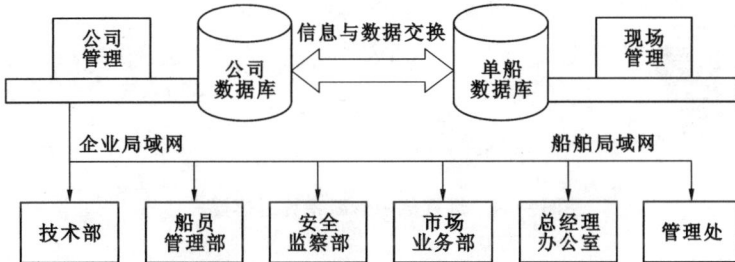

图 4-22　机务管理系统组成图

（3）远程分析诊断子系统的实现

故障诊断专家系统主要包括在线监测功能、知识获取功能、知识推理功能、解释功能、知识库和数据库等核心模块，如图 4-23所示。

根据专家系统的总体结构，故障诊断专家系统主界面由"问题构造""知识管理""问题求解"三个主菜单和若干个子菜单构成。

由于设备故障的复杂性和故障与征兆之间关系的多样性，使设备故障诊断形成了一种探索性的过程。传统的故障诊断方法首先是利用各种物理的和化学的原理手段，通过伴随故障出现的各种物理和化学现象，直接检测故障，其次是利用信号分析提取的故障对应的征兆来诊

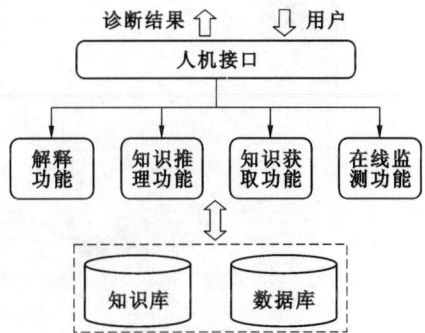

图 4-23　专家系统图

断。由于故障与各种征兆间并不存在简单的一一对应的关系，因此利用征兆进行故障诊断往往是一个反复探索和求解的过程。在传统诊断方法基础上，将人工智能应用于故障诊断，发展智能化的诊断方法是故障诊断的一条全新路径。目前基于专家系统的故障诊断模式正得到广泛的应用，成为今后设备故障诊断的一个重要方向。

（4）远程故障诊断系统的通信模式与协议[24]

如图 4-24 所示为远程故障诊断系统通信模式,图 4-25 所示为故障诊断监测系统界面。

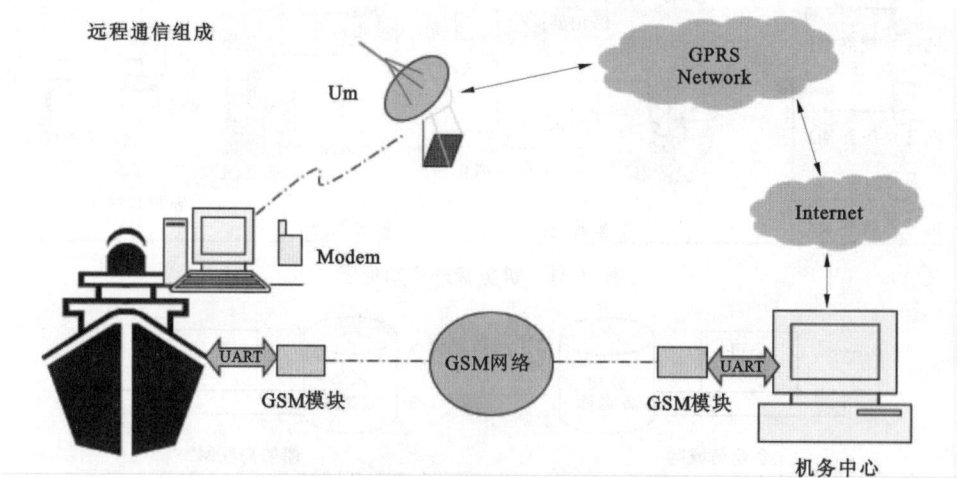

图 4-24　远程故障诊断系统通信模式

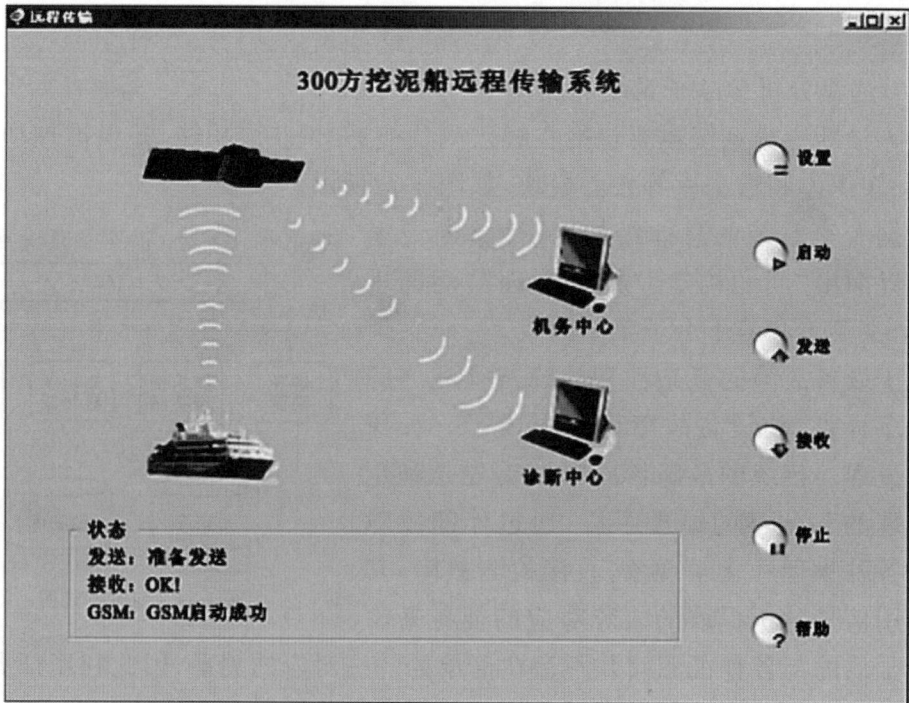

图 4-25　故障诊断监测系统界面

4.4 智能故障诊断系统的设计与实施

4.4.1 智能故障诊断系统的基本结构

智能故障诊断系统的基本结构由两大部分构成：故障检测与诊断、故障容错控制，如图 4-26 所示。

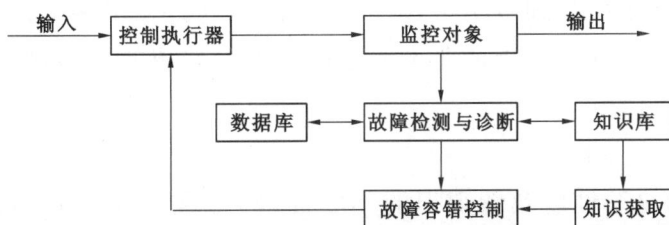

图 4-26 智能故障诊断系统的基本结构

故障检测与诊断就是从监控对象中适时准确地检测出故障信息，并对故障产生的原因、部位、类型、程度及其发展做出判断。智能故障检测与诊断模块的主要任务和基本要求如下：① 获取故障信息；② 寻找故障源，确定故障的位置、大小、类型及原因；③ 评价故障的影响程度，预测故障的发展趋势；④ 对检测诊断结果做出处理和决策。

基本要求包括以下几方面：

（1）对故障具有强检测能力

故障检测能力的强弱，一方面反映了检测诊断模块对故障的检测能力，另一方面也直接影响故障诊断的效果；对弱故障信号和早期故障信号，故障检测能力尤为重要。

（2）对故障具有强诊断能力

能综合运用多种信息和多种诊断方法，以灵活的诊断策略来解决诊断问题；能通过使用专家的经验，尽量避开信号处理方面复杂的实时计算；能处理带有错误的信息和不确定性信息，从而相对降低对测试仪器和工作环境的要求。

（3）尽量采用模块化结构

结构应当模块化，使之可以方便地调用其他应用程序，如维修咨询子模块、模拟故障诊断子模块等。

（4）具有人机交互诊断功能

现代设备的复杂性，要求综合运用多种知识源（浅、深知识）来求解复杂问题，用户适当地实时参与，将使诊断速度更快、准确性更高。用户参与有主动和被动两种方式：主动参与可干预和引导推理过程；被动参与只回答提问，而不干预推理过程。

（5）具有多种诊断信息获取的途径

获取的诊断信息越丰富，则诊断效果越好。首先，应具有自动获取状态信息（当前、历史）的功能。其次，应能通过人机交互获取状态信息。

（6）对问题求解应当实时和准确

实时：一旦发现故障迹象，应立即开始诊断工作。

准确：输出结果应当细致明了，对于并发故障允许输出多个诊断解，对于同一故障则只有一个诊断解，对于征兆不完备的情况应输出按权值排序的多个候选故障解。

（7）具有学习功能

现代设备的复杂性以及新知识的不断涌现，导致专家现有知识的不足，要求系统具有被动和主动（自学习）获取新知识的能力。

（8）具有预测能力

应能预测故障的发生和发展，以便在故障没有发生之前采取措施，将故障消灭在萌芽状态，使损失减为最小。

（9）具有决策能力

故障出现前，应能提前预测故障。故障出现后，应能对故障做出决策并提供维护方案。

4.4.2　智能故障诊断系统的特点

人工智能（Artificial Intelligence，AI）是智能诊断系统的核心，它是计算机科学的前沿研究领域。智能故障诊断系统是一种基于专家知识和人工智能技术的诊断方法的集合，是人工智能技术在故障诊断领域中的应用，它是计算机技术和故障诊断技术结合与发展的结果，在国内外已得到了普遍重视和广泛利用[25]。智能诊断的本质是模拟人脑的机能来处理各类模糊信息，有效地获取、传递、处理、再生和利用故障信息，成功识别和预测诊断对象的状态，能根据诊断的误差自动修正诊断的模型，并具备自动获取知识的能力和适应环境变化的能力。但是诊断系统的智能并不意味着完全代替人的智力活动，将人排斥于诊断系统之外。实践证明，任何人工智能系统的研究，都不能完全摆脱人脑对系统的参与，只能是"人帮机"和"机帮人"，人是智能系统的重要组成部分。由此，可以这样来定义智能诊断系统，它是由人（尤其是领域专家）、当代模拟脑功能的硬件及其必要的外部设备、物理器件以及支持这些硬件的软件所组成的系统。该系统以对诊断对象进行状态识别与状态预测为目的。显然，该定义下的智能诊断系统具有以下特点：

（1）一个开放的系统，系统的能力在使用的过程中，在同环境进行信息交互的过程中不断学习。

（2）由计算机硬件与软件组成的系统，不但具有确定的算法和程序途径，而且能根据诊断过程的需要搜索和利用领域专家的知识及经验来达到诊断的目的。

（3）一个人工智能系统，不仅依靠机器的硬件设备及软件，而且依靠专家的知识与经验来解决问题。智能诊断的优点在于它能综合多个专家的最佳经验，其功能水平可以超过专家，至少具有专家的水平，实现多故障、多过程、突发性故障的快速分析诊断。

4.4.3 智能故障诊断系统的特征提取方法

智能故障诊断系统的故障特征提取有很多种方法，从处理的数据类型上讲可分为两大类：一类为非线性故障特征提取方法，另一类为线性故障特征提取方法。

4.4.3.1 非线性故障特征提取方法

（1）基于模糊理论的故障特征提取方法[26]

1965 年，美国科学家 Zadeh L A 提出了"模糊"的概念，为描述客观世界引入了新的方法。模糊理论对客观世界进行模糊度量，从相似性角度出发研究客观世界。基于模糊理论的故障特征提取主要依赖于隶属函数的建立：首先建立各变量之间的隶属函数及各变量与模式之间的隶属函数，然后综合考虑这两种隶属函数，确定模式与变量之间的隶属关系，从而选取部分不相似的变量描述模式的隶属函数。这些变量即可作为主要故障特征。

从理论上讲，基于模糊理论的故障特征提取方法简单明了，易于理解。但隶属函数的建立尚没有统一的方法或明确的理论，使用者需根据自己的理解建立隶属函数，解决特定的问题。

（2）基于粗糙集理论的故障特征提取方法

粗糙集理论于 1982 年由波兰学者 Pawlak Z 教授提出，该理论建立在经典集合论基础上，借助分类手段对数据进行处理，可以有效地分析和处理各种不确定性信息。基于粗糙集理论提取故障特征的方法与基于模糊理论、神经网络技术的故障特征提取方法相似。

（3）基于小波包的故障特征提取方法[27]

傅立叶变换只能在频域上对稳定信号进行分析，而故障诊断处理的信息是非平衡信号或瞬态冲击信号。机械故障模式与各层小波包分解后的系数有着非线性映射关系，因此可以通过各层小波包分解后的系数来描述故障特征。小波分析应用十分广泛，发展也比较迅速。小波变换提取频谱特征描述故障模式已是常用运动型设备故障模式特征提取的重要方法之一。

（4）神经网络技术的特征提取方法[28]

人工神经网络是人工智能领域的一项重大技术，于 20 世纪 40 年代提出。近年来神经网络的应用日益广泛。鉴于神经网络具有输入输出自适应性，不少学者提出采用神经网络技术进行故障特征提取。如文献[29]采用回归神经网络处理化学过程中的数据；文献[30]采用 BP 神经网络对时域内故障振动信号的方差、峭度、偏斜度等参数进行特征提取，都获得了良好的效果。

采用神经网络技术故障特征实质上是一种优化计算方法。它可以根据一定的判据进行特征选择，也可以考虑每个变量对输出模式的响应，选取与输出模式关系较近的变量作为故障特征。如文献[30]采用变量对模式的灵敏度描述变量对模式的响应灵敏程度，研究表明 BP 神经网络的权值阵与灵敏度相关，可以据此提取故障信息的主要特征。

（5）基于熵的特征提取方法

香农将统计熵作为基本组成部分，表示系统的不确定性。互信息熵从整体出发对系统进行分析，提出了数据内部规律性，表征数据之间的相互联系程度，能够在总体上体现特征之间的相互关系和数据间相互支持的程度。

信息熵可用于特征选择，即从原数据空间中选取部分特征变量，组成特征空间，使新特征空间的熵满足某一判据，如最大信息熵原理。还可以采用互信息熵进行特征提取。其步骤如下：

① 对特征进行排序，将样本空间范围分为 k 段，统计落入各分区的数据个数。

② 根据式(4-1)计算信息熵，根据式(4-2)计算互信息熵：

$$H(x) = -\sum_{i=1}^{k} p_i \lg p_i \tag{4-1}$$

式中　p_i——先验概率。

$$I(x_i, m_j) = H(x_i) + H(m_j) - H(x_i, m_j) \tag{4-2}$$

③ 将得到的互信息按从大到小的顺序排列。

④ 选定互信息较大的几组特征，计算降维后的空间样本。降维后的数据空间即为特征空间，实现特征提取目的。

基于互信息熵的特征提取方法从熵的这一描述特征之间的信息关系的角度出发，实现数据空间降维的目的。该方法广泛应用于互联网信息处理、振动信号处理等领域。

4.4.3.2　线性故障特征提取方法

（1）主分量分析法的特征提取

主分量分析法又称 KL 变换法，于 1990 年由 Turk M 和 Pentland A 提出，最初应用于人脸识别,是人脸识别的基本方法。该方法亦广泛应用于故障检测数据处理,是常用的特征提取方法之一。

设某设备状态的检测数据 X 由 m 组 n 个特征参数描述。将其进行标准化处理:

$$y_{ij} = \frac{x_{ij} - \overline{x_j}}{\sqrt{\sigma_j}} \qquad (4\text{-}3)$$

式中　$\overline{x_j} = \frac{1}{m}\sum_{k=1}^{m} x_{ij}$, $\sigma_j = \frac{1}{m-1}\sum_{i=1}^{m}(x_{ij} - \overline{x_j})^2$。

其协方差矩阵 $\boldsymbol{C}$ 为:

$$\boldsymbol{C} = \frac{1}{m}\sum_{k=1}^{m}(y_k - \overline{y})^{\mathrm{T}}(y_k - \overline{y}) \qquad (4\text{-}4)$$

根据矩阵论,可知 $\boldsymbol{C}$ 矩阵的特征值表征对应变量的数据方差大小。

主分量分析法提取故障特征的依据是各特征量的方差对总体方差的贡献率大小。首先,根据矩阵特征求解法求得它的特征值,并按从大到小的顺序排列:$\lambda_1 \geqslant \lambda_2 \geqslant \cdots \geqslant \lambda_n \geqslant 0(\lambda_1, \lambda_2, \cdots, \lambda_n$ 是互协方差矩阵 $\boldsymbol{C}$ 的特征值)。然后求特征值 λ_i 的贡献率 $\lambda_i / \sum_{i=1}^{n}\lambda_i$,它反映了 $\{y\}$ 中第 i 个特征对整体方差的贡献率。从 $\lambda_1, \lambda_2, \cdots, \lambda_n$ 中选取 $d(d < n)$ 个,使得

$$\eta = \frac{\sum_{i=1}^{d}\lambda_i}{\sum_{i=1}^{n}\lambda_i} \geqslant \sigma_i \qquad (4\text{-}5)$$

选取这 d 个特征值对应的参数变量,它们在降维后的空间中的数据即为主分量,从而实现特征提取的目的。

主分量分析法易于理解,编程方便,应用广泛。为进一步提高其应用性能,在变换过程中引入了核函数,提出了核主分量分析法,使其可应用于非线性系统;鲁棒主分量分析(Robust PCA)法可以消除个别劣点的影响;粗糙主分量分析法(Rough PCA)以及类信息合并主成分分析法(CIPCA)考虑了特征变量或类信息对决策的影响;2DPCA 法可以提取二维数据特征。

(2) 独立分量分析法及其改进算法

独立分量分析法是信号处理领域在 20 世纪 90 年代后期发展起来的一种新的线性数据处理方法,其含义是把信号分解成若干个相互独立的部分。独立分量分析法实质上是一个在某一衡量独立性的判据下寻找权值矩阵 $\boldsymbol{W}$ 使处理后的数

据尽可能相互独立的优化问题。信息处理过程如图 4-27 所示。

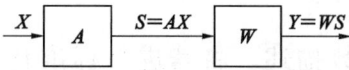

图 4-27 信息处理过程

从数学角度来讲,其计算式如式(4-6)、式(4-7)所示,给定初值 W,按一定的独立性判据使式(4-7)中的 Y 尽可能相互独立,则 Y 即为降维后的主要故障特征矩阵。

$$S = AX \qquad (4\text{-}6)$$

$$Y = X = WS \qquad (4\text{-}7)$$

从独立分量分析法提取故障特征优化计算的角度出发,在实际应用过程中,可以选择不同的判据,亦可以在式中引入核函数提取非线性故障特征。

(3)匹配追踪法提取故障特征

匹配跟踪是一个逐次分解过程。对信号 $f(t)$,令残余信号为 $f_R^{(m)}(t)$,第 0 次残余信号 $f_R^{(0)}(t) = f(t)$,匹配追踪算法是从基元函数集 D 中挑选一组基元函数计算信号 $f(t)$ 的一个线性展开,从 D 中选出特定基元,使其是所有基元中与信号内积最大的一个。残余信号递归式如下:

$$f_R^{(m)}(t) \leqslant f_R^{(m)}(t), \quad h_m(t) > h_m(t) + f_R^{(m+1)}(t) \qquad (4\text{-}8)$$

根据式(4-8)将信号线性展开,其展开系数 $a_n \leqslant f_R^{(n)}(t)$,$h_n(t)$ 被证明与故障相关,可作为故障特征。通过适当的判据确定其个数,实现故障特征确定。

4.4.3.3 其他频谱型特征提取方法

实际应用过程中,学者采用不同方法解决具体问题,如薛玮飞等人采用波叠加法提出机械噪声故障特征;郝志华等人采用局部波法和 Wigner 高阶矩谱分解复杂信号,得到故障特征;徐晨曦等人针对一类斜波激励响应轨迹存在且唯一的非线性电路,提出了一种基于解轨迹拟合的故障特征提取方法等。

4.4.4 智能故障诊断方法[31]

随着科学技术的发展,装备的结构越来越复杂,功能也越来越完善,自动化程度越来越高,不但同一设备的不同部分之间相互关联,紧密耦合,而且不同设备之间也存在着紧密的联系,在运行过程中形成一个整体。一处故障可能引起一系列连锁反应,导致整个过程不能正常运行,甚至会造成重大的损失。因此,对故障诊断的要求也越来越高。另一方面,人工智能技术近年来得到很大发展,基于知识的故障诊断专家系统已成为当前研究和应用的一个热点。

4.4.4.1 基于专家系统的故障诊断方法

故障诊断专家系统,是指计算机在采集被诊断对象的信息后,通过对人类专家的问题求解能力的建模,采用人工智能中的知识表示和知识推理技术来模拟通常由专家才能解决的复杂问题,必要时还可以随时调用各种应用程序,运行过程中向用户索取必要的信息后,可快速地找到最终故障或最有可能的故障,再由用户来证实。即:专家系统＝知识库＋推理机[32]。它把知识从系统中与其他部分分离开来。

专家系统强调的是知识而不是方法。很多问题没有基于算法的解决方案,或算法方案太复杂,采用专家系统,可以利用人类专家拥有丰富的知识,因此专家系统也称为基于知识的系统(Knowledge-Based Systems)。一般来说,一个专家系统应该具备以下三个要素:

① 具备某个应用领域的专家级知识;

② 能模拟专家的思维;

③ 能达到专家级的解题水平。

专家系统故障诊断方法可以用图 4-28 所示的结构来说明:它由人机交互界面、知识库、推理机、解释器、综合数据库、知识获取等 6 个部分构成。

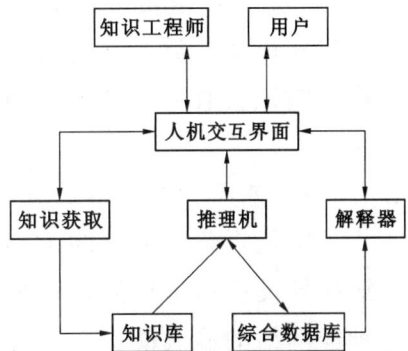

图 4-28　专家系统故障诊断结构图

其各部分功能为:

(1) 人机交互界面是系统与用户进行交流时的界面。通过该界面,用户输入基本信息、回答系统提出的相关问题。系统输出推理结果及相关的解释也是通过人机交互界面。

(2) 知识库是问题求解所需的领域知识的集合,包括基本事实、规则和其他有关信息。知识的表示形式可以是多种多样的,包括框架、规则、语义网络等。知识库中的内容源于领域专家,是决定专家系统能力的关键,即知识库中内容的质量和数量决定着专家系统的质量水平。知识库是专家系统的核心组成部分。一般来说,专家系统中的知识库与专家系统程序是相互独立的,用户可以通过改变、完善知识库中的内容来提高专家系统的性能。

(3) 推理机是实施问题求解的核心执行机构,它实际上是对知识进行解释的程序,根据知识的语义,对按一定策略找到的知识进行解释执行,并把结果记录到动态库的适当空间中。推理机的程序与知识库的具体内容无关,即推理机和知识库是分离的,这是专家系统的重要特征。它的优点是对知识库的修改无须改动推理机,但是纯粹的形式推理会降低问题求解的效率。将推理机和知识库相结合也不失为一种可选方法。

(4) 解释器用于对求解过程做出说明,并回答用户的提问。两个最基本的问题是“Why”和“How”。解释机制涉及程序的透明性,它让用户理解程序正在做什么和为什么这样做,向用户提供了关于系统的一个认识窗口。在很多情况下,解释机制是非常重要的。为了回答“为什么”得到某个结论的询问,系统通常需要反向跟踪动态库中保存的推理路径,并把它翻译成用户能接受的自然语言表达方式。

(5)综合数据库也称为动态库或工作存储器,是反映当前问题求解状态的集合,用于存放系统运行过程中所产生的所有信息,以及所需要的原始数据,包括用户输入的信息、推理的中间结果、推理过程的记录等。综合数据库中由各种事实、命题和关系组成的状态,既是推理机选用知识的依据,也是解释机制获得推理路径的来源。

(6)知识获取负责建立、修改和扩充知识库,是专家系统中把问题求解的各种专门知识从人类专家的头脑中或其他知识源那里转换到知识库中的一个重要机构。知识获取可以是手工的,也可以采用半自动知识获取方法或自动知识获取方法。

4.4.4.2　基于神经网络的故障诊断方法

美国德克萨斯大学的 Hoskins 和 Himmelblau 等人通过 BP 算法对 3 个等温连续搅拌反应器进行故障诊断,以识别 6 种故障原因[33]。用一个标量决策函数把神经网络的输入模式分成几种不同类型,来研究不同隐层节点数对故障诊断结果的影响。当输入模式为 6 个时,系统诊断正确率为 80%;为 12 个时,基本上能实现 100%正确率的故障诊断。

这种诊断方式实际上可以归为模式识别的问题,首先对定量的数字信号进行分析处理,再由检测层面映射到故障层面,最终完成设备的故障诊断。

(1)人工神经元模型

常用的人工神经元模型主要是基于模拟生物神经元信息的传递特性,即输入、输出关系。若将生物神经元输入、输出脉冲的密度用模拟电压来表示,则可用如图 4-29 所示的模型模拟生物神经元信息网络(Back-Propagation),即著名的 BP 算法。

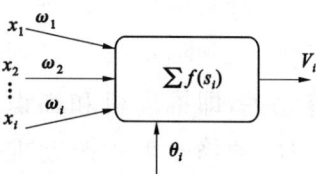

图 4-29　人工神经元模型

图 4-29 中 $x_i(i=1,2,\cdots,n)$ 为加于输入端(突触)上的输入信号;ω_i 为相应的突触连接权系数,它是模拟突触传递强度的一个比例系数;$\sum$ 表示突触后信号的空间累加;θ_i 表示神经元的阈值。σ 表示神经元的响应函数。该模型的数学表达式为神经元模型:

$$s = \sum_{i=1}^{n}\omega_i x_i - \theta_i \qquad y = \sigma(s) \qquad (4-9)$$

(2)BP 神经网络故障诊断方法

故障诊断过程是一个典型的模式分类问题,将特征空间向量映射到故障空间。故障诊断的模型可以用三元函数(A_s, F_s, ψ)来表示。其中$A_s = \{A_0, \cdots, A_i, \cdots, A_n\}$为描述系统早期故障症状的$n$维特征空间向量，$A_i$为描述某一故障特征的参数或属性。$F_s = \{F_0, \cdots, F_j, \cdots, F_m\}$为故障集合，包含有限个具体的系统故障状态。$\psi$为故障映射关系，$A_s$、$F_s$分别为其定义域和值域。故障诊断问题的实质就是寻找一种未知的故障映射关系。基于神经网络的故障诊断方法是用具体神经网络（如BP网络等）来构建故障映射关系。

常见的BP网络主要有3层，即输入层、隐含层和输出层。如图4-30所示。

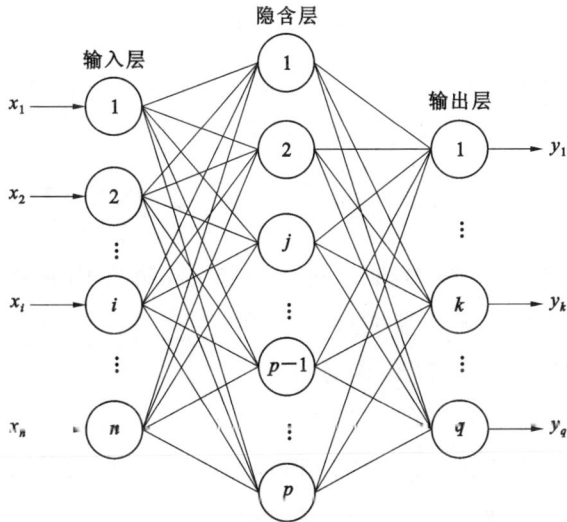

图 4-30　BP 神经网络图

输入层接收各故障信息，单元个数代表故障特征参数的个数。隐含层根据输入层提供的信息进行内部学习和处理，将收敛后各节点的阈值和网络的连接权值保存下来。BP算法具有独特的正反双向传播的学习过程。在正向过程中，每一层神经元的状态只受上一层神经元的影响，输入信号从输入层经隐含层逐层处理后传向输出层。输出层得不到期望的输出时，则将误差信号沿原来的线路反向传播。然后通过校正各层神经元权值，使得误差信号小于某个给定值结束。设含有n个节点特性均为Sigmoid型节点的神经网络，网络的输出为y，任一节点i的输出为O_i，则N个样本$(x_k, y_k)(k = 1, 2, \cdots, N)$，某一输入$x_k$的输出为$y_k$，节点$i$的输出为$O_{ik}$，节点$j$的输入为$I_{jk} = \sum_j W_{ij} O_{ik}$，平方型误差函数$E = \dfrac{1}{2} \sum_{k=1}^{N} (y_k - \hat{y}_k)^2$，其中$\hat{y}_k$为网络的实际输出。定义$E_k = (y_k - \hat{y}_k)^2$，$\delta_{jk} = \dfrac{\partial E_k}{\partial I_{jk}}$，且$O_{ik} = f(I_{jk})$，于是

$$\frac{\partial E_k}{\partial W_{ij}} = \frac{\partial E_k}{\partial I_{jk}} - \frac{\partial I_{jk}}{\partial W_{ij}} = \frac{\partial E_k}{\partial I_{jk}} O_{ik} = \delta_{jk} O_{ik} \tag{4-10}$$

当 j 为输出节点时，$O_{jk} = \hat{y}_k$，有

$$\delta_{jk} = \frac{\partial E_k}{\partial \hat{y}_k} \frac{\partial \hat{y}_k}{\partial I_{jk}} = -(y_k - \hat{y}_k) f'(I_{jk}) \tag{4-11}$$

当 j 不是输出节点时，有

$$\frac{\partial E_k}{\partial O_{jk}} = \sum_m \frac{\partial E_k}{\partial I_{mk}} \frac{\partial I_{mk}}{\partial O_{jk}} = \sum_m \frac{\partial E_k}{\partial I_{mk}} \frac{\partial}{\partial O_{jk}} \sum_j W_{mi} O_{ik} = \sum_m \frac{\partial E_k}{\partial I_{mk}} W_{mj} = \sum_m \delta_{mk} W_{mj}$$

因此 $\delta_{jk} = f'(I_{jk}) \sum_m \delta_{mk} W_{mj}$，$\dfrac{\partial E_k}{\partial W_{ij}} = \delta_{jk} O_{ik}$。

假定网络第 M 层为输出节点，第一层为输入节点。则 BP 算法过程可描述为：(1) 选定初始权值 W。(2) 重复以下过程直到收敛：① 对 $k = 1, 2, \cdots, N$：a. 计算 O_{ik}、I_{jk} 和 $\hat{y}_k$（正向过程）；b. 对各层从 M 到 2 反向计算（反向过程）。② 对同一层节点 $j \in M$，计算 δ_{jk}。③ 修正权值 $W_{ij} = W_{ij} - \mu \sum_{k=1}^{N} \dfrac{\partial E_k}{\partial W_{ij}} (\mu > 0)$。

正是因为 BP 神经网络具有独特的学习过程，所以用它模拟甚至取代传统的专家对设备进行故障诊断具有很大的可行性。

4.4.4.3　基于信息融合的故障诊断方法

信息融合是信息科学领域的一项高技术，是将来自同一目标的多源信息加以协同利用，获得对被测目标的最佳估计和判断，简单地说，就是将多种类型的信息结合在一起，并从中提取具有更多价值信息的技术[34]。在故障诊断领域，由于设备本身的复杂性和运行环境的不稳定性，设备反映的信息具有不确定性。具体地讲，诊断问题中不确定性的来源有：事实中的不确定性；准则中条件的不确定性；准则本身有效性的不确定性；推理时的不确定性以及不完全的知识和片面的数据导致的不确定性。由此决定了 3 种不确定性：随机性或可能性、模糊性、不完全性或称作不知性，对这些不确定性的处理，信息融合显示了它的重要性。

（1）信息融合的种类和层次

从所应用的传感器从属范围来分，信息融合可分为两类不同的系统：第一类是局部的或自备式，它收集来自单个平台上多个传感器的数据；第二类称为全局或区域融合，它组合来自空间和时间上各不相同的多个平台多个传感器的数据。基于多传感器信息融合集成故障诊断框架图如图 4-31 所示，故障诊断过程分为 3 层，即基于多传感器信息融合的数据层、特征层和决策层。

数据层信息融合是直接在采集到的原始数据层上进行的融合，在各种传感器的原始测报未经预处理之前就进行数据的综合和分析，是最底层的融合。数据层融合的主要优点是能保持尽可能多的现场数据，提供其他融合层所不能提供的细微信息。但它的局限性也很明显，主要有：需处理的传感器数据量太大、处理代价

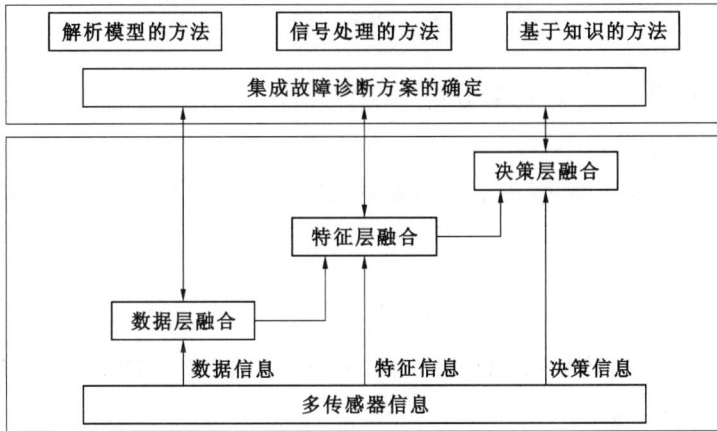

图 4-31 基于多传感器信息融合集成故障诊断框架图

高、处理时间长、实时性差。由于是在信息的最底层进行处理,传感器原始数据信息的不确定性、不完全性和不稳定性要求在融合时有较高的纠错能力,数据通信量大,抗干扰能力差。

特征层融合属于中间层次,它先对来自传感器的原始信息进行特征提取,然后,对特征信息进行综合分析与处理。特征层融合的优点在于实现了可观的信息压缩,有利于实时处理。并且,由于所提出的特征直接与决策分析有关,因而,融合结果最大限度地给出决策分析所需的特征信息。决策层融合是高级融合,其结果为控制决策提供依据。因此,决策层融合必须从具体决策问题的需求出发,充分利用特征层融合所提取的测量对象的各类特征信息,采用适当的融合技术来实现。

决策层融合是三级融合的最终结果,是直接针对具体决策目标的,融合结果直接影响决策水平。决策层融合主要优点有:① 具有较高的灵活性;② 系统对信息传输带宽要求较低;③ 能有效地反映对象各个侧面的不同类型的信息;④ 当一个或几个传感器出现错误时,通过适当的融合,系统还能获得正确的结果,具有容错性;⑤ 通信量小,抗干扰能力强;⑥ 对传感器的依赖小,传感器可以是同质的,也可以是异质的。但是,决策层融合首先要对原传感器信息进行预处理以获得各自的判定结果。所以,预处理代价高。

(2) D-S 证据理论[35]

在证据理论中首先定义了一个命题集 Ω,称为识别框架,其中所包含的元素个数取决于对问题的认识水平。识别框架中包含了所能认识到的该问题的所有可能的答案,可表示为 $\Omega = \{\theta_1, \theta_2, \cdots, \theta_n\}$。

① 几个定义

定义1 设 Ω 为识别框架,2^Ω 为 Ω 上的幂集,若 $m: 2^\Omega \rightarrow [0,1]$ 满足

$$\sum_{A \in 2^{\Omega}} m(A) = 1, \quad m(\varnothing) = 0 \tag{4-12}$$

则称 m 为框架 Ω 基本概率分配；$\forall A \in \Omega, m(A)$ 称为 A 的基本可信数，它反映了对 A 本身的信度大小。

定义 2　设 Ω 为识别框架，m 为基本概率分配函数，若函数 $Bel: 2^{\Omega} \to [0,1]$ 满足：

$$Bel(A) = \sum_{B \subseteq A} m(B), \quad \forall A \subseteq \Omega \tag{4-13}$$

则称函数 Bel 为识别框架 Ω 上的信度函数。它表示证据对命题 A 为真的信任程度，是信任程度的下限估计。

定义 3　设 Ω 为识别框架，m 为基本概率分配函数，若函数 $Pl: 2^{\Omega} \to [0,1]$ 满足：

$$Pl(A) = \sum_{B \cap A \neq \varnothing} m(B), \quad \forall A \subseteq \Omega \tag{4-14}$$

则称函数 Pl 为识别框架 Ω 上的似真度函数。它表示证据对命题 A 不为假的信任程度，是信任程度的上限估计。

② 组合规则

设 m_1、m_2 是同一识别框架下的两个基本概率分配函数，则 Dempster 组合规则为：

$$\left. \begin{aligned} m(A) &= \frac{\sum\limits_{B \cap C = A} m_1(B) m_2(C)}{1 - K}, A \neq \varnothing \\ m(A) &= 0, A \neq \varnothing \end{aligned} \right\} \tag{4-15}$$

式中　$K = \sum\limits_{B \cap C = \varnothing} m_1(B) m_2(C)$ ——分配给冲突证据的基本信任分配函数值，反映了证据间的冲突程度。

③ 加权证据理论

由于传统证据理论存在缺陷，在证据激烈冲突的情况下，其融合结果会有悖于常理。将其与加权思想相结合，弱化证据间的冲突度，可以有效地解决高冲突证据的合成效果。

对基本概率分配函数进行加权处理。设证据加权系数 $Q(A) \to [0,1], \forall A \subset \Omega$，则

$$Qm(A) = Q(A) \times m(A) \tag{4-16}$$

函数 $Qm: 2^{\Omega} \to [0,1]$ 为 Ω 上的加权概率分配函数。加权系数体现了证据对各真子集的识别具有不同的可靠性和权威性。$\forall A \subset \Omega, Wm(A)$ 称为 A 的加权概率分配。

4.4.4.4　基于置信规则推理的故障诊断方法

为了能够利用具有不确定性的定量信息和定性知识实现复杂决策问题的建模,置信规则库推理方法是在 DS 证据理论、决策理论、模糊理论和传统 IF-THEN 规则库的基础上发展起来的,具有对带有不完整、模糊、概率不确定性、主/客观性以及非线性特征的数据进行建模的能力[36]。

置信规则库推理方法主要包括知识的表达和推理两部分,知识的表达是由置信规则库专家系统实现的,其中的置信规则是在传统的 IF-THEN 规则的后项部分加入证据形式的置信结构,并定义前项属性权重和规则权重等可调参数,知识的推理是通过证据推理算法实现的。当输入信息后,其激活相关的置信规则,利用证据推理算法对激活的置信规则进行组合,即可得到置信规则库的最终输出。在建立置信规则库时,专家可以根据自身所具有的主观不确定性知识建立初始的置信规则库系统,并设置相应的属性权重、置信规则后项置信度等参数的初始取值,然后在获得部分客观不确定性输入和输出数据之后,通过相应的优化方法对初始系统参数取值进行调整,使得优化后的置信规则库系统能够更精确地描述输入和输出变量之间非线性的映射关系。通过以上过程,置信规则库推理方法即可实现综合利用主/客观不确定性信息进行建模的目的,且系统参数的物理意义明确,便于使用者根据需要进行调整。

（1）置信规则库系统结构

置信规则库由式(4-17)所示的置信规则构成,除了在结果集加入分布式置信框架外,同时还考虑前项属性权重和规则权重。

$$R_k: \text{If } x_1 \text{ is } A_1^k \wedge x_2 \text{ is } A_2^k \wedge \cdots \wedge x_M \text{ is } A_M^k,$$
$$\text{Then}\{(D_1, \beta_{1,k}), (D_2, \beta_{2,k}), \cdots, D_N, \beta_{N,k}\} \tag{4-17}$$

式中:$x_i = \{1,2,\cdots,M\}$ 为第 $k = \{1,2,\cdots,L\}$ 条规则 R_k 中第 i 个输入变量(前项属性);L 为置信规则的总数;A_i^k 为在第 k 条规则中第 i 个前项属性的参考值;后项共计有 N 个输出元素(后项属性)$D_1, D_2, \cdots, D_N, \beta_{j,k} \in [0,1] (j=1,2,\cdots,N)$ 为分配给 D_j 的置信度,则后项二元数组集合 $\{(D_1,\beta_{1,k}),(D_2,\beta_{2,k}),\cdots,(D_N,\beta_{N,k})\}$ 表示 DS 证据理论中的一条证据(置信结构),当 $\sum_{i=1}^N \beta_{j,k} = 1$ 时,表示此规则是完整的;当 $\sum_{i=1}^N \beta_{j,k} < 1$ 时,则此规则是不完整的;"$\wedge$"为逻辑连接符,表示"与"的关系;$\theta_k \in [0,1]$ 为第 k 条规则的权重;$\delta_i \in [0,1]$ 为第 i 个前项属性的权重。

式(4-17)所示的置信规则与传统的 IF-THEN 规则相比,其输出不再是简单的某个 D_j,而是由多个属性及其置信度组成的置信结构。当 $\beta_{j,k}=1$ 时,置信规则后项为 $\{(D_j,1)\}$,其退化为一般的 IF-THEN 规则。可见,置信规则给出了一种更为灵活和一般化的不确定性知识及信息的表达方式。

（2）基于证据推理的置信规则库推理方法

在置信规则库中，输入 $X=[x_1,x_2,\cdots,x_M]$ 对第 k 条规则的激活权重 ω_k 可由式（4-18）给出。

$$\omega_k = \frac{\theta_k \prod\limits_{i=1}^{M}(\alpha_i^k)^{\overline{\delta_i}}}{\sum\limits_{k=1}^{L}\theta_k \prod\limits_{i=1}^{M}(\alpha_i^k)^{\overline{\delta_i}}} \tag{4-18}$$

其中相对属性权重为

$$\overline{\delta_i} = \frac{\delta_i}{i \underset{1,2,\cdots,M}{=}^{max}\{\delta_i\}} \tag{4-19}$$

式中：α_i^k 是第 k 条规则中第 i 个输入 x_i 与参考值 A_i^k 的匹配度，$A_i^k \in \{A_{i,1}^k, A_{i,2}^k, \cdots, A_{i,M_i}^k\}$。当输入 x_i 是数值量时，则 x_i 与参考值 A_i^k 匹配度的求解方法如下：当 $x_i \leqslant A_{i,1}^k$ 或者 $x_i \geqslant A_{i,M_i}^k$ 时，x_i 对于 $A_{i,1}^k$ 或 A_{i,M_i}^k 的匹配度 α_i^k 取值均为 1，对于其他参考值的匹配度均为 0；当 $A_{i,q}^k < x_i \leqslant A_{i,q+1}^k$ 时，x_i 对于 $A_{i,q}^k$ 和 $A_{i,q+1}^k$（$q=1,2,\cdots,M_{i-1}$）的匹配度 α_i^k 取值分别由式（4-20）和式（4-21）给出。

$$\alpha_{i,q}^k = \frac{A_{i,q+1}^k - x_i}{A_{i,q+1}^k - A_{i,q}^k} \tag{4-20}$$

$$\alpha_{i,q+1}^k = \frac{x_i - A_{i,q}^k}{A_{i,q+1}^k - A_{i,q}^k} \tag{4-21}$$

此时，对于其他参考值的匹配度均为 0。

在得到后，可利用其对第 k 条规则的后项置信结构进行折扣，然后利用证据推理算法将所有规则后项置信结构进行融合，得到输入 $X=[x_1,x_2,\cdots,x_M]$ 对应的置信规则库系统输出。

$$O(X) = \{(D_j,\beta_j); j=1,\cdots,N\} \tag{4-22}$$

式中：β_j 为后项 D_j 的置信度。

（3）置信规则库的优化学习模型

初始置信规则库通常是由专家根据自身经验知识或对于有限输入和输出数据的理解建立起来的，还不能精确地描述系统输入与输出之间的非线性映射关系。若能够利用历史样本数据训练初始置信规则库系统，优化调整每个置信规则中的相关参数（规则权重、属性权重和后项输出元素置信度），则可以进一步提升置信规则库系统的性能。

图 4-32 给出了置信规则库的优化训练模型，其中 $X=[x_1,x_2,\cdots,x_M]$ 为给定的输入训练样本，$\hat{O}$ 是实际系统（被建模系统）的输出，P 表示置信规则库系统的参数集。

$$P = \{\beta_{j,k}, \theta_k, \delta_i \mid j = 1, 2, \cdots, N; i = 1, 2, \cdots, M; k = 1, 2, \cdots, L\} \quad (4\text{-}23)$$

$\xi(P)$ 表示 $\hat{O}$ 和 O 之间的差,可定义其为优化目标函数。基于该函数进行样本训练,就是要通过调整参数集 P,使目标函数达到极小。

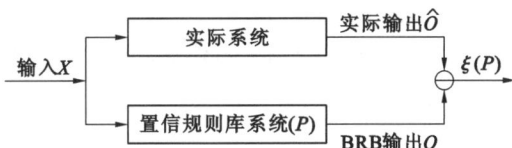

图 4-32　置信规则库的优化训练模型

4.4.4.5　基于可视化智能故障诊断方法[37]

随着知识的可视化作为人们理解复杂对象的一种强有力的工具在其他领域的成功应用,可视化作为辅助手段在故障诊断领域也开始受到重视。自组织映射法是近年来发展起来的一种比较有效的可视化故障诊断的方法。

(1)自组织映射训练结果可视化

自组织映射法是由芬兰赫尔辛基大学神经网络专家 Kohonen 提出的竞争式人工神经网络模式,它能把高维的信息数据以有序方式映射到低维的网络上,形成一种拓扑意义上的有序图(特征图)。在系统运行状态发生变化时,映射的反应非常灵敏。因此,可以实现对系统的在线的实时监测。

自组织映射网络竞争层的每个神经元都拥有一个二维坐标。分别计算每个神经元与相邻神经元权值向量之间的距离,并取这些距离值的平均值作为该神经元的第三维坐标值,即神经元的高度。将神经元高度值用灰度表示,在二维平面上显示自组织网络训练结果,即可得到 U 矩阵图,如图 4-33 所示。U 矩阵图借助于灰度图把不同状态的输入向量映射到二维平面显示来实现可视化。

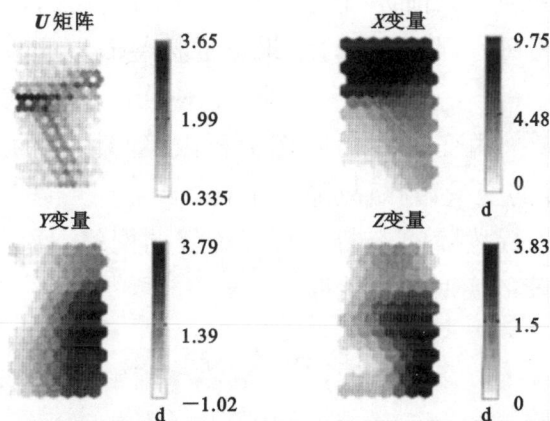

图 4-33　U 矩阵图

　　每个训练的输入变量对 U 矩阵图的贡献可以通过变量 U 矩阵图来表示。U 矩阵中颜色变化剧烈的边界如与变量 U 矩阵图中边界的位置对应，则 U 矩阵中此边界即由这个变量所引起，由这个变量辨别了 U 矩阵中此边界两边的信息，如图 4-33 中的变量 U 矩阵和组分图所示。图中，X 变量的左下方的浅色的阴影区域与 U 矩阵图中相应位置吻合，若 U 矩阵图中的这部分区域代表了状态 A，则表明状态 A 是由 X 变量引起的。

　　（2）故障成因推断

　　故障变量的推断，即推测由哪个输入变量的变化导致某个故障的产生，是故障诊断的重要一环。对于复杂过程，由于输入变量较多，难以从 U 矩阵图中直接确定导致边界产生的变量，因此可采用主元分析方法首先对输入数据进行降维，再利用主元分析中的因子负荷量分析和变量 U 矩阵图结合的方法来确定产生故障的变量。

　　因子负荷量即某个主元与原始变量之间的相关系数，是主元解释中非常重要的依据，因子负荷量的绝对值大小刻画了该主元的主要意义及其成因，给出了原始变量对主元贡献的信息。若某主元与某些原始变量的因子负荷量均为正值且大于 0.6，说明该主元大致反映了这些原始变量的变化。所以，可先分析变量 U 矩阵图中故障与主元的关系，然后结合因子负荷量分析，推断出产生故障的变量。

　　（3）算法步骤

　　可视化故障诊断算法的具体步骤如下：

　　① 构造算法的输入矩阵。把过程数据组成输入矩阵 P，并进行标准化。

　　② 主元分析。对矩阵 P 进行主元的降维处理，并通过主元贡献率的计算选择合适的主元作为新的输入数据。

　　③ 自组织映射聚类。以前 m 个主元作为网络的输入，训练网络，利用网络的聚类结果形成 U 矩阵图，并以聚类的结果形成标签 U 矩阵图作为进行故障实时诊断的依据。

　　④ 故障变量推断。由变量 U 矩阵图分析故障与主元的关系，再利用因子负荷量确定出产生故障的变量，判断故障的出处。

　　⑤ 对测试数据进行故障的诊断。对训练好的网络，通过最佳匹配单元的方法进行测试，实现故障的实时在线诊断。

参 考 文 献

[1] 屈梁生,何正嘉.机械故障诊断学[M].上海:上海科学技术出版社,1986.

[2] 虞和济.故障诊断的基本原理[M].北京:冶金工业出版社,1989.

[3] 钟秉林,黄仁.机械故障诊断学[M].北京:机械工业出版社,1997.

[4] [英]柯拉科多 R A.机械故障的诊断与情况监测[M].北京:机械工业出版社,1983.

[5] 马欣,周振环,凌志浩.基于现场总线技术的监控网络[J].自动化仪表,2001,22(4):1-3.

[6] 樊留群,朱志浩.建立远程服务系统的研究[J].同济大学学报,1999,27(14):482-486.

[7] 吴今培,肖健华.智能故障诊断与专家系统[M].北京:科学出版社,1997.

[8] 马建仓,林其敖,葛文杰.机械故障诊断学科现状及发展[J].机械科学与技术,1994,50(2):85-90.

[9] 张雪江.机械设备故障诊断系统知识自动获取及更新研究[D].南京:东南大学,1997.

[10] 马明建,周长城.数据采集与处理技术[M].西安:西安交通大学出版社,1998.

[11] 冯伟,陈闽杰,贺石中.油液在线监测传感器技术[J].润滑与密封,2012,37(1):99-104.

[12] 张伟,曾安,贺石中,等.油液监测技术的分析和研究[C]全国青年摩擦学与表面工程学术会议,2011.

[13] 刘兵,路彦珍.铁谱分析技术在工程机械故障诊断中的应用[J].工程机械与维修,2004(2):107-108.

[14] 王坚,张浩,严隽薇,等.基于 Internet/Intranet 的数字化远程故障诊断系统[J].计算机工程,2000,26(10):28-29.

[15] 杨学孟.用 Matlab 语言进行故障诊断[J].中国设备管理,2000,11:36-39.

[16] 马欣,周振环,凌志浩.基于现场总线技术的监控网络[J].自动化仪表,2001,22(4):1-3.

[17] 杨良士.动态系统故障诊断的新方法——专家系统[J].信息与控制,1998,17(3):24-29.

[18] 李克.设备远程监测与故障诊断系统的研究与实现[D].武汉:武汉理工大学,2005.

[19] 黎洪生.远程在线监测与故障诊断系统的设计和实现[J].武汉理工大学学报,2001,23(7):35-37.

[20] 武苍林.Web 技术发展综述[J].电脑与信息技术,2000,2:48-50.

[21] 张磊.舰船机械设备远程故障诊断系统架构[J].海军工程大学学报,2001,13(1):41-44.

[22] 卢恒荣.现代机务管理系统设计与实现[D].大连:大连海事大学,2007.

[23] 杜汉启.船舶机务管理系统的设计与实现[D].大连:大连海事大学,2014.

[24] 盛晨兴.挖泥船动力机械远程诊断系统关键技术研究[D].武汉:武汉理工大学,2009.

[25] 梁晓东.智能故障诊断技术的现状及其发展[J].信息与开发,2000(3):20-23.

[26] 焦生杰,陈光和.模糊数学在工程机械故障诊断中的应用研究[J].西安科技大学学报,1999,19(2):161-164.

[27] 周小勇,叶银忠.小波分析在故障诊断中的应用[J].控制工程,2006,13(1):70-73.

[28] 郑发泰,叶建波,翁正国.BP 神经网络在工程机械液压系统故障诊断中的应用研究[J].工程机械,2006,37(10):1-5.

[29] ZHOU Y, HAHN J, MANNAN M S. Fault detection and classification in chemical processes based on neural networks with feature extraction [J]. ISA Transactions, 2003,42(4):651-664.

[30] 刘中华,盛赛斌.故障特征提取的方法研究 [J].电子技术应用,2004,30(11):19-21.

[31] 王奉涛,马孝江,邹岩琨.智能故障诊断技术综述 [J].机床与液压,2003(4):6-8.

[32] 杜洁.基于故障树技术的铁路信号设备故障诊断专家系统的实现方法研究 [D].北京:北京交通大学,2009.

[33] 鲁豪,耿晨,肖亚迪.基于神经网络的故障诊断方法研究 [J].装备制造技术,2015,12:24-26.

[34] 吴宏岐,周妮娜,张小娟,等.信息融合的故障诊断技术及应用 [J].传感器与微系统,2006,25(9):76-78.

[35] 赵双龙,郝永生.一种改进的 DS 多传感器信息融合故障诊断方法 [J].科学技术与工程,2010,10(3):787-790.

[36] 徐晓滨,汪艳辉,文成林,等.基于置信规则库推理的轨道高低不平顺检测方法 [J].铁道学报,2014,36(12):72-73.

[37] 赵豫红,顾一鸣.复杂过程的可视化故障诊断方法 [J].化工学报,2006,57(9):2141-2142.

5 船舶机械的可监测性设计与数字诊断

5.1 船舶动力机械故障分析

船舶作为水上交通运输工具,主机、辅机、舵设备、装卸设备及特殊设备等船舶动力机械的运行状况直接关系到其适航性、机动性、运载能力以及救援能力。在长期营运之后,船舶动力机械的使用性能和技术状态会不断下降,部分或全部功能逐渐丧失,最终导致船舶发生故障[1]。为了确保船舶航运安全,应积极采取有效的措施,大力推进可监测性设计在船舶设计、制造、使用过程中的推广和应用,增强船舶设备数字诊断能力。根据船舶运行特点充分认识和研究船舶动力机械设备故障,准确掌握船舶动力机械设备运行状态并能运用数字手段对其性能准确进行表征、辨识、预测和诊断,最终确保船舶的正常运行和航行安全。

5.1.1 船舶动力机械主要故障

船舶动力机械主要包括船舶主机、辅机、装卸设备、舵设备及特殊设备,广义上涵盖船上一切机械零部件和系统。由于船舶动力机械种类繁多、结构复杂、工作环境恶劣,其故障种类也繁多,且故障具有明显的多样性、渐发性、复合性特征。我们研究故障类型,是想要通过分析各种故障当时的情况、性质,以及对机械设备使用功能、性能参数和零部件失效形式等的影响,弄清故障出现的原因,在以后的设计中避免相同的错误,通过有效的措施减少或者杜绝故障的发生,以达到保护人员安全,增加机械稳定性和效率的目的。根据不同的需要、不同的角度和侧重点形成了多种船舶动力机械故障分类的方法。

按照引起故障的原因,船舶动力机械故障可以大致划分为以下四类[2]:

(1)结构性故障。该类故障主要因为产品系统设计不合理和选用材料不当等。例如:船用主机采用恒压(定压)增压的设计必然造成低速及变速冒黑烟等故障;油泵、水泵密封材料选用不当,会造成漏油、漏水故障;润滑油选用不当,润滑性能不良,会导致轴承抱死。

（2）工艺性故障。该类故障多因为安装工艺不良。例如：因主机地脚螺栓松动，没有及时发现造成整机损毁；校中质量不好的轴系，其运转时则会造成尾轴管轴承迅速磨损甚至烧坏。

（3）管理性故障。指船员违反船舶技术管理规则和操作规程，粗暴使用机械设备而造成事故。如带缆滚轮、滑轮缺乏保养造成故障等。

（4）磨损性故障。指机械的疲劳、磨损和老化而导致的故障。如活塞环磨损造成漏气等故障。

按故障发生速度，船舶动力机械故障可划分为以下几类：

（1）渐发型故障。其特征是故障发生的概率与使用时间有关。使用的时间越长，故障发生的概率也越大。这类故障与零件的材料、磨损、腐蚀、疲劳、温度等有密切关系。多数机械故障都属于这种类型。故障一旦发生，标志着设备有效寿命终结或设备必须进行大修，通常采用不同检测手段可以预测这类故障。

（2）突发型故障。其特征是故障发生具有偶然性，与设备使用时间长短无关。这类故障是难以预测的。如双齿辊破碎机工作中落入钢件而引起辊齿或辊轴折断；高压离心鼓风机因润滑油突然中断而导致轴瓦烧坏等。

（3）复合型故障。其特征是故障发生的时间随机不定，与设备使用的时间长短无关，而设备零件的损伤速度是时间的函数。这种故障具有上述两种故障的特征。如颚式破碎机中落入过硬的物体引起超负荷，而安全板因材质问题没有断裂保护，致使动颚头出现裂纹，随着设备的继续使用，裂纹扩展造成动颚头断裂事故。

也有按故障的危害程度将船舶动力机械故障进行分类的，这种分类方法较多，有的将故障造成的经济损失、停工时间作为评价标准；有的依据危害性质分为灾难性、使用性和经济性故障。除了上述分类之外，还可以按照故障出现时的情况将故障分为已发生的实际故障和未发生的潜在故障，也可以按照故障发生的原因和性质，将故障分为人为故障和自然故障等。

5.1.2　船舶柴油机主要故障

船舶柴油机作为船舶的动力来源，其所发生的故障直接影响船舶的安全可靠运行，因此有必要对船舶柴油机的主要故障类型及产生机理进行分析。船舶柴油机作为整个船舶动力系统的核心，其主要部件包括曲柄（曲轴和轴承）以及燃烧室部件（活塞、汽缸、汽缸盖）等。这些部件构成柴油机的主体，它们工作的好坏不但直接影响柴油机的技术性能指标，而且还和安全航行密切相关。统计表明，船舶柴油机主要部件发生的故障占柴油机故障总数的 90% 左右，其中燃烧室部件故障约占故障总数的 50%[3]。根据瑞士 Swedish Club 对船舶柴油机故障的研究报告可知，在低速和中速船舶柴油机中，除了增压器外，船舶柴油机的故障主要集中于曲轴、活塞环、活塞、轴承、凸轮轴以及十字头(二冲程柴油机)等[4]。在这里以船舶柴油机为对象,对其常见故障进行机理分析。

(1) 曲轴断裂故障

曲轴断裂多由疲劳损坏导致。疲劳损坏是机件在交变负荷作用下产生裂纹并逐渐扩展,随着裂纹的逐渐发展,截面逐渐减小,最后因截面尺寸不足而发生突然断裂。

疲劳损坏的形式可分为两种:弯曲疲劳损坏和扭转疲劳损坏。曲轴的疲劳损坏究竟是由弯曲应力还是由扭转应力或者两者共同引起的,主要应根据断面的纹理判断。疲劳损坏的断面可分为三个区域,即初始裂纹区、渐断纹理区和突断区。这三个区域体现了疲劳损坏过程的三个阶段。初始裂纹区是断面纹理的发源地。断面纹理因为引起疲劳的原因不同有波浪线和螺旋线之分。渐断纹理区是由于两断裂面间的摩擦形成的。在这个区域中,因为有污物存在,颜色暗黑。突断区断开的截面具有冲击折断的特点,晶粒粗糙明亮,与暗的平滑纹理断面形成了明显的区别。

① 弯曲疲劳损坏

弯曲疲劳裂纹首先产生在曲柄销圆角或主轴颈圆角处,然后向曲柄臂发展。这是因为曲柄臂承受的弯曲应力比主轴颈和曲柄销弱。弯曲疲劳的断面是与轴线垂直的,裂纹线为波浪线。

曲轴弯曲疲劳损坏,通常是由于轴颈不均匀磨损所造成的主轴承不同轴度而引起的。特别是某个主轴承过低,当柴油机工作时,这段轴就会产生过大的变形和过大的交变弯曲应力。由于轴承的不均匀磨损要经过一定的运转时间才会产生,因此弯曲疲劳损坏很少发生在未经长期使用的柴油机上。

② 扭转疲劳损坏

曲轴在驱动力矩作用下产生交变的扭转应力及曲轴的扭转振动产生的附加扭转应力,会引起曲轴发生扭转疲劳损坏。轴颈的疲劳裂纹多从油孔开始,然后向与轴线呈 $45°$ 的方向发展,所以往往出现两条对称裂纹。起始于过渡圆角处的扭转疲劳裂纹,由于轴颈的抗扭截面模数比曲柄臂的弱,因此裂纹多自圆角部位向轴颈发展,较少向曲柄臂上发展。扭转疲劳断面是倾斜的,与轴线呈 $45°$,裂纹线近似为螺旋线。

扭转疲劳损坏和弯曲疲劳损坏不同。扭转疲劳损坏一般出现在柴油机运转初期。但现在扭振的计算及测量技术比较成熟,只要扭振减振器不发生故障,不飞车,又不过于疏忽,通常不会出现扭转疲劳损坏。相反,弯曲应力复杂,难以计算精确,而且轴承磨损后能产生很大的附加弯曲应力,曲轴的弯曲疲劳损坏多于扭转疲劳损坏。

（2）燃烧室部件故障

燃烧室部件故障主要有部件裂纹、活塞顶烧损、活塞环磨损、汽缸套磨损故障等。

① 部件裂纹故障

由于燃烧室部件受到机械应力和热应力的共同作用，产生裂纹是较为常见的。活塞头是经常出现裂纹的部位。一般来说，燃烧室部件裂纹以触火面占多数，特别是应力集中及金属堆积的地方以及汽缸盖底面的各种阀孔处、四冲程机汽缸盖底面阀间区域、汽缸套缸口圆角处、气口边缘、注油孔边缘等。触火面裂纹主要是由低频热应力引起的。另外，由于高频热应力能使触火面很薄的一层金属加速蠕变，使触火面产生皱褶，加速壁面损坏。

除了触火面外，冷却侧特别是冷却侧的某些应力集中处，汽缸盖底板以及活塞顶板和它们的支撑交界处，汽缸套外圆柱面和缸套凸肩交界处等，有时也产生裂纹。这些地方的裂纹主要是由于气体产生的机械应力和热应力共同作用引起的。由气体产生的机械应力和热应力都是拉应力，相互叠加，数值较大。

同理，缸套的裂纹多见于缸套上部凸肩处、过渡圆角处、水套加强筋处以及气口附近。其产生原因与上述裂纹大致相同。

② 活塞顶烧损故障

活塞金属材料有时会逐渐被烧蚀，使活塞顶越来越薄，强度越来越差。弱喷油器喷出的油束直接到达活塞顶面，活塞的冷却腔太脏使冷却不良、导热不好、局部过热等，会使烧损速度加快。活塞顶烧损在直流扫气及油冷柴油机活塞上出现较多，因为这种柴油机的两只喷油器分别装在汽缸盖排气阀两侧，它喷出的油束在汽缸中分布不均匀，且容易喷在活塞顶上。此外，活塞用滑油冷却，冷却效果较差，又易形成积炭，使活塞顶表面温度升高。

③ 活塞环磨损故障

a.活塞环的异常磨损

在正常情况下，若活塞环得到良好的润滑，则它的磨损速度通常不超过 $0.3\sim0.5$ mm/kh，活塞环的厚度也基本均匀，这样的磨损是正常磨损。若活塞环磨损后厚度极不均匀（往往开口的对侧磨损更严重），或者磨损速度很快，这样的磨损称异常磨损。

活塞环异常磨损和设计、材质、热处理等因素有关，也和管理状况有很大的关系。若柴油机磨合状态不良、运行中超负荷、润滑不好、滑油品质不合要求、燃烧不良、冷却不佳、摩擦表面有硬质颗粒等，都会使活塞环产生异常磨损。

b.活塞环的黏着

在正常情况下，由于活塞的往复运动和横向振动，活塞环在环槽中是做上下运动、径向运动和圆周向转动的。假如活塞环区形成沉积物,并压进了活塞环槽的间隙中,沉积物就可能固化,阻止活塞环在环槽中运动。活塞环在环槽中不能自由运动称为活塞环黏着。

活塞环黏着大多是由于活塞或汽缸过热、滑油过多、滑油不净、燃烧不良等。活塞或者汽缸过热可使过多的滑油变成油漆附着在环槽内,产生使活塞环黏着的沉积物。当燃烧不良生成的炭粒、活塞上的承磨环磨损产生的颗粒也积存在环槽之中时,就会使黏着在活塞环的沉积物加速生成和固化。通常活塞环的黏着首先发生在活塞环的一部分,然后逐渐扩大使整个环被固定住。活塞环黏着,将导致汽缸漏气、活塞环断裂,严重时形成拉缸。

c.活塞环的折断

活塞环的折断多出现在上面几道活塞环中,有的从环端附近断裂,有的断成几段甚至断成小碎块。环断后不但影响燃烧室的密封性,而且碎块也容易进入增压器,使增压器损伤。活塞环折断的原因有:ⓐ 搭口间隙过小,活塞环工作时没有充分膨胀的余地,在搭口的对侧折成两段。ⓑ 环槽内积炭,在活塞环的下面有坚硬的积炭时,环就会在交变的弯曲作用力下发生折断。又由于活塞在汽缸中的横向振动会使环在环槽中移动位置,使环在杠杆作用下逐段折断,最后断成许多小段,此时环槽往往磨损成波形。ⓒ 活塞环压入时,若活塞环的工作面不能与汽缸壁很好贴合,高压气体将从贴合不好处"楔入"而作用在环的外工作表面上,把环压入槽内。当汽缸内气体压力降低时,原来被压入的环可能靠本身的弹力重新弹出。这样重复作用,时间久了就会使环由于疲劳而断裂。近年来发现,活塞环压入是造成环断的主要因素。

此外,汽缸套失圆、环端刮气口和环槽过度磨损使环受到扭转和弯曲,活塞头部由于热膨胀变形使环槽缩小且向下倾斜,以及环和汽缸套上的磨台撞击等,也会造成活塞环断裂。

④ 汽缸套过度磨损

汽缸套常见的磨损形式有三种,分别是熔着磨损、磨料磨损、腐蚀磨损。这三种磨损形式虽然在柴油机的正常工作时总是难以避免,但缸套总的磨损速度仍然是比较缓慢的,铸铁缸套每千小时的磨损量为 0.1 mm 左右。若这三种磨损或其中的 1~2 种磨损由于某些原因而加重时,将使磨损速度远远超过正常值,即产生了过度磨损。

滑油污染是导致船舶柴油机故障产生的重要原因之一[5]。外界硬质颗粒进入滑油会导致摩擦副表面异常磨损的产生,摩擦副长期运行于被外界污染的滑油介质中会大大增加磨损故障的产生,尤其是对外界污染物敏感的零部件,如主轴承等。同时水污染、燃油稀释等会使得滑油的性能迅速下降,影响滑油的物理稳定性和化学稳定性。水分与滑油中的添加剂相互反应导致添加剂沉淀,促使滑油氧化生成酸类物质。滑油被水污染后还会造成滑油乳化,降低油膜强度或难以形成油膜,使润滑效果变差,进而导致船舶柴油机的异常磨损。同时海水具有较强腐蚀性,会加剧船舶柴油机零部件的腐蚀和锈蚀。目前船舶柴油机的滑油污染物主要包括磨损颗粒、油泥、积碳、粉尘、水和燃油等[6]。另外,船舶柴油机缸内的燃烧过程对于柴油机做功能力以及柴油机工作的平稳性等具有重要的影响。

5.2 船舶动力机械可监测性系统

5.2.1 船舶动力机械状态监测技术

目前在船舶主机、辅机等机械上使用的故障监测技术手段主要有性能参数监测、瞬时转速监测、油液分析监测、振动监测等[5,7]。

(1) 性能参数监测技术

船舶在航行中,正在工作的各类机械都会输出有关的状态参数,船舶动力机械的整体性能和部件的工作状态不同程度地由这些参数的数值体现出来。以船舶主机为例,可以根据柴油机中的介质如进气、排气、燃油、滑油、冷却液等以及其他性能参数的变化来判断柴油机的运行状况。这些参数包括缸内气体压力、转速、滑油温度、滑油压力、冷却水温度、排气温度等,常见的用于监测诊断的性能参数如表 5-1 所示[7,8]。由于这些性能参数蕴含着大量的故障信息,与故障相关性较大,而且许多参数可利用集控室中所配有的各类监测船舶动力系统的数据测试仪表进行测定。这种监测的优点是易于测量信号,投资较少,而且便于在线监测,基于这些优点使得性能参数监测在柴油机状态监测与故障诊断中获得了广泛的应用,是目前船舶柴油机最常用监测诊断技术之一。但是单纯依靠性能参数只能进行某些子系统故障的监测诊断,难于实现整机运行状态的监测诊断。

表 5-1　船舶动力机械常用监测诊断性能参数

系统	监测诊断参数
整机	燃油消耗量、平均转速、油门刻度、空气滤清器压差、滑油消耗率
燃烧系统	汽缸压力、缸内温度、增压器空气湿度、排气温度、烟度、排气化学成分、燃油消耗率
燃油系统	燃油流量、喷油提前角、喷油时间、高压油管压力、针阀升程、燃油喷射压力
冷却系统	冷却水进口压力、冷却水温度
滑油系统	滑油泵进出口压力、温度
增压空气系统	增压器转速、压气机进出机温度、压力

（2）瞬时转速监测法

瞬时转速监测是针对柴油机的监测方法。多缸柴油机处于正常工作状态时，各个汽缸按照发火顺序依次做功，而且各缸的动力特性基本一致，在一个工作循环内各缸瞬时转速存在着某种规律性的波动，而这波动蕴含着能够反映柴油机内部工作状态的丰富信息，可以用于喷油提前角的控制、汽缸压力信号的反演、各缸燃烧不均匀性的判断、柴油机单缸或多缸失火的诊断等。根据柴油机瞬时转速的这种波动特性，可以将瞬时转速法的诊断机理描述为：当柴油机某个汽缸因故障导致缸内压力降低时，将会破坏各缸的动力一致性，瞬时转速的波动信号也会发生相应的变形，根据这个信号的变化大小就可判断对应汽缸做功异常的程度。

（3）基于声振监测的故障诊断技术

其基本原理是通过监测机械设备的声音或振动是否正常，来判断机械设备是否发生故障，并诊断出故障的原因和部位。目前主要有两类成果：

① 声发射监测。在机器设备的工作过程中，金属零件因为磨损、变形和破裂会产生弹性波，通过对该弹性波频率的变化特征进行分析可以实现对机器运行状态的判断。在柴油机领域，声发射法主要用来监测汽缸、活塞的磨损状态，其原理就是利用了汽缸套表面的微观裂纹在活塞侧推力的作用下所释放的高频弹性波。但声发射监测受外界噪声的影响很大，这使得其准确率不高，另外声发射装置的成本很高，这些都导致声发射监测的推广受到很大的限制。

② 振动分析法。振动分析法是通过检测机械设备在工作时产生的振动信号，来诊断机械设备内部零部件状态的方法。例如，柴油机是一种复杂的动力机械系统，其机械结构的相对运动、燃烧压力的变化以及进排气压力的波动都会产生振动信号，因此振动分析法在柴油机监测诊断中得到比较广泛的应用。而整个船用减速齿轮箱系统，可以看作是由齿轮副、传动轴、轴承、箱体、联轴器和离合器等部件组成的复杂的弹性系统。齿轮传动系统运转时，轮齿受载荷作用会产生弹性变形，齿轮箱系统故障也可用振动分析来诊断[9]。

（4）基于油液分析的监测诊断技术

润滑油是机器的"血液"，起着润滑、密封、冷却、清洁和防腐烛等多重作用，但在使用过程中会"藏污纳垢"，携带着机器在运行中产生的各种磨损物质以及外来污染物。油液分析技术是通过分析被监测机器的在用润滑剂（或工作介质）的性能品质的变化和携带的磨损物质和污染物微粒情况，获取机器摩擦副润滑和磨损状态的信息，评价机器的工况和预测故障，并确定故障原因、类型以及应采用的维修管理策略的综合技术。通过对设备在用润滑油进行监测可以延长设备的换油周期，对潜在故障进行及时预测，从而避免机器发生灾难性损坏，也可以减少对设备进行的不必要的维修,从而获得经济效益。目前在船舶的发动机、齿轮箱、液压系统等方面,该技术取得比较显著的效益并获得广泛的应用。

5.2.2　可监测性设计理论工程化实施应用框架

为了更好地完善机械系统可监测性设计理论体系,以某远洋救助船动力机械系统为研究对象开展了船舶动力机械系统可监测性设计工程化探索。根据船舶设计制造基本流程,其船舶动力机械系统可监测性设计理论工程化实施基本框架如图 5-1 所示,在该船舶建造设计初期充分地考虑了船舶动力机械系统的可监测性问题,运用系统、全寿命周期的观点对其制定了完整的可监测性设计总体方案;采用性能参数监测、瞬时转速监测、振动监测、油液监测等多种监测手段,运用基于层次分析理论和故障树分析理论对船舶动力机械系统监测点进行了优化布置;运用基于协同理论的可监测性设计综合优化方法确保了船舶建造周期。

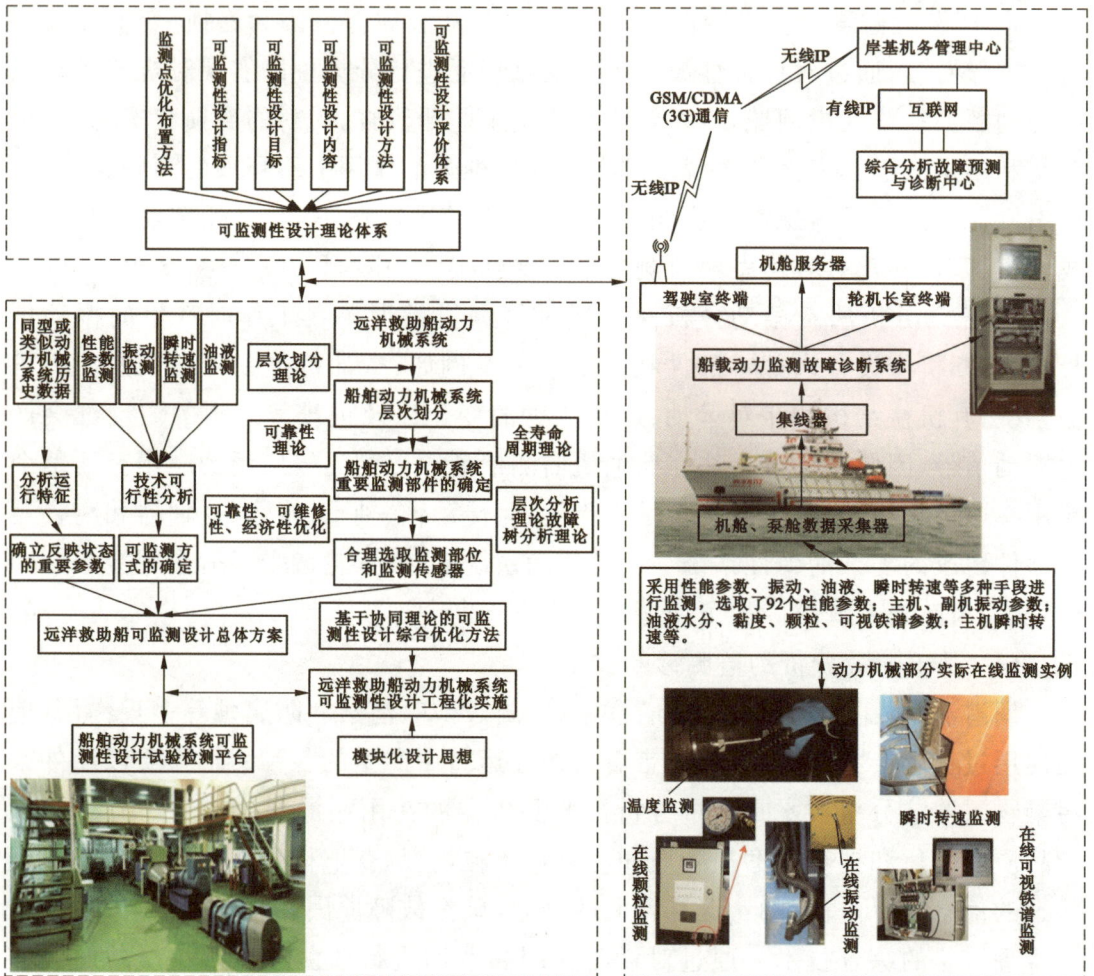

图 5-1　可监测性设计理论工程化实施基本框架

5.2.3 典型船舶动力机械可监测系统

可监测性作为机械系统产品的一种设计属性贯穿于产品论证、设计、生产、制造、使用、维护到报废的整个生命周期中。

（1）船舶动力机械主要系统和设备特点分析

① 船舶柴油机

船舶柴油机是船舶的心脏，其运行状态的好坏，直接决定着船舶的安全与施工的效率。船舶柴油机一旦发生故障，将会严重影响船舶的正常运行，并有可能直接或间接造成无法估量的经济损失，甚至损坏其他关键设备，严重时会危及船员和旅客的人身安全。船舶柴油机结构复杂、故障种类多种多样，如相互接触的机件长时间相对运动造成船舶柴油机摩擦副的磨损，零部件在周期交变载荷下产生裂纹或断裂，机件变形导致的柴油机动力性能的破坏以及柴油机某系统脏堵或泄漏等。对船舶柴油机进行可监测性设计和数字诊断的推广和应用具有十分重要的意义，可对船舶实时监测从而对其状态进行准确的预测和故障辨识。目前，所有的内河及沿海中小型船舶均采用柴油机作为主机和辅机。其中疏浚船舶和救助船舶基本上是以四冲程柴油机为主。在四冲程柴油机中，曲柄销轴承以及主轴承的轴瓦磨损是最为严重的，且大部分故障是由于润滑不当造成的。针对四冲程柴油机磨损状况的特点，采取以油液监测方法为主，瞬时转速监测与性能参数监测相结合的多种方法综合监测手段[7,10]。

② 船舶液压系统

液压传动与电动、气动或机械传动相比具有很多优点，在船舶系统中被广泛应用。尤其是在疏浚船舶上，液压系统有举足轻重的地位。与疏浚作业有关的工作机械如耙头绞车、耙头吊架、首冲管架等的动作几乎全部是由一个液压系统来传动和控制。因此，液压系统的可靠性直接关系到船舶能否正常工作。如果液压油由于外界或内部原因受到污染，就可能造成液压系统及其元件发生故障。固体颗粒污染物是液压系统各种污染物中最普遍、危害最大的污染物。据统计，由固体颗粒污染物长期超标所引起的液压系统故障占总污染故障的60%~70%，即液压油中存在污染颗粒而造成严重的摩擦磨损。因此，如何采取有效措施减少液压油中的污染颗粒，是液压系统污染控制研究的一个重要方面。通过液压油在线颗粒污染度监测，当污染度超标时采取加强过滤等有效措施，可以有效地维持液压系统的清洁度，其中尺寸大于 $15~\mu m$ 的颗粒浓度对元件的污染磨损起着主导作用，这些大颗粒会严重影响润滑油的质量，对润滑油中固体颗粒污染物进行监测与控制是实现良好的设备润滑管理的重要措施。

（2）船舶动力机械主要设备的可监测性系统设计

① 基于可监测性设计的在线油液综合监测传感器系统选取及设计

基于船舶系统设计原则，在保障船舶主机性能不受影响的情况下，满足可监测性设计可监测度设计目标，综合各种状态监测技术和传感器现状对船舶主机加装了在线油液综合监测系统。

a. 传感器的选取和设计

按照传感器选取原则选取在线铁谱传感器、滑油在线黏度传感器、滑油水分传感器对船舶主机油液进行监测，从而实现滑油磨粒浓度和图像、滑油黏度以及含水量的信息实时监测。考虑到现有系统的尺寸、外观和性能，船舶主机在线油液综合监测传感器集成原理如图 5-2 所示，集成传感器实体如图 5-3 所示。该传感器集成的 SDD 型图像可视型铁谱传感器原理如图 5-4 所示，它采用了具有微处理单元的传感器探头，可以较好地消除线圈温升对磁场强度的影响，较好地解决由于传感器在电磁场下长时间运行而产生的磁化问题。在该传感器工作过程中，计算机控制主油路旁路电磁阀开启，油液在回油压力作用下进入铁谱传感器的流道；计算机通过 RS232 接口与单片机连接，控制电磁铁供电电压使铁磁性磨损颗粒沉积下来；当磨粒沉积完成后，通过 USB 串行通信将磨粒图像信息送入计算机并存储。

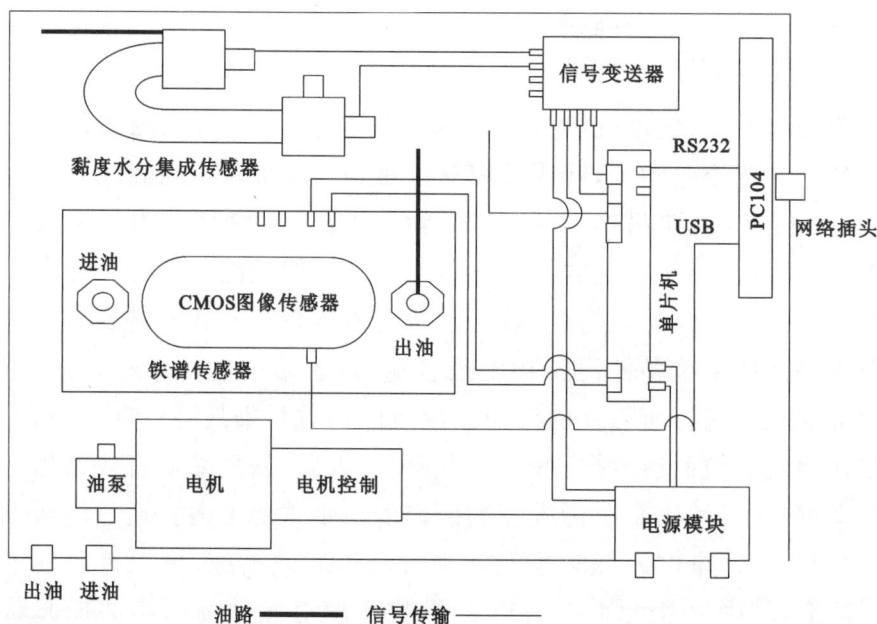

图 5-2　在线油液综合监测传感器集成原理图

图 5-3 集成传感器系统实体图

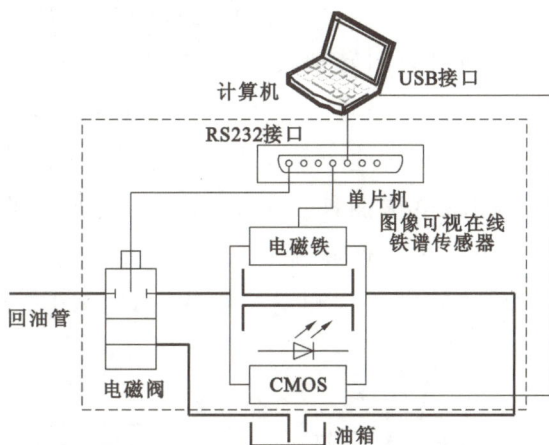

图 5-4 可视型铁谱传感器原理图

b.管路和线路设计

在线油液综合监测传感器系统在主机滑油监测的管路设计原理如图 5-5 所示,安装实体图如图 5-6 所示。油液传感器有一个进油口和一个出油口,当用于主机监测时,其进、出油口连接到主机滑油回油总管上。为避免油泵负荷过大、抽油困难以及抽油口堵塞等问题,集成的传感器系统安装在主推进柴油机油底壳和滑油循环舱之间的主机回油管附近,位于主机飞轮和推进齿轮箱之间的联轴器下方。传感器距离取油点垂直距离约 300 mm。取油点设在主机回油管下部,回油点设在回油管上部。为保证在线监测的油样对象和离线分析的油样来源于同一取样点,离线采油管是在线取样回路中铁谱回油管的一条旁通分支,且可通过人工的方式开闭阀门。

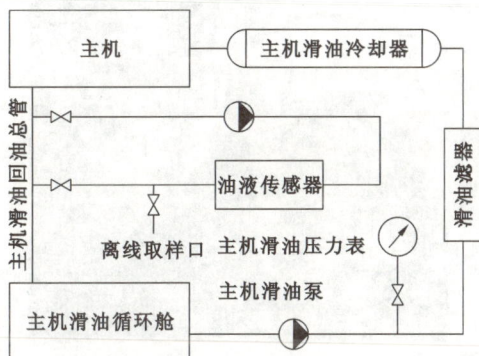

图 5-5 油液传感器在主机滑油监测的
管路设计原理图

图 5-6 油液传感器管路设计安装实体图

② 瞬时转速监测系统的组成及设计安装

a.传感器的选取和设计

　　瞬时转速的测量一般是先将曲轴转动一周的曲柄转角即 $360°$ 进行等间距分度,然后通过瞬时转速传感器测取每一分度内的时域波形,再对波形进行分析计算,用读数器记录每一分度所经过的时间,最后用经过每一等分角度的平均转速近似代替瞬时转速[8]。按照测量原理的不同,柴油机瞬时转速的测量方法主要有光电法和磁电法两种。考虑到磁电法所需监测设备简单,监测数据工作可靠,也不影响柴油机工作状况,选取磁电传感器对挖泥船上瞬时转速原始信号进行监测,瞬时转速磁电式测量系统的原理如图 5-7 所示。

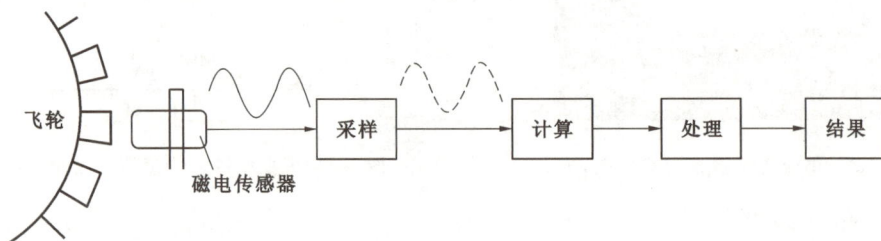

图 5-7　瞬时转速磁电式测量系统原理图

b.线路设计

　　瞬时转速传感器在船舶上的安装位置如图 5-8 所示,瞬时转速传感器正对飞轮齿进行安装,上止点传感器正对粘在飞轮端面的铁质尖劈安装(根据现场情况,上止点传感器也可安装在飞轮轮齿侧面)。为了对瞬时转速数据进行实时采集,在该船安装了数据采集系统,包括 PCIe-6351 X 数据采集卡、NI BNC-2090A 接线盒、SHC68 采集卡电缆以及工控机。通过 CAN 总线 485 传输,将采集到的瞬时转速信号上传到上位机,使得轮机工作人员能够实时查看瞬时转速的变化情况。

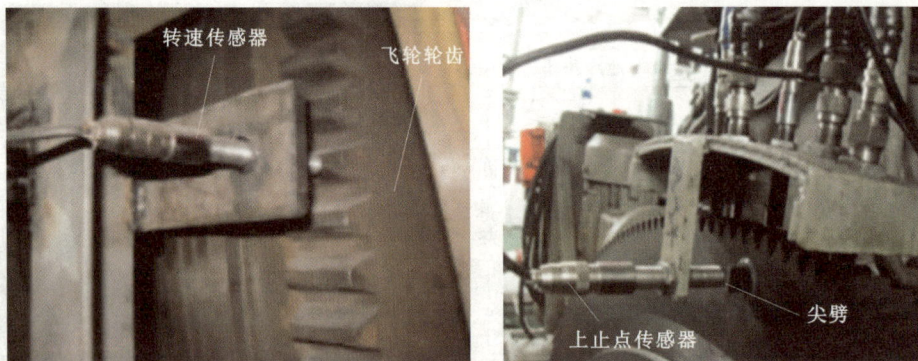

图 5-8　实船安装位置

③ 液压油污染度在线监测系统的组成及安装

a.传感器选取和设计

采用在线颗粒传感器对船舶的液压系统进行监测,在线颗粒传感器是一个基于消光原理的光学粒子监测仪,由一个受制于流量的测量元件、一个激光器和一个光敏二极管组成,其工作原理如图 5-9 所示。激光器通过测量元件辐射到光敏二极管上。如果一个粒子穿过激光光束,这减少了通过光敏二极管检测到的强度。减少的强度与粒子的尺寸成正比,传感器获取数据后通过 RS232 将数据传输到计算机上。通过在线颗粒传感器实现对油液中大于 4 μm、

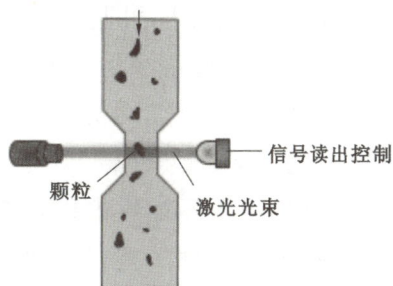

图 5-9　在线颗粒传感器工作原理

大于6 μm、大于12 μm、大于21 μm 的固体污染物颗粒数量进行统计,根据 ISO 4406标准或 NAS1638 污染度等级实现液压油不同污染度的评价。

b.管路和线路设计

理论分析表明可将在线颗粒传感器安装在液压系统循环回路的主管路上,其中回油总管过滤器前面的位置点被认为是第一类取样点,所获取的污染度监测值最理想。如果回油总管上过滤器前的取样点不方便获取所需的监测油样,也可采用液压系统循环回路主管路上其他的位置点作为取样点(即第二类取样点)。从实船各种取样点的压力测试结果来看,该液压系统回油总管上的压力一般情况下都小于在线颗粒传感器所要求的最小压力 0.2 MPa,因此最后将该传感器进油口布置在液压泵出口的管路上,在满足传感器所需的压力和流量要求的同时,也能实时采集到液压油箱里液压油的污染度。液压系统在线污染度颗粒传感器在被监测船舶液压系统上的安装示意如图 5-10 所示。

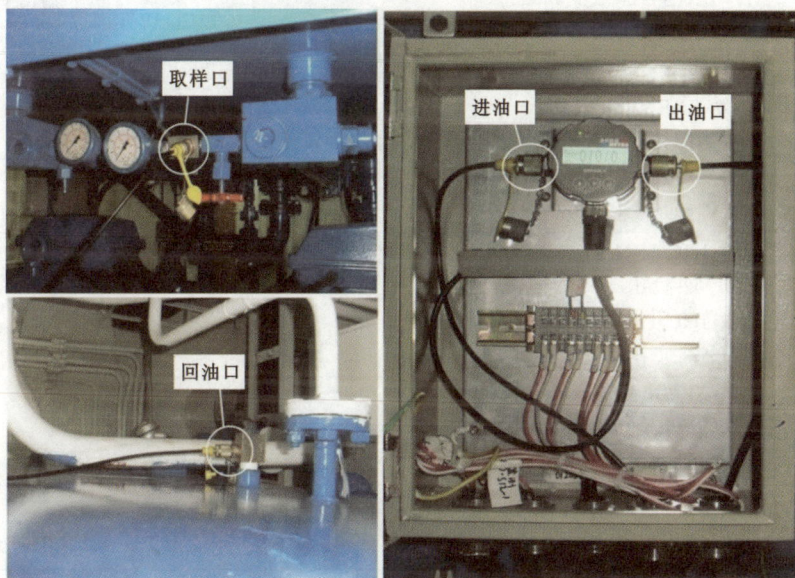

图 5-10　在线污染度颗粒传感器安装示意图

（3）疏浚船舶可监测性系统应用实例

近年来,随着水运交通的日益发展,航道疏浚整治的需求也日益强烈,用于航道疏浚的作业船舶的机械设备也越来越先进和复杂,因此如何保证疏浚船舶动力机械设备的安全、可靠、节能和高效运行,实行科学合理的挖泥船机务管理显得非常重要。由于船舶性能的不断改善及操作和施工自动化程度的不断提高,对其机电设备技术管理的要求也越来越高,而目前的技术手段和管理措施不能满足挖泥船技术管理的要求。因此需要将油液监测、振动信号分析、瞬时转速监测、功率监测、压力监测、温度监测等方法综合应用,并且使船内以及船舶与岸上相关管理部门的监测信息共享,使监测信息最大效度地发挥作用[11]。至今为止,多条挖泥船上都安装了远程监测诊断系统,其中包括 300 m³ 航浚 20 号,8000 m³ 的长鲸 2 号,2000 m³ 的吸盘 2 号、3 号,2000 m³ 的长狮 9 号等。

① 可监测性设计对象的选取

以 8000 m³ 自航耙吸挖泥船为例,该船的可监测设计对象为柴油机、齿轮箱、液压系统和泥泵等主要机械设备[11],其性能参数如表 5-2 所示。

表 5-2　列为监测对象的挖泥船机械设备的主要性能参数

序号	设备名称	生产厂家与型号	数量	额定功率(kW)	额定转速(r/min)	备注
1	主机	左 DAIHATSU 12DKM-36F 右 DAIHATSU 12DKM-36FL	2 台	6300	600	主机自由端 PTO 轴输出功率: 3700 kW
2	推进、轴发齿轮箱	左 FLENDER NAVILUS GUCK850 右 FLENDER NAVILUS GUCK850	2 台	输入:6300 推进输出:5800 PTO 输出:1700	输入:600 推进输出:165.52 PTO 输出:1507.71	齿轮箱 PTO: 输出功率 1700 kW 输出转速 1507.71 rpm
3	泥泵齿轮箱	左 FLENDER NAVILUS GJZ750 右 FLENDER NAVILUS GJZ750	2 台	输入:3700 输出:1800/3700	输入:600 输出:204.1/308.1	
4	泥泵	左 IHC HRMD 202-43-100 右 IHC HRMD 202-43-100	2 台		204/304	(4.17/3.47)mf/s× (204/304)rpm× (217/590)kPa
5	辅机	上海新中动力有限公司 MAN B&W 8L16/24	2 台	680	1000	
6	液压系统	上海申诚液压气动公司	1 套			

② 监测参数和监测点的选取

选取热力参数、瞬时转速、振动和油液监测等多种监测方法,运用信息融合技术,实现了 8000 m³ 挖泥船上的柴油机、齿轮箱、液压系统和泥泵等主要机械设备的实时监测、预警、故障诊断及维修决策。船载系统选取的主要传感器有:瞬时转速传感器、上止点传感器和加速度传感器(即振动传感器)、油液传感器(包含铁谱、水分和黏度传感器)和颗粒传感器。被监测设备及其所装传感器类型如表 5-3 所示。

表 5-3 被监测设备及其所装传感器类型

设备名称　＼　传感器种类	瞬时转速	凸轮轴上止点	振动	位移	在线油液(铁谱、黏度、水分)	在线颗粒	常规性能参数
主机×2	1	1			3		监控系统提供
推进、轴发齿轮箱×2			6		预留传感器线		监控系统提供
泥泵齿轮箱×2			4		预留传感器线		监控系统提供
泥泵×2				1			监控系统提供
辅机×2	1	1					监控系统提供
液压系统×1						1	监控系统提供

主机、辅机、齿轮箱、泥泵等各设备压力、温度等常规热力参数可以通过网络直接从机舱巡回检测系统中获取。瞬时转速传感器、上止点传感器信号则通过BNC 接线盒进入机舱采集器或泵舱采集器。加速度传感器的信号通过恒流源与BNC 接线盒进入机舱采集器。颗粒传感器信号通过 RS232 串口直接进入机舱采集器,所监测的液压油污染度可实时显示出来。

③ 远程监测与诊断系统的设计

针对 8000 m³ 自航耙吸挖泥船特点和使用单位实际情况构建的数字监测与诊断系统的总体架构包括在役挖泥船、航道局机务管理中心和实验室分析诊断中心这三级,具体为船载监测子系统、分析诊断中心子系统和机务管理中心维修决策支持子系统。在挖泥船上,机舱采集器、泵舱采集器、机舱服务器、轮机长室终端和驾驶室终端通过集线器组成一个局域网。机舱采集器从安装在机舱监测对象上的传感器和机舱巡回检测系统中采集数据,所有采集的数据在当地进行分析处理及保存,并在驾驶室和轮机长室进行信息的发布。船上驾驶室终端通过

CDMA无线网络与航道局机务管理中心及实验室分析诊断中心相连,航道局机务管理中心通过 Internet 网络与实验室分析诊断中心相连,从而实现挖泥船、航道局机务中心和实验室分析诊断中心的数据与指令的远程传输。如图 5-11 所示是该系统的结构示意图[12]。在这一系统中,船载监测诊断子系统的主要功能是现场级实时监测与诊断,以保证船舶动力系统的正常运行。实验室诊断子系统是针对船载监测诊断子系统发出的需求,利用实验室的分析设备对船舶动力系统潜在的故障进行深入分析,达到识别和预测的目的。维修决策支持子系统是船舶使用单位的机务管理部门依据监测、诊断结果和生产安排以及维修准备等情况,进行维修工程决策。

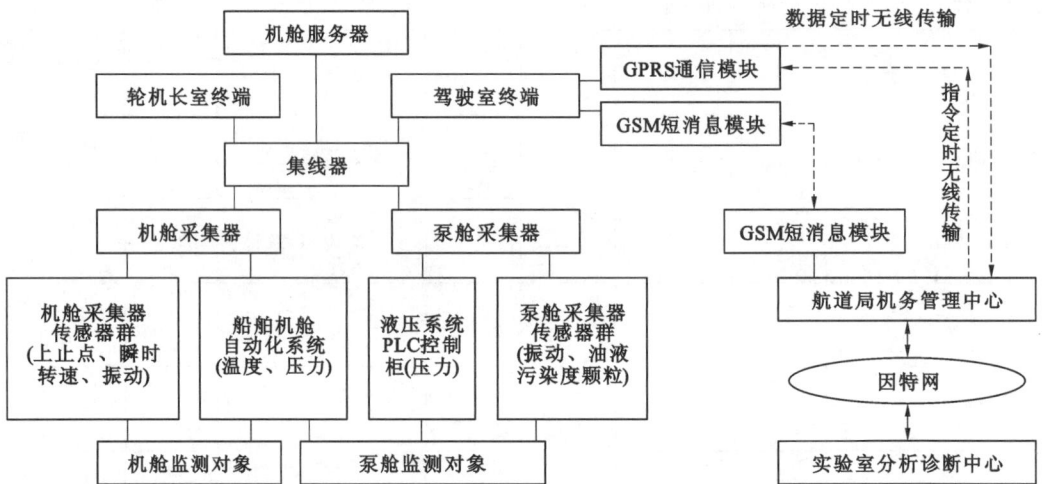

图 5-11 挖泥船机械设备远程监测与诊断系统的结构示意图

a. 船载监测子系统

采用振动监测、瞬时转速监测、常规热力参数监测和油液监测等方法对主机、辅机及泥泵柴油机、齿轮箱和液压系统的运行状态进行实时监测与诊断,该系统的主要硬件设备有机舱采集器、轮机长室终端和驾驶室终端,通过网络交换机由 Ethernet 相连组成局域网络。在驾驶室终端安装有远程通信模块,监测诊断的参数可以手动或定时自动地通过远程通信发送到岸上的机务中心。

船载监测子系统主要具备以下功能:

数据显示:系统能在各种不同监测设备界面下切换,能实时正确地显示各种监测参数;

数据存储:对获得的传感器测量值按设定周期定期存储,同时对所有异常值进行存储,为故障诊断提供参考;

参数修改:在密码保护下,高级轮机管理人员能对所有监测参数的判据标准进行修改;

故障列表与显示:给出故障的数值描述(如偏大或偏小),并给出历史故障信息和趋势图的显示,可切换;

报警显示:给出各个传感器的布置图,若柴油机的热力参数所测值出现超出设定阈值时,能在布置图上突出显示出来,系统能报警,并自动保存故障数据;

故障添加:能向数据库中添加船上发生的故障,添加的信息能自动传送到机务中心;

结果查询:能对柴油机热力参数数据、振动数据、液压数据进行查询;

辅助诊断功能:对于简易故障可直接判断,并给出对应处理意见,即对应急故障能做出恰当的诊断决策。

船载监测子系统功能数据处理流程图如图 5-12 所示。

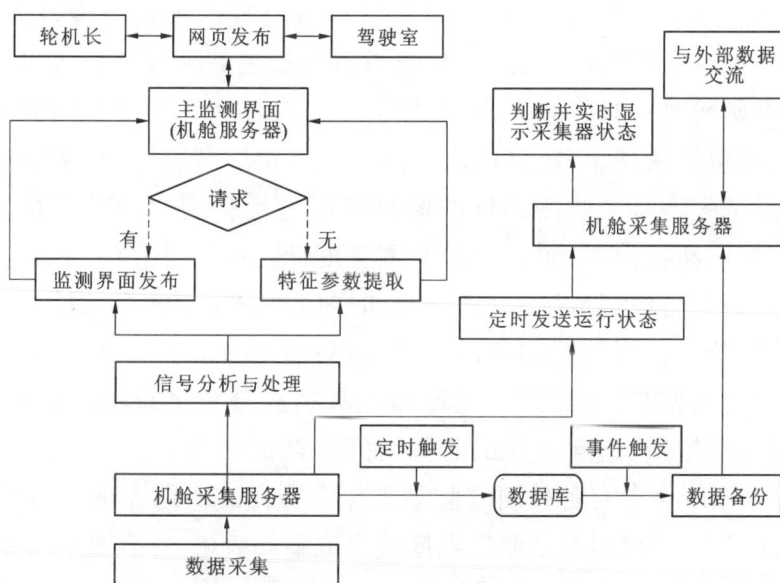

图 5-12　船载监测子系统功能数据处理流程图

b. 分析诊断中心子系统

分析诊断中心子系统对挖泥船提供的油样进行分析和故障诊断,并基于 Internet 网络提供远程数据传输服务。利用信息融合的方法将多种分析方法的结果进行综合,提高故障诊断的可靠性。

针对挖泥船所采用的监测方式分为在线与离线监测,在线监测通过在线传感器直接采集信号,并在现场直接对信号进行分析和处理。但对现场的监测信息分析发现异常情况后,需要采集油样到实验室分析中心进行油液检测并分析相应机械设备的运转状况,并将检测分析结果通过有线及无线网络及时送到航道局机务管理中心和在役船舶上。分析诊断中心子系统根据监测对象的机构特征与监测目标,选用不同的监测方法,以最经济的形式达到最佳的监测效果。

分析诊断中心子系统的功能主要包括以下方面:

可通过人机对话方式对原始试验数据、知识信息及监测对象信息进行输入和管理,然后采用单一分析方法及综合方法对试验数据进行基本分析和特征提取;根据基本分析和特征提取的结果,系统地对监测对象进行摩擦学故障诊断,在此基础上,可以对所监测的内燃机的工况进行分析,并在积累了较多数据的基础上,预测其工作寿命;可以将分析结果、原因和趋势分析图传输给船上机务人员,系统还要能基于 Internet 提供方便的远程查询功能、咨询功能;能将油液分析诊断管理机构设置、仪器配置情况、主要监测机型、油液分析方法以文字和网络图的形式存储在系统内,需要时可以查询并能打印输出;能够对所监测的设备以设备编号和部件编号为主索引将设备性能、技术参数等重要数据进行管理,将每一设备的所有监测部件上的摩擦副从数量、类型参数、材料、表面处理情况等进行管理并能与相对应的设备情况一起关联查询;能够对铁谱分析过程中磨粒摄影照片的有关信息进行管理,包括油样来源、日期、谱片位置、光源配置、放大倍数、视场描述等;能够对每台设备中的每一监测部件的取样情况进行管理,并调用“技术支持中心分析结果库”的诊断报告,为制订设备监测年度计划提供可靠的数据;能够对每一监测部件所取油样的检测情况进行管理,油样信息包括 PQ 指数检测数据和分析结果、光谱油料分析检测数据和分析结果、油品理化分析检测数据和分析结果、红外光谱分析检测数据和分析结果、铁谱检测数据和分析结果;能够对上述所有数据进行管理,包括增加、删除、修改、备份、打印、查找等操作。

另外,该子系统中存有各种油液监测工作中所需的实用表格,用户根据本企业的实际情况选用,也可根据本企业特点修改生成新的表格,所有表格可打印输出。

分析诊断中心子系统的功能模块如图 5-13 所示。

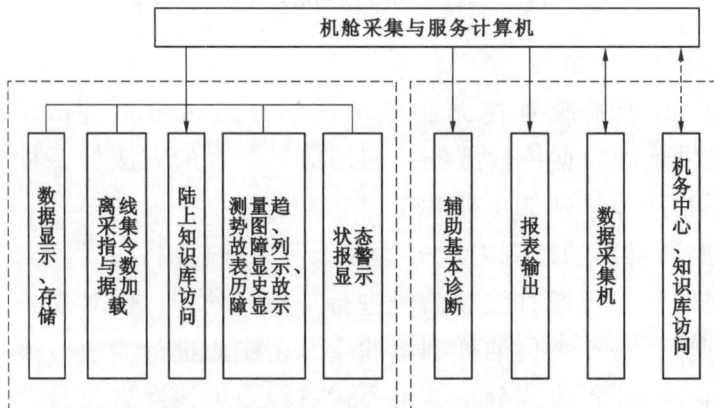

图 5-13　分析诊断中心子系统的功能模块图

c. 维修决策支持子系统

维修决策支持子系统主要功能是进行维修管理与决策,为机务部门对船舶设备进行科学管理提供有效的途径,接收船载监测子系统和分析诊断中心子系统的数据,进行维修决策并生成指导性的维修计划。该子系统能够对设备的静态信息和动态信息进行管理,并依照设备的动态信息对设备进行维修决策、维修计划与控制。它由五个功能模块构成:基本资料管理模块、运行管理模块、维修决策模块、维修计划模块、维修执行记录模块,这五个功能模块的基本功能如下:

基本资料管理模块:主要完成对船舶静态信息的管理,包括船舶资料、船舶主要设备资料以及设备卡和工作卡资料的管理,功能包括船舶、设备、人员信息的输入、编辑、查询及输出。

运行管理模块:主要完成对船舶主要设备的日常管理,包括监测数据的管理、设备运行台时管理、检测参数与决策标准管理。运行管理模块功能包括:设备检测数据、运行情况、检测标准的输入、编辑、查询及输出。

维修决策模块:主要完成对船舶主要设备的维修决策,包括方式决策、维修周期决策。决策的依据是设备的静态资料和动态检测数据,包括对设备的维修方式进行决策,并根据设备的实际运行情况安排维修。

维修计划模块:主要完成对设备维修计划的安排。它根据设备卡和维修决策的结果,依照船检规范来安排设备维修计划。

维修执行记录模块:主要完成对维修实施情况的管理。它对已经完成的维修计划的设备维修情况进行记录,同时,确定下一轮维修周期的开始时间。

（4）远洋救助船可监测系统应用实例

远洋救助船主要负责我国海域内所有船舶、海上装备设施与遇险的所有装备或其他方面造成的人员生命的救助和救火消防等工作;担负着海上装备设施与船舶的财产安全和救助、沉入海底船舶及其他物品的打捞等工作;提供海上或水下工程的服务;承担国家的一些特殊任务;负责海上救助与打捞工作的组织、协调和领导工作任务的完成等。以 8000 kW 的南海救 116 为例,整个系统共选取了 92 个热力参数监测点、13 个油液监测点、4 个瞬时转速监测点和 4 个振动监测点。基于故障树分析和层次分析理论监测点优化布置方法,其主要监测对象的监测点方案见表 5-4[13]。

表 5-4 远洋救助船舶动力机械系统可监测性设计监测点

监测对象	监测点名称	监测对象	监测点名称	监测方法
左主机	膨胀水箱报警	右主机	膨胀水箱报警	热力参数监测
	左主机滑油进机压力		右主机滑油进机压力	
	左主机滑油进机温度		右主机滑油进机温度	
	左主机滑油滤器压差		右主机滑油滤器压差	
	左主机燃油进机压力		右主机燃油进机压力	
	左主机燃油进机温度		右主机燃油进机温度	
	左主机高温水进机压力		右主机高温水进机压力	
	左主机高温水出机温度		右主机高温水出机温度	
	左主机低温水进机压力		右主机低温水进机压力	
	左主机低温水进机温度		右主机低温水进机温度	
	左主机 1 号汽缸排气温度		右主机 1 号汽缸排气温度	
	左主机 2 号汽缸排气温度		右主机 2 号汽缸排气温度	
	左主机 3 号汽缸排气温度		右主机 3 号汽缸排气温度	
	左主机 4 号汽缸排气温度		右主机 4 号汽缸排气温度	
	左主机 5 号汽缸排气温度		右主机 5 号汽缸排气温度	
	左主机 6 号汽缸排气温度		右主机 6 号汽缸排气温度	
	左主机 7 号汽缸排气温度		右主机 7 号汽缸排气温度	
	左主机 8 号汽缸排气温度		右主机 8 号汽缸排气温度	
	左主机 9 号汽缸排气温度		右主机 9 号汽缸排气温度	
	左主机增压空气进机压力		右主机增压空气进机压力	
	左主机增压空气进机温度		右主机增压空气进机温度	
	左主机增压器转速		右主机增压器转速	
	左主机油门刻度		右主机油门刻度	
	左主机螺旋桨转速		右主机螺旋桨转速	
	左主机螺旋桨螺距		右主机螺旋桨螺距	
左主机	左主机油液可视铁谱监测点	右主机	右主机油液可视铁谱监测点	油液监测
	左主机油液黏度监测点		右主机油液黏度监测点	
	左主机油液水分监测点		右主机油液水分监测点	
	左主机瞬时转速监测点		右主机瞬时转速监测点	瞬时转速监测

监测对象	监测点名称	监测对象	监测点名称	监测方法
左柴油发电机	左柴发缸套水进机压力	右柴油发电机	右柴发缸套水进机压力	热力参数监测
	左柴发缸套水出口温度		右柴发缸套水出口温度	
	左柴发启动空气压力		右柴发启动空气压力	
	左发电机增压空气压力		右发电机增压空气压力	
	左柴发增压空气进机温度		右柴发增压空气进机温度	
	左柴发滑油进机压力		右柴发滑油进机压力	
	左柴发滑油进机温度		右柴发滑油进机温度	
	左柴发滑油滤器压差		右柴发滑油滤器压差	
	左柴发燃油进机压力		右柴发燃油进机压力	
	左柴发燃油滤器压差		右柴发燃油滤器压差	
	左柴发 1 缸排气温度		右柴发 1 缸排气温度	
	左柴发 2 缸排气温度		右柴发 2 缸排气温度	
	左柴发 3 缸排气温度		右柴发 3 缸排气温度	
	左柴发 4 缸排气温度		右柴发 4 缸排气温度	
	左柴发 5 缸排气温度		右柴发 5 缸排气温度	
	左柴发 6 缸排气温度		右柴发 6 缸排气温度	
	左柴发 7 缸排气温度		右柴发 7 缸排气温度	
	左柴发 8 缸排气温度		右柴发 8 缸排气温度	
	左柴发左侧排气温度		右柴发左侧排气温度	
	左柴发右侧排气温度		右柴发右侧排气温度	
	左发电机冷却水箱水位报警		右发电机冷却水箱水位报警	
	左柴发油液可视铁谱监测点		右柴发油液可视铁谱监测点	油液监测
	左柴发油液黏度监测点		右柴发油液黏度监测点	
	左柴发油液水分监测点		右柴发油液水分监测点	
	左柴发瞬时转速监测点		右柴发瞬时转速监测点	瞬时转速监测
齿轮箱液压系统	振动监测点(4)			振动监测
	在线颗粒监测点(3)			油液监测

在本系统可监测性设计实施过程中,采用基于协同理论的可监测性设计综合优化方法和开发的基于分布式系统的通信协同软件系统。经过工程化验证,该方法和基于分布式系统的通信协同软件系统应用效果良好,保障了可监测性设计工作工程化实施过程中的规范化,提高了可监测性设计水平,保障了系统正常的设计周期。设计完工后部分监测点实际位置如图 5-14 所示。

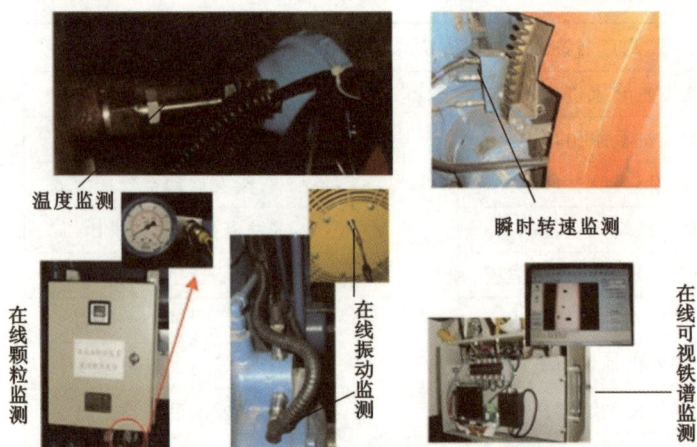

温度监测

瞬时转速监测

在线颗粒监测

在线振动监测

在线可视铁谱监测

图 5-14   部分监测点设计安装完成图

本着节能、高效、安全和可靠的原则,建立基于多种监测方法和模块化的故障诊断技术体系,船载动力机械系统状态监测与故障诊断系统硬件构成如图 5-15 所示。数据采集器从安装在机舱可监测对象上的传感器和机舱巡回检测系统中采集数据,所有采集到的数据经局域网把数据传送至状态监测与故障诊断综合柜进行处理后显示出来,并对被监测系统运行状态做出判断。

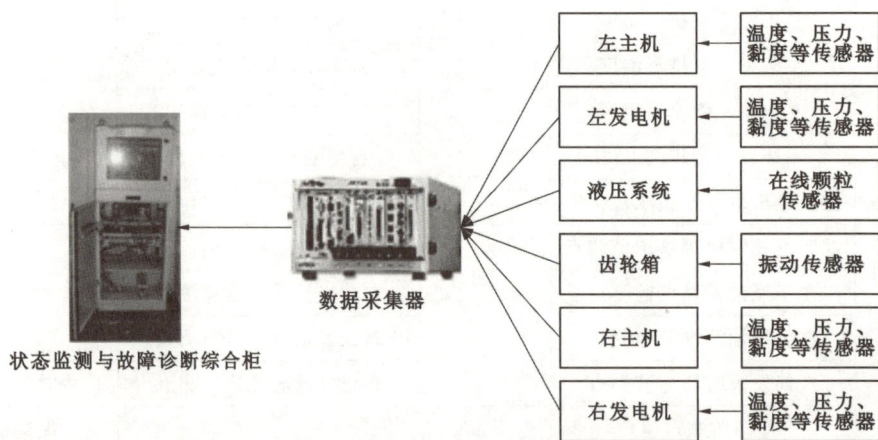

状态监测与故障诊断综合柜

数据采集器

左主机	温度、压力、黏度等传感器
左发电机	温度、压力、黏度等传感器
液压系统	在线颗粒传感器
齿轮箱	振动传感器
右主机	温度、压力、黏度等传感器
右发电机	温度、压力、黏度等传感器

图 5-15   状态监测与故障诊断系统结构图

基于可监测性设计理论构建的状态监测与故障诊断系统要完成对传感器数据信息的采集、采集数据信息的分析、采集数据信息的存储和传输、采集数据信息的管理、船舶动力机械系统的故障诊断、采集数据信息的显示以及故障诊断结果的显示等工作。根据上面所列的需求,该系统在设计时要具备如图 5-16 所示的功能模块,才能保证系统设计的任务。

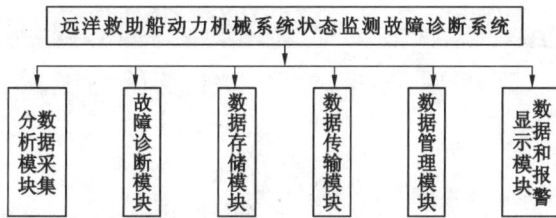

图 5-16　远洋救助船动力机械系统状态监测故障诊断系统功能模块

本系统采用 VC 和 LABVIEW 为开发工具,数据库选用 SQL2000。开发的软件系统各功能模块的功能介绍如下:

① 监测传感器数据信号采集、处理、分析模块

该功能模块负责远洋救助船各监测传感器信号数据的采集、信号数据的处理与分析。第一步要对采集的监测参数的采集方式、采样频率、采样长度和监测的标定进行设置;第二步就开始各传感器数据的采集,当发生错误,模块会提示错误;第三步对采集到的数据进行处理分析,即对采集到的原始信号数据做各种转变,提取反应系统状态的特征值;第四步将结果发给故障诊断模块进行故障的诊断,并把数据存储到数据库和传输到显示端进行显示。

② 系统故障诊断模块

该功能模块利用监测传感器数据信号采集、处理、分析模块发来的提取特征值与设定的标准值(即判据)做比较后对远洋救助船动力机械系统的状态和故障做出初步判断。如果数据超出标准值范围,就会发送信息给报警显示模块,提示系统存在故障。同时数据存储模块会根据结果进行相应的操作,如果发生故障就会对发生故障的前后数据进行存储。

③ 监测系统数据存储模块

该功能模块负责将监测传感器采集到的原始数据、模块一分析所得的特征值数据以及模块二判断得出故障前后的数据存储起来。

④ 采集数据及报警信息显示模块

该功能模块主要对采集到的数据及分析得到的故障结果进行显示,使远洋救助船上的轮机人员更加直观地看到数据显示的结果。其结果用波形趋势图和声音或警告信号灯报警的形式来显示。

⑤ 系统数据管理模块

该功能模块主要实现远洋救助船状态监测故障诊断系统所有数据的操作、管理与维护,包括对数据库的操作、管理和维护。其中对监测数据的操作包括对数据与判断出来的故障的查询、系统中判据及相关参数的修改。

该系统设计完成后其系统主界面如图 5-17 所示,典型监测设备功能界面如图 5-18 所示。

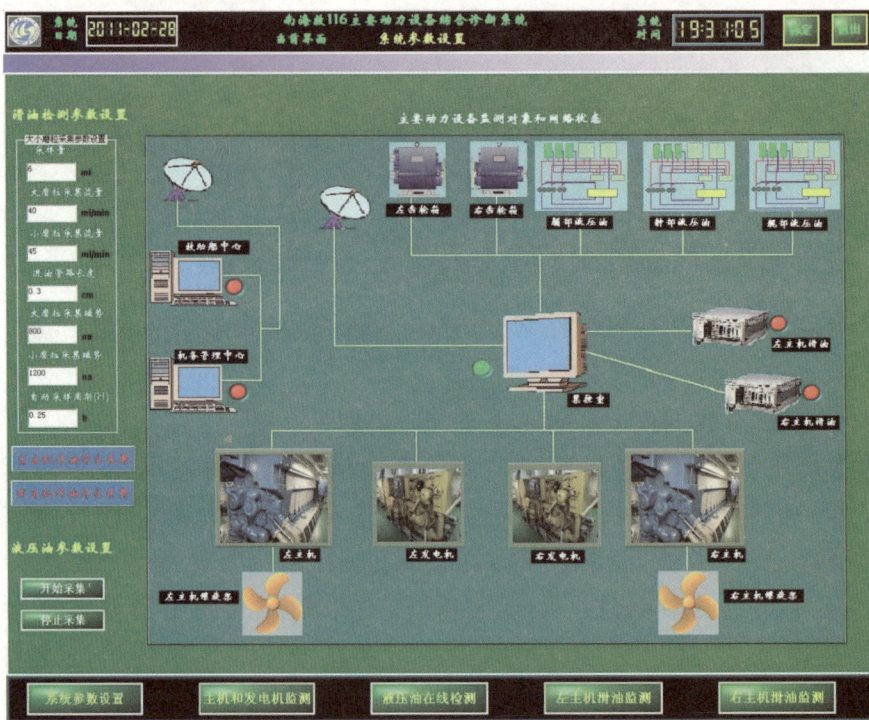

图 5-17　南海救 116 综合诊断系统主界面

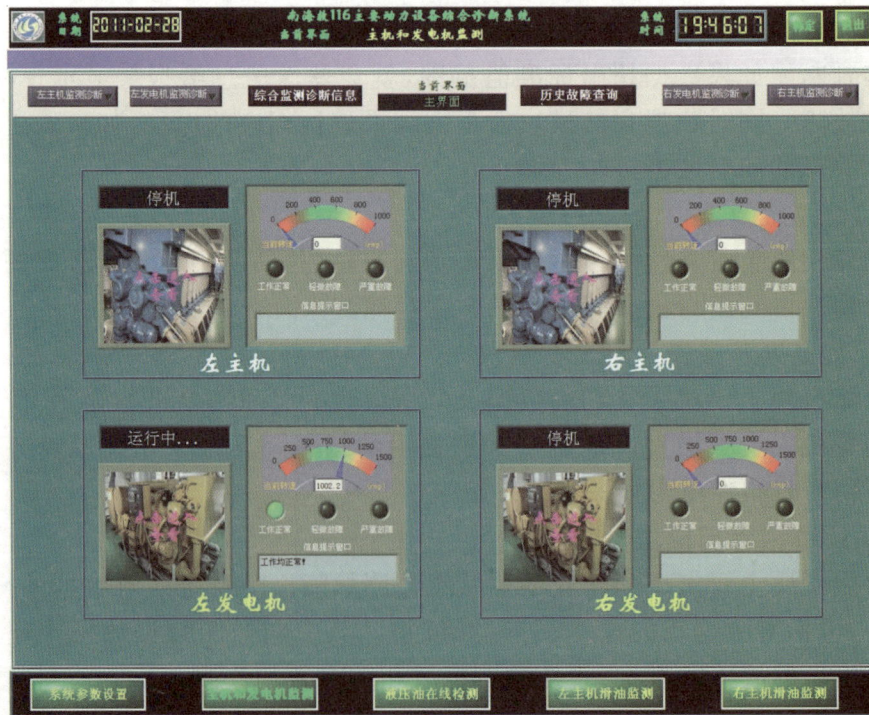

图 5-18　南海救 116 主机发电机监测功能界面

该状态监测故障诊断系统在交通部远洋救助船设计制造过程中进行了同步的应用、设计安装和运行,效果良好、性能稳定,基于可监测性设计理论构建的船舶动力机械状态监测故障诊断系统的运行结果均达到或超过了可监测性设计的设计指标。

5.3 基于可监测设计的船舶动力机械数字诊断技术

5.3.1 船舶动力机械数字诊断与可监测设计的关系

船舶动力机械系统的可监测性设计使得机械系统具备了"自我感知能力",就像人一样会说话了,这将对长期以来机械系统设计、状态监测、故障诊断和维修各自为政、互不干涉的现行维修保障模式产生积极的影响。船舶动力机械的可监测系统是进行数字化诊断的基础,它所采集和管理的数据为船舶动力机械的数字化诊断提供了依据。闭环式现代数字化综合保障系统涉及可监测性设计、状态监测、数字诊断、数字维修四个环节,如图 5-19 所示。

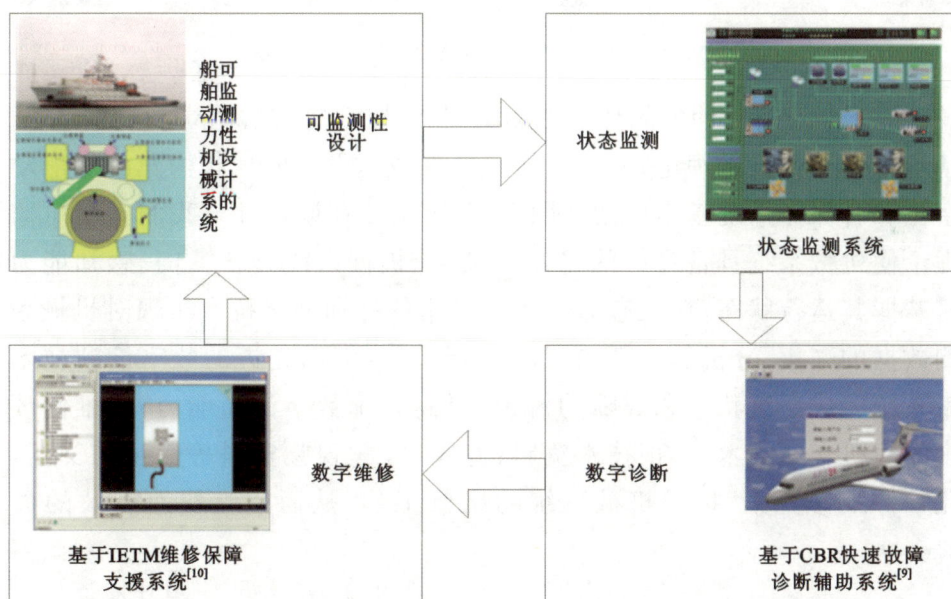

图 5-19 闭环式现代数字化综合保障系统简图

(1) 船舶动力机械系统状态监测与故障诊断系统

船舶动力机械系统状态监测与故障诊断系统的设计是可监测性设计工作中的重要一环,其系统设计的合理性直接影响系统监测的效果。以建立基于多种监测方法和模块化的故障诊断技术体系,本着节能、高效、安全和可靠的原则,船舶动力机械数字状态监测与故障诊断系统结构如图 5-20 所示。可监测性设计环节完成各型传感器的安装与布线,实现数字状态监测硬件的设计,数据采集环节由采集器完成数据的采集与预处理,数字诊断环节完成各类数据的分析与决策,最终形成设备的维护维修方案。

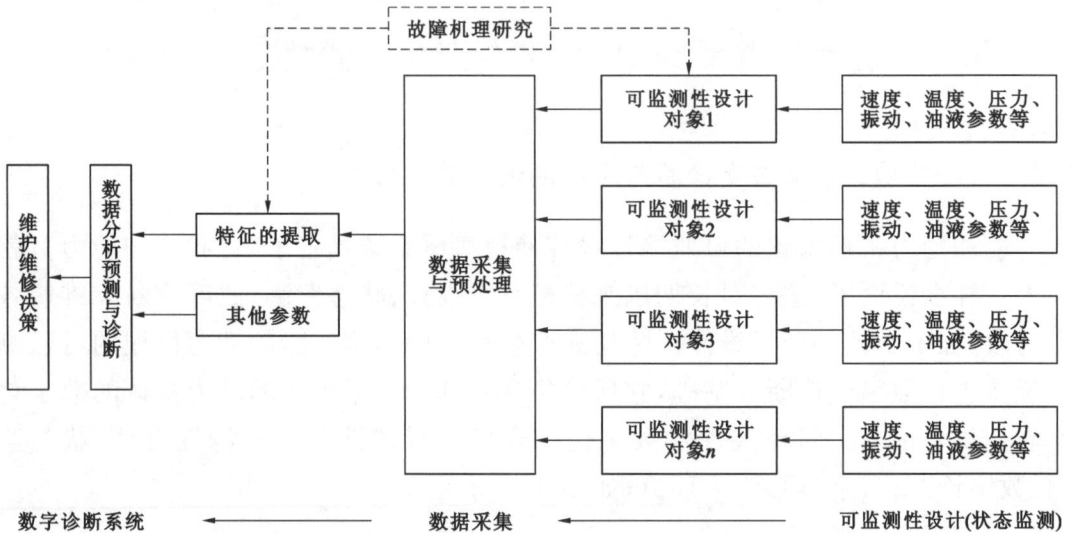

图 5-20　数字状态监测与故障诊断系统结构图

（2）基于全寿命周期的闭环船舶动力机械状态监测故障诊断系统

基于可监测性设计理论,考虑当前软硬件技术发展的现状构建的船舶动力机械数字化综合保障系统基本框架如图 5-21 所示。在设计环节我们基于可监测性设计理论使机械系统具备良好的可监测性,让机械系统具备"自我感知能力",可以实时掌握其运行状态;在状态监测环节采用软件和网络技术实现对机械系统状态监测数据的采集、分析与处理;在故障诊断环节借助先进的数字诊断技术和专家诊断系统完成系统状态和故障的辨识,提高系统数字诊断能力;在维修环节利用先进的人机交互技术,实现技术资料、专家、音频视频资料等信息的交互,形成数字化维护维修方案,指导机械系统的维修工作,从而建立快速有效的数字化维修。

5.3.2　船舶动力机械的数字化诊断技术

在可监测系统完成船舶动力机械运行数据的采集与管理后,数字诊断技术以此为基础实现对船舶动力机械故障的辨识,主要包括特征提取及状态辨识。所谓特征提取（Feature Extraction）就是采用数据驱动方法,将大量的高维数据空间投影降维到低维空间,从而找出隐藏在高维观测数据中有意义的低维结构[14],揭示

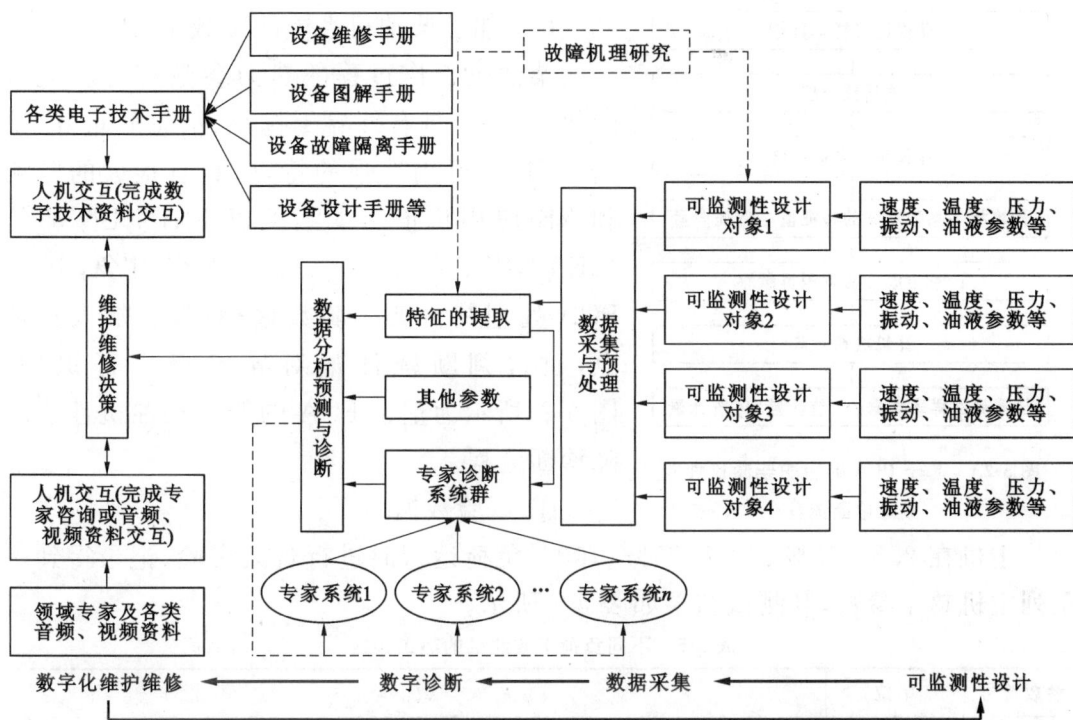

图 5-21　基于可监测性设计的数字化综合保障系统基本框架

高维空间变量之间的内在规律。根据多变量间呈现的特征不同,可分为线性特征提取和非线性特征提取,图 5-22 所示为多变量系统特征提取方法分类。用于故障诊断的分类算法主要包括:人工神经网络、支持向量机、KNN 分类、流形算法、模糊逻辑、贝叶斯网络、专家系统以及证据推理等。

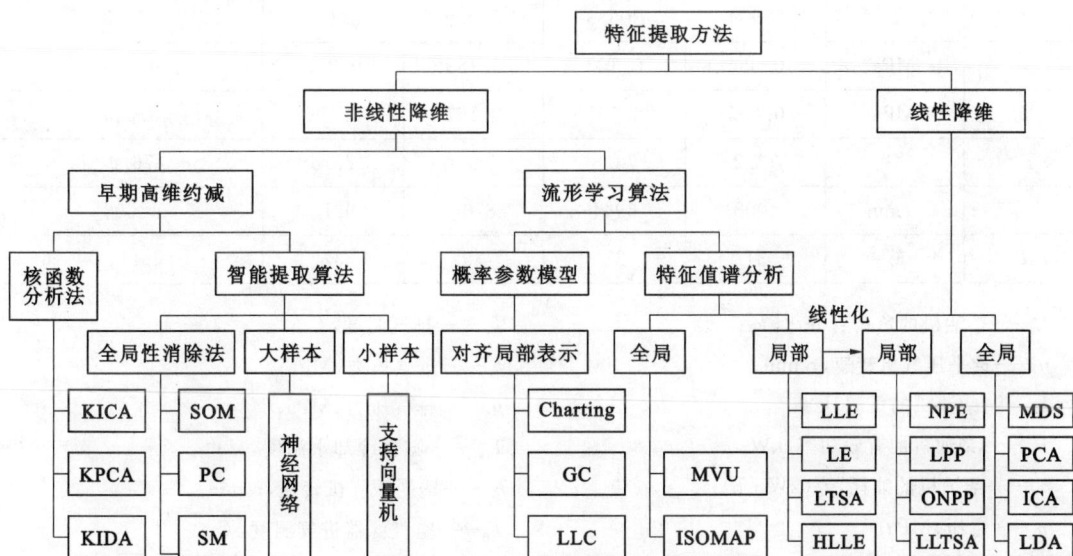

图 5-22　多变量系统特征提取方法

获得训练样本数据

↓

数据预处理

↓

计算相关系数矩阵

↓

计算相关系数矩阵的特征值与特征向量

↓

计算主成分的累积贡献率

↓

计算载荷矩阵

↓

计算测试样本数据的T^2统计量和Q统计量

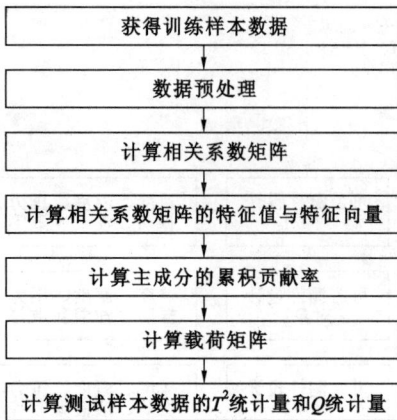

图 5-23 基于 PCA 的船舶柴油机性能故障诊断流程

（1）船舶柴油机性能故障数字诊断

柴油机工作过程的热力参数蕴含着大量的故障信息,具有外界干扰小、信息质量好、诊断范围广、可用性强的特点,具有很大的监测和诊断应用价值。本案例以 MAN B&W 的 12K98ME-C 智能柴油机为研究对象,运用 PCA 处理其台架实验数据,对数据加入异常点,通过判断统计量对异常点进行识别。图 5-23 所示为基于 PCA 的船舶柴油机性能故障诊断流程。

① 试验数据

主机在 25%、50%、75%、85%、100% 负荷运行时进行台架实验,记录得到一系列主机热工参数,其测试结果如表 5-5 所示。

表 5-5 不同负荷下柴油机的热工参数

参数符号	单位	数值				
L	%	25	50	75	85	100
n	r/min	62.5	82.5	94.5	98.5	104
L_e	kN	2496	3962	5191	5643	6289
P_e	kW	17360.18	34720.36	52080.54	59023.12	69440.72
b_e	g/(kW·h)	137.81	132.86	129.64	129.59	133.35
p	MPa	6670	9130	12130	13370	14010
T_e	℃	285.4	305.3	320.9	331.8	370.5
p_i	MPa	0.034	0.103	0.188	0.220	0.268
p_e	MPa	0.025	0.087	0.167	0.196	0.245
T_{cw}	℃	72.2	73.8	75.3	75.8	76.9
n_t	r/min	4003	6944	8706	9213	10000
T_i	℃	31	28	35	37	44

L——柴油机的负荷百分比,%;

n——透平压气机转速,r/min;

L_e——柴油机的负载,kN;

P_e——柴油机的有效功率,kW;

b_e——柴油机的油耗,g/(kW·h);

p——爆压,MPa;

T_e——排气温度,℃;

p_i——进气压力,MPa;

p_e——排气压力,MPa;

T_{cw}——缸套冷却水温度,℃;

n_t——透平压气机转速,r/min;

T_i——空气滤器进气温度,℃。

② 主元模型建立

为了使主元模型能够更加真实地反映出系统的所有特征,可以任意选取一组合适的样本进行建模,同时训练样本数据质量的好坏直接决定了主元模型的精确程度。由于样本数据在实际的测得中必定会受到噪声的干扰,PCA 本身对噪声有一定的处理能力,但噪声过大仍会破坏各变量之间的相关性,影响主元模型之间的精度。因此,必须对样本数据进行降噪处理才能确保主元模型的精确度。本案例特选定 25% 负荷工况下的热工参数作为样本参数。

A. PCA 的步骤

a. 原始数据的标准化

设有 m 个样本数据,n 个指标变量,则可以构成一个 $m \times n$ 的矩阵。

$$\boldsymbol{A} = \begin{Bmatrix} a_{11} & a_{12} & \cdots & a_{1n} \\ a_{21} & a_{22} & \cdots & a_{2n} \\ \vdots & \vdots & \vdots & \vdots \\ a_{m1} & a_{m2} & \cdots & a_{mn} \end{Bmatrix} \tag{5-1}$$

令:

$$\overline{a_j} - \frac{1}{m} \sum_{i=1}^{m} a_{i,j} \tag{5-2}$$

则样本标准差为:

$$v_j - \frac{1}{m-1} \sum_{i=1}^{m} (a_{i,j} - \overline{a_j}) \quad (j = 1, 2, \cdots, n) \tag{5-3}$$

b. 求相关系数矩阵

对样本数据进行标准化处理和相关分析,得到标准化样本矩阵。

$$y_{i,j} = \frac{a_{i,j} - a_j}{\sqrt{v_j}} \tag{5-4}$$

$$r_{k,j} = \frac{1}{m-1} \sum_{i=1}^{m} (y_{i,k}, y_{i,j}) \quad (i = 1, 2, \cdots, m; j = 1, 2, \cdots, n; k = 1, 2, \cdots, n) \tag{5-5}$$

c. 求相关矩阵 $\boldsymbol{R}$ 的特征根和特征向量,确定主成分

由特征方程 $|R - \lambda_i| = 0$,可以求得 $\boldsymbol{R}$ 的各个特征根 λ_i,将各个特征根进行大小比较,$\lambda_1 \geqslant \lambda_2 \geqslant \lambda_3 \cdots \geqslant \lambda_i \geqslant 0$,特征值的大小决定了评价事故指标的大小。由特征方程式可知,每一个特征根对应一个特征向量。

d. 计算主成分的累计贡献率,并确定主成分的个数

通常来讲,主成分个数与原始样本数据中的指标个数相等。当样本数据中指标变量的个数较多时,进行综合评价就非常复杂。

累计贡献率的公式为：

$$\frac{\sum\limits_{j=1}^{j} \lambda_j}{\sum\limits_{i=1}^{n} \lambda_i} \geqslant 85\% \tag{5-6}$$

当主成分的累计贡献率大于或等于 85% 时，选取前 j 个主成分可以代替原来 i 个主成分。由于前 j 个主成分与后面的数据间有很强的线性关系，能很好地代替样本总体的数据特征，可以起到降维的作用，同时也能够降低工作量。

e. 对 j 个主成分进行综合评价

首先求出每一个主成分的线性加权 $\dfrac{\lambda_j}{\sum\limits_{i=1}^{n} \lambda_i}$，然后对 j 个主成分进行加权求和，

即得综合评价值 $F = \sum\limits_{j=1}^{j} \left[\dfrac{\lambda_j}{\sum\limits_{i=1}^{n} \lambda_i} \right] F_j$。

B. 数据预处理

本案例样本数据的降噪是采取滑动平均值法。该方法首先定义一个移动窗口，其长度为 k。设 $x(i)$ 为第 i 时刻变量的测量值，用 i 到 $i+k$ 时刻的移动窗口内的样本平均值来代替 $x(i)$ 的观测值，从而达到消除测量噪声的目的。其降噪的过程可以用下式来描述：

$$x(i) = \sum_{j=i}^{i+k} \frac{x(j)}{k} \tag{5-7}$$

为了研究各热力参数与性能故障的内在联系，对多组热力参数样本矩阵 $\boldsymbol{R}$ 进行了主成分分析，每组样本包含 12 个参数。

$$\boldsymbol{R} = \begin{bmatrix} a_{11} & a_{12} & \cdots & a_{1n} \\ a_{21} & a_{22} & \cdots & a_{2n} \\ \vdots & \vdots & \vdots & \vdots \\ a_{m1} & a_{m2} & \cdots & a_{mn} \end{bmatrix} \quad (m \text{ 为样本点个数}, n = 12) \tag{5-8}$$

对样本数据进行标准化处理和相关分析，得到标准化样本矩阵。

C. 计算相关系数矩阵

带噪声的相关系数矩阵 $\boldsymbol{R}$ 为：

$$\begin{bmatrix}
1 \\
0.062333 & 1 \\
0.024954 & -0.0039 & 1 \\
-0.0259 & 0.001303 & -0.02908 & 1 \\
0.020853 & 0.014075 & 0.013985 & -0.0003 & 1 \\
-0.0492 & 0.011026 & 0.017597 & -0.06174 & -0.03413 & 1 \\
-0.03372 & -0.04824 & 0.001696 & 0.058906 & 0.023854 & -0.00567 & 1 \\
-0.01265 & -0.04254 & -0.03363 & -0.00717 & 0.02145 & -0.04579 & -0.02029 & 1 \\
-0.03859 & -0.0594 & 0.042678 & 0.03186 & 0.009018 & 0.035647 & -0.02408 & 0.050595 & 1 \\
0.044625 & -0.00727 & 0.01362 & 0.03111 & -0.04554 & -0.02276 & -0.03157 & 0.018418 & 0.033951 & 1 \\
-0.02066 & 0.008456 & 0.007689 & 0.00921 & 0.019956 & -0.03782 & -0.03296 & -0.0131 & 0.034659 & -0.01766 & 1 \\
-0.00797 & 0.045931 & -0.05988 & 0.04193 & 0.048056 & -0.03939 & -0.02372 & -0.01637 & -0.01473 & 0.055873 & 0.032926 & 1
\end{bmatrix}$$

降噪之后的相关系数矩阵 R' 为：

$$\begin{bmatrix}
1 \\
0.998694 & 1 \\
0.998589 & 0.999579 & 1 \\
0.998796 & 0.99964 & 0.999761 & 1 \\
0.998917 & 0.999573 & 0.999635 & 0.999776 & 1 \\
0.998408 & 0.999603 & 0.999629 & 0.999771 & 0.999615 & 1 \\
0.998773 & 0.999673 & 0.999736 & 0.999794 & 0.999704 & 0.9996 & 1 \\
0.998894 & 0.999103 & 0.999263 & 0.999427 & 0.9993 & 0.999188 & 0.99944 & 1 \\
0.998284 & 0.998706 & 0.999251 & 0.998999 & 0.999243 & 0.998924 & 0.999033 & 0.998717 & 1 \\
0.998876 & 0.999489 & 0.999071 & 0.999728 & 0.999684 & 0.99944 & 0.999662 & 0.999411 & 0.999054 & 1 \\
0.998554 & 0.999627 & 0.99979 & 0.999774 & 0.999708 & 0.999687 & 0.999755 & 0.999174 & 0.999255 & 0.999749 & 1 \\
0.997898 & 0.998945 & 0.99925 & 0.99927 & 0.999113 & 0.998919 & 0.999248 & 0.998936 & 0.998525 & 0.999302 & 0.999227 & 1
\end{bmatrix}$$

对比相关系数矩阵 R 与 R' 可以看出，带噪声样本的各个变量之间的相关性非常小，直接将带噪声的样本用于主成分分析，并不能起到明显的降维效果。对样本数据进行降噪之后样本的各个变量之间的相关性明显增强，因此降维效果也非常明显。

D. 特征值与特征向量

上文得到了样本相关系数矩阵，为了进一步分析样本中各个变量之间的关系以及样本的总体特征，需要计算该矩阵对应的特征向量和特征值，以及主成分的累积贡献率。

表 5-6 所示为特征向量与特征值的计算结果，可以看出，降噪前的样本数据计算出的第八主成分的累积贡献率只有 70.87%，并没有达到 85%，数据降维效果不佳。降噪之后的样本数据计算出的第一主成分的贡献率达到了 99.93%，降维效果非常明显。

表 5-6 特征向量与特征值的计算结果

参数名	特征向量								
	降噪前								降噪后
	T_1	T_2	T_3	T_4	T_5	T_6	T_7	T_8	T_1'
L	-0.3575	0.0542	-0.0753	-0.5452	-0.1773	-0.0937	0.0839	-0.411	-0.0075
n	0.2646	0.1779	0.4534	0.0249	0.5218	-0.2337	-0.0249	-0.0103	0.0891
L_e	-0.2631	0.0498	0.1279	0.5368	0.0792	0.2529	-0.0868	-0.6277	-0.0341
P_e	-0.3347	-0.1831	-0.2342	-0.0334	0.5753	0.0101	-0.3607	-0.0595	0.443
b_e	0.2279	-0.3783	-0.2469	-0.0149	0.14655	0.0024	0.5361	-0.4381	0.046
p	-0.3774	-0.4246	0.0727	-0.2331	0.2022	-0.0715	0.2646	0.2691	-0.4027
T_e	0.0184	0.1325	0.551	-0.2921	-0.0536	0.5073	0.2565	-0.0813	-0.3718
p_i	-0.2748	-0.1078	0.4739	0.1614	0.0695	-0.4841	0.2235	-0.0217	0.1615
p_e	0.0895	0.4583	-0.1388	-0.3966	0.4312	0.0466	-0.029	-0.146	-0.0361
T_{cw}	0.2604	-0.4663	0.0928	-0.0229	0.2278	0.4761	-0.077	0.1217	-0.4107
n_t	-0.0849	-0.2987	0.3045	-0.2482	-0.2119	0.0209	-0.5813	-0.1578	0.5437
T_i	-0.5173	0.2454	-0.0509	0.1661	0.0791	0.3827	0.192	0.3178	-0.0204
特征值	1.1727	1.1499	1.1139	1.0654	1.0543	1.0057	0.9997	0.9385	11.992
贡献率	9.77%	9.62%	9.28%	8.88%	8.79%	8.38%	8.33%	7.82%	99.93%
累积贡献率	9.77%	19.39%	28.67%	37.55%	46.34%	54.72%	63.05%	70.87%	99.93%

③ PCA 故障检测

从统计学的角度来讲,要检测数据中是否包含故障信息,可以通过建立统计量进行假设检验,并根据统计量的值是否超过控制限来检测故障。这里引入 T^2 统计量和 Q 统计量作为检测统计量。一般来说,是在主元空间建立 Hotelling T^2 统计量进行假设检验,而在残差空间建立 Q 统计量(也称 SPE 统计量)进行假设检验。

A. 检测统计量

首先定义一个检测样本为 $x(x \in R^{1m})$,然后对其进行标准化,得到标准化后的检测样本为 $\bar{x}$,并计算出检测样本的主元得分值 t、估计值 $\hat{x}$ 以及残差 e。

$$\left. \begin{array}{l} t = \bar{x}P_a \\ \hat{x} = tP_a^T = \bar{x}P_aP_a^T \\ e = \bar{x} - \hat{x} = \bar{x}(I - P_aP_a^T) \end{array} \right\} \tag{5-9}$$

下面给出 Hotelling T^2 统计量和 Q 统计量的定义。

a. Hotelling T^2 统计量

$$T^2 = \overline{x} P_a D_a^{-1} P_a^T \overline{x}^T = t D_a^{-1} t^T \tag{5-10}$$

其中 $D_a = \mathrm{diag}(\lambda_1, \cdots, \lambda_a)$ 为前 a 个主元的特征值矩阵。T^2 统计量服从自由度为 n 和 $n-a$ 的 F 分布(其中 n 是训练样本集合的样本点个数,a 是主元个数)。T^2 统计量的实质是检测样本 x 在主元空间的投影向量的长度。给定一个显著性水平 α,可以得到 T^2 统计量的控制限:

$$T_\alpha^2 = \frac{a(n^2-1)}{n(n-a)} F_\alpha(a, n-a) \tag{5-11}$$

所谓显著性水平是指犯第一类错误(误检)的概率,一般用 α 来表示,而称 $1-\alpha$ 为置信度。通常定义 $\alpha = 0.05$ 时的控制限为警戒控制限(Warning Limit),$\alpha = 0.01$ 时的控制限为动作控制限(Operation Limit)。对于一个新检测样本,在正常情况下,其 T^2 统计量的值应该处于控制限之内,故障情况下会超出控制限。

b. Q 统计量(或平方预报误差 SPE 统计量)

$$Q = ee^T = \overline{x}(I - P_a P_a^T)(I - P_a P_a^T)^T \overline{x}^T = \overline{x} P_{m-a} P_{m-a}^T \overline{x}^T = \overline{x} P_{m-a} (\overline{x} P_{m-a})^T \tag{5-12}$$

当显著性水平为 α 时,Q 统计量控制限可以由下式计算:

$$Q_\alpha^2 = \theta_1 \left[\frac{C_\alpha \sqrt{2\theta_2 h_0^2}}{\theta_1} + 1 + \frac{\theta_2 h_0(h_0-1)}{\theta_1^2} \right]^{\frac{1}{h_0}} \tag{5-13}$$

其中,$\theta_i = \sum\limits_{j=a+1}^{m} \lambda_j^i \, (i=1,2,3)$,$h_0 = 1 - \dfrac{2\theta_1\theta_3}{3\theta_2^2}$,$C_\alpha$ 是正态分布在显著性水平为 α 下的临界值。对于一个新检测样本,在正常情况下,其 Q 统计量的值应该处于控制限之内,故障情况下会超出控制限。

在定义了检测统计量概念的基础上,下面给出主元检测模型的构成。它除了包含主元模型的所有参数外,还包括 T^2 统计量和 Q 统计量的控制限 T_α^2 和 Q_α^2 以及相应的显著性水平 α。需要指出的是主元检测模型的成立需要满足一个前提条件,即各过程变量应该是服从正态分布的。因为只有当这个前提条件成立时,由式(5-11)和式(5-13)给出的控制限 T_α^2 和 Q_α^2 的计算方法才是有效的。

T^2 统计量和 Q 统计量联合使用会产生四种检测结果,分别为:(Ⅰ)T^2 统计量和 Q 统计量都超过控制限;(Ⅱ)T^2 统计量超过控制限,而 Q 统计量未超限;(Ⅲ)Q 统计量超过控制限,而 T^2 统计量未超限;(Ⅳ)T^2 统计量和 Q 统计量都未超限。

对于第Ⅳ种情况,说明没有发生故障。对于前三种情况,一般认为当主元模型所代表的正常情况下变量间的相关性被破坏时,Q 统计量将发生较大变化,对应第Ⅰ、Ⅲ种情况;当系统中发生某种变化但变量间的相关性大致保持不变时,T^2

统计量将发生较大变化,而 Q 统计量将处于控制限内,对应第Ⅱ种情况。

B.降噪处理

对柴油机在正常工作下的热工参数数据进行降噪处理,降噪前与降噪后的情况如图 5-24~图 5-27 所示。

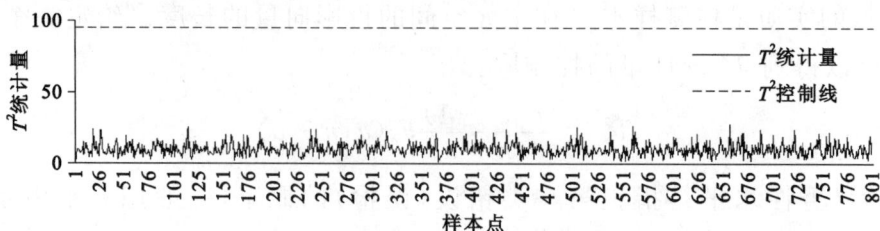

图 5-24　带噪声训练样本的 T^2 统计量

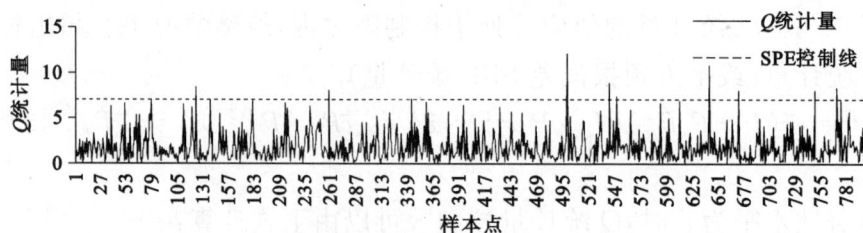

图 5-25　带噪声训练样本的 Q 统计量

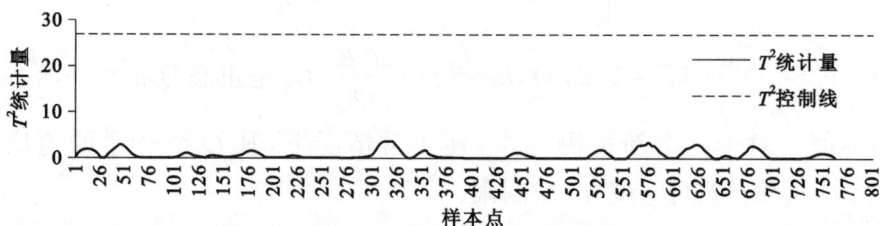

图 5-26　降噪后训练样本的 T^2 统计量

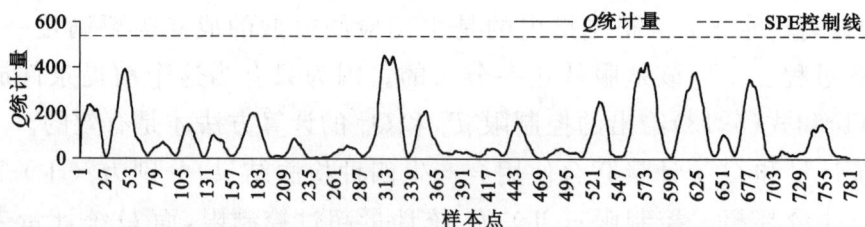

图 5-27　降噪后训练样本的 Q 统计量

从上面四幅图可以看出,训练样本对 T^2 统计量不敏感,T^2 统计量的最大值比其控制限要小很多,所以带噪声与降噪后的样本均没有超过 T^2 统计量控制限。训练样本对 Q 统计量比较敏感,由于带噪声的缘故部分样本的 Q 统计量超过了其控制限,而降噪后的样本均没有超过 Q 统计量控制限,说明降噪可以剔除一部分异常点。

C.故障检测

为测试 PCA 的故障监测能力,这里加入三个异常点,异常现象分别为缸套冷却水高温、汽缸排气温度高和透平压气机转速偏低,具体设置情况如表 5-7 所示。图 5-28、图 5-29 所示分别为测试样本的 T^2 统计量和 Q 统计量。

表 5-7　异常点设置情况表

参数符号	单位	正常值	故障程度	故障值	偏移率	样本点位置
T_{cw}	℃	72.2	1	74	2.49%	100
			2	76	5.26%	130
			3	78	8.03%	160
T_e	℃	285.4	1	290	1.61%	300
			2	294	3.01%	330
			3	298	4.41%	360
n_t	r/min	4003	1	3900	−2.57%	500
			2	3800	−5.07%	530
			3	3700	−7.57%	560

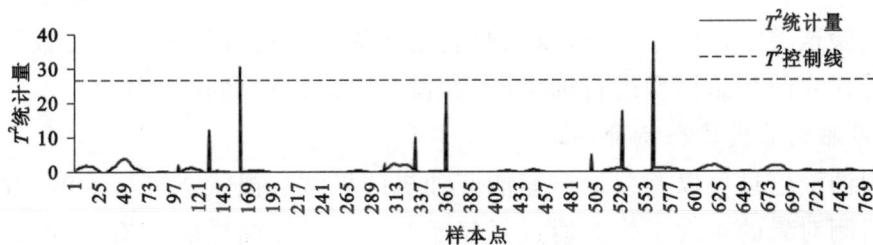

图 5-28　测试样本的 T^2 统计量

图 5-29　测试样本的 Q 统计量

结合图 5-28 和图 5-29 可以看出,对于当前工况,T^2 统计量在参数偏移率较大时(一般超过 7%)才会超过控制限,Q 统计量在参数偏移率较小时(一般超过 2.5%)就会超过控制限。

（2）船舶柴油机磨损故障数字诊断

如前所述，船舶柴油机包含了大量的摩擦学系统，而统计显示船舶柴油机50％的故障是由船舶柴油机零部件的摩擦磨损导致的[15]。利用不断发展的人工智能技术对船舶柴油机的磨损状态进行数字诊断具有重要的意义。目前，基于人工智能的方法如神经网络、模糊逻辑、专家系统等以及基于统计分析的方法如支持向量机等应用广泛[16-19]。摩擦学系统状态辨识包含了数据采集和管理、特征提取以及状态辨识三个阶段。基于可监测性的船舶柴油机在线监测系统为进行船舶柴油机故障的数字诊断提供了信息基础。通过特征提取方法从监测系统所获得的数据中获取最能反映柴油机状态的特征参量是特征提取的主要目的，也是利用人工智能方法进行数字化诊断的基础。目前，故障诊断领域常用的智能方法通常只能对单一类型的信息进行利用，如基于专家系统的方法通常利用该领域的专家的定性经验知识对柴油机的故障诊断判断，这种判断方法具有较高的主观性，并且对于专家的经验知识具有较高的要求，缺乏对柴油机定量运行数据的处理能力。而诸如神经网络等方法利用定量数据建模，具备较强的非线性处理能力，但是该方法需要大量的数据样本对模型进行训练以提高模型的准确性，同时作为一个黑箱模型，模型的输入、输出之间的关系难以解释，当模型给出错误结论时难以发现，缺乏对定性信息的处理能力。因此，本小节利用基于证据推理发展而来的置信规则推理方法对船舶柴油机的磨损程度进行数字化建模。该方法能够利用像专家经验这类定性信息，也可以同时利用柴油机的运行数据和历史数据对依据专家经验建立的初始模型进行训练，提高模型的诊断精度和适用性。

① 船舶柴油机状态特征提取

利用油液信息可以有效地对船舶柴油机的异常磨损状态进行检测，并且不会影响被监测对象的正常工作。通过对船舶柴油机滑油油样的分析，能够获得反映柴油机状态的多个特征参量。但是通过多种分析方式获得的不同特征参量之间可能会存在一定的冗余性和相关性，如果不对这些特征参量进行选择，会导致信息爆炸的产生，降低信息的利用率，尤其是在利用置信规则推理方法进行数字化模型建立时，模型中规则的数量会随着规则前件（即特征参量）的不断增加呈指数增长趋势。为避免特征参量过多导致的规则组合爆炸的产生，在特征提取阶段利用特征分析手段对特征参量之间的冗余性和特征参量与诊断目标之间的相关性进行分析，选取最具信息效用的特征参量用于数字化诊断模型的建立。

基于互信息的特征选择方法能够从众多特征参量中选取最优价值的特征，以香农信息熵为基础，两个特征之间的互信息可以利用式(5-14)进行计算。

$$I(X;Y) = H(X) - H(X \mid Y) = \sum_{x \in X} \sum_{y \in Y} p(xy) \log_r \frac{p(xy)}{p(x)p(y)} \quad (5\text{-}14)$$

其中 $p(x)$ 表示变量 x 的概率分布，$p(y)$ 表示变量 y 的概率分布，$p(xy)$ 表示变量 x 和变量 y 的联合概率分布。

两个特征之间的条件互信息可以利用式(5-15)进行计算。

$$I(X;Y \mid Z) = H(X \mid Z) - H(X \mid YZ)$$

$$= \sum_{z \in \mathbf{Z}} p(z) \sum_{x \in X} \sum_{y \in Y} p(xy \mid z) \log_r \frac{p(xy \mid z)}{p(x \mid z)p(y \mid z)} \tag{5-15}$$

其中，$p(x|z)$ 是变量 x 在条件 z 下的概率分布，$p(y|z)$ 是变量 y 在条件 z 下的概率分布，$p(xy|z)$ 是变量 x、y 在条件 z 下的联合概率分布。

在式(5-14)和式(5-15)中，我们假设可以获得变量 x,y 的概率分布、联合概率分布以及在条件 z 下的概率分布和联合概率分布，但是事实上我们并没有足够的知识获得准确的上述变量的概率分布和联合概率分布。在实际应用中，通过利用具有固定宽度的直方图对离散数据样本进行统计来获得变量 x、y 的概率分布、联合概率分布以及在条件 z 下的概率分布和联合概率分布。因此，变量 x、y 的互信息 $I(X;Y)$ 以及在条件 z 下的条件互信息 $I(X;Y|Z)$ 可以依据公式(5-16)和公式(5-17)进行计算。

$$I(X;Y) \approx \hat{I}(X,Y) = \frac{1}{N} \sum_{i=1}^{N} \log_r \frac{\hat{p}(x^i y^i)}{\hat{p}(x^i)\,\hat{p}(y^i)} \tag{5-16}$$

式中，$\hat{p}(x^i)$ 表示变量 x 在第 i 个区间的概率分布估计，$\hat{p}(y^i)$ 表示变量 y 在第 i 个区间的概率分布估计，$\hat{p}(x^i y^i)$ 表示变量 x、y 在第 i 个区间的联合概率分布估计。N 为变量 x、y 所划分的区间总数。

$$I(X;Y \mid Z) \approx \hat{I}(X;Y \mid Z) = \frac{1}{N} \sum_{i=1}^{N} \log_r \frac{\hat{p}(x^i y^i \mid z^i)}{\hat{p}(x^i \mid z^i)\,\hat{p}(y^i \mid z^i)} \tag{5-17}$$

式中，$\hat{p}(x^i|z^i)$ 表示变量 x 在条件 z 下的第 i 个区间的概率分布估计，$\hat{p}(y^i|z^i)$ 表示变量 y 在条件 z 下的第 i 个区间的概率分布估计，$\hat{p}(x^i y^i|z^i)$ 表示变量 x、y 在条件 z 下的第 i 个区间的联合概率分布估计，N 为变量 x、y 所划分的区间总数。

在特征选择过程中，每一个特征的信息增益反映了该特征与目标之间的相关性和冗余性等级。假设有一特征和目标集 T，可以利用互信息特征选择准则(MIFS)选取最具信息效用的特征。MIFS 通过对不同变量之间的互信息进行线性组合，以获得最佳的"相关-冗余"性为目标对每个特征的信息效用进行计算，如式(5-18)所示。

$$J_{cmi}(X_k) = I(X_k;Y) - \sum_{j \in S} I(X_j;X_k) + \sum_{j \in S} I(X_j;X_k \mid Y) \quad (k = 1,2,\cdots,N)$$

$$\tag{5-18}$$

式中 $T = \{S,Y\}$，S 为特征集 $\{X_1,X_2,\cdots,X_N\}$，Y 是目标集，N 为特征集中所

含的特征个数。从式(5-18)中可以看出,基于互信息的特征选择需要在特征与目标集的相关性 $I(X_k;Y)$、特征与其他特征之间的冗余性 $\sum\limits_{j \in S} I(X_j;X_k)$,以及特征与特征之间的条件冗余性 $\sum\limits_{j \in S} I(X_j;X_k \mid Y)$ 之间寻求一种平衡。

对某一船舶柴油机进行油液监测并且定期采集油液样本,通过对油液进行铁谱分析、光谱分析、油液理化性质分析以及 PQ 分析等可以获得大量的油液特征参数。其中,在对油样进行铁谱分析时,通过对不同部位的磨粒图像进行图像采集,主要是铁谱片上 $A_{\max}$、A_5、A_{40}、A_{30}、A_{20}、A_{10} 处的磨粒图像,然后运用计算机分析,进行了覆盖面积比率(即磨粒面积/图像面积)的数据采集,可以获得 56 mm(大磨粒)、40 mm、30 mm、20 mm、10 mm 以及 5 mm(小磨粒)处的磨粒覆盖面积比率[7]。通过式(5-19)～式(5-23),可以获得表征柴油机零部件磨损严重程度的各项参数,包括:磨损严重度指数(S_s)、总磨损量(WPC)、磨损严重度(I_s)、大磨粒百分数(PLP)以及曲线下面积(AUC)等。此处将 AUC 作为反映磨损严重程度的指标,即作为互信息特征选择的目标集,而将不同尺寸的磨粒覆盖面积比率作为互信息选择的特征集。根据式(5-16)～式(5-18),可以获得各个特征的互信息计算结果,如表 5-8 所示。

$$S_s = L - S \tag{5-19}$$

$$WPC = L + S \tag{5-20}$$

$$I_s = L^2 - S^2 \tag{5-21}$$

$$PLP = \frac{L - S}{L + S} \tag{5-22}$$

$$AUC = \frac{1}{2}\big[5A_{\max} + (x - 40)A_5 + (x - 35)A_{40} + 20(A_{30} + A_{20}) + 10A_{10}\big]$$

$$\tag{5-23}$$

式中　L——大磨粒的磨粒覆盖面积;
　　　S——小磨粒的磨粒覆盖面积。

表 5-8　基于互信息的磨粒特征选择的"相关-冗余"关系

	56 mm 处	40 mm 处	30 mm 处	20 mm 处	10 mm 处	5 mm 处
相关性	0.2248	0.1251	0.1190	0.0987	0.0575	0.3043
冗余度	1.6913	2.3031	1.8801	1.9448	2.1414	1.4772
状态冗余度	2.6141	2.8469	2.9705	2.4374	2.7820	2.6225
分值	1.1476	0.6689	1.2094	0.5913	0.6981	1.4496

从表 5-8 中可以看出,56 mm、30 mm、5 mm 处颗粒的磨粒覆盖面积比率与目

标集具有较高的相关性,同时与特征集中的其他特征参量具有较小的冗余性,故将 56 mm、30 mm、5 mm 处颗粒的磨粒覆盖面积作为船舶柴油机磨损程度判断的数字化诊断模型的输入特征向量。

② 基于置信规则推理的船舶柴油机磨损程度的数字诊断

置信规则推理方法是一种基于 D-S 证据推理、决策理论以及传统的"IF-THEN"规则,同时具有定性、定量信息处理能力的方法[20,21]。与传统的"IF-THEN"规则所不同的是,每一个规则的后件属性都被赋予了相应的置信度。利用专家经验知识建立初始的置信规则库,然后利用定量数据对初始置信规则库的模型参数进行训练和修正,使其能准确地反映输入与输出之间的非线性关系。该方法既避免了单纯依靠专家知识的个人偏好和知识获取瓶颈,也改善了黑箱算法导致的结果解释性差的问题,同时具有不确定信息的处理能力。

如前所述,在置信规则系统中,IF-THEN 规则被赋予了置信程度,如置信规则库中的第 k 条规则表示如下:

$$\text{IF} \quad x_1 \ \text{is}\ A_1^k \ \wedge \ x_2 \ \text{is}\ A_2^k \ \wedge \ \cdots \ \wedge \ x_m \ \text{is}\ A_m^k,$$

$$\text{THEN}\{(D_1,\beta_{1,k}),(D_2,\beta_{2,k}),\cdots,(D_N,\beta_{N,k})\},\left(\sum_{n=1}^{N}\beta_{n,k}\leqslant 1\right) \quad (n=1,\cdots,N)$$

θ_k 为第 k 条规则的权重,$\delta_{1,k},\delta_{2,k},\cdots,\delta_{m,k}$ 代表了第 k 条规则的每一个规则前件的权重,m 为前件属性的个数,$k\in\{1,\cdots,Lrules\}$,L 为置信规则库中规则的数目。另外,$A_i^k(i=1,\cdots,m)$ 表示第 i 个前件属性,$\beta_{i,k}(i=1,\cdots,N)$ 表示第 i 个后件属性 D_i 的置信度。

令

$X=(X_1,X_2,\cdots,X_m)$;

$A^k=(A_1^k,A_2^k,\cdots,A_m^k) \quad \text{and} \quad A_i^k\in\{C_{i1},C_{i2},\cdots,C_{iT}\}$;

$\delta=(\delta_1,\delta_2,\cdots,\delta_m)$;

$D=(D_1,D_2,\cdots,D_N)$;

$\beta^k=(\beta_{1k},\beta_{2k},\cdots,\beta_{Nk})$;

X 为第 k 条规则的输入向量,A^k 为规则前件,A_i^k 为规则前件所包含的属性,$C_{ij}(j=1,2,\cdots,T)$ 是第 i 个前件属性的第 j 个参考点值,前件属性的参考点值按照从小到大的顺序进行排列。D 为规则后件,β^k 是规则后件的置信度向量,δ 表示规则库中所有前件属性的权重向量。

基于置信规则推理的数字诊断模型建立包括五个步骤:初始置信规则库的建立,输入向量转化成置信度的形式,规则激活权重的计算,规则的推理以及初始模型的优化训练。初始置信规则库通常利用领域专家经验知识以及对历史数据的统计学分析建立。在进行规则推理之前,模型的输入需要利用分段线性方程和事先规定好的参考等级,根据式(5-24)进行置信度的转化。

$$\alpha_{ij} = \frac{u(C_{ij+1}) - x_i}{u(C_{ij+1}) - u(C_{ij})} \quad , \quad \alpha_{ij+1} = \frac{x_i - u(C_{ij})}{u(C_{ij+1}) - u(C_{ij})} \tag{5-24}$$

式中,$u(C_{ij})$和$u(C_{ij+1})$分别代表参考等级C_{ij}和C_{ij+1}的参考值,此时$u(C_{ij}) < \alpha_{ij} < u(C_{ij+1})$。当$\alpha_{ij} < u(C_{ij})$时,$\alpha_{ij} = 1$;当$\alpha_{ij} > u(C_{ij+1})$时,$\alpha_{ij+1} = 1$。在对模型输入进行置信度转化之后,可以得到用于置信规则推理的规则库,如表 5-9 所示。

表 5-9　置信规则库

规则数	规则权重	规则前件				规则后件			
		$A_1(\delta_1)$	$A_2(\delta_2)$	…	$A_m(\delta_m)$	D_1	D_2	…	D_N
1	θ_1	$\{(C_{11}^1, \alpha_{11}^1), \cdots, (C_{1T}^1, \alpha_{1T}^1)\}$	$\{(C_{21}^1, \alpha_{21}^1), \cdots, (C_{2T}^1, \alpha_{2T}^1)\}$	…	$\{(C_{m1}^1, \alpha_{m1}^1), \cdots, (C_{mT}^1, \alpha_{mT}^1)\}$	β_1^1	β_2^1	…	β_N^1
2	θ_2	$\{(C_{11}^2, \alpha_{11}^2), \cdots, (C_{1T}^2, \alpha_{1T}^2)\}$	$\{(C_{21}^2, \alpha_{21}^2), \cdots, (C_{2T}^2, \alpha_{2T}^2)\}$	…	$\{(C_{m1}^2, \alpha_{m1}^2), \cdots, (C_{mT}^2, \alpha_{mT}^2)\}$	β_1^2	β_2^2	…	β_N^2
…		…	…	…	…	…	…		…
L	θ_L	$\{(C_{11}^L, \alpha_{11}^L), \cdots, (C_{1T}^L, \alpha_{1T}^L)\}$	$\{(C_{21}^L, \alpha_{21}^L), \cdots, (C_{2T}^L, \alpha_{2T}^L)\}$	…	$\{(C_{m1}^L, \alpha_{m1}^L), \cdots, (C_{mT}^L, \alpha_{mT}^L)\}$	β_1^L	β_2^L	…	β_N^L

根据表 5-9 提供的信息,第 k 条规则的激活权重 w_k 可根据式(5-25)得到。

$$w_k = \frac{\theta_k \gamma_k}{\sum_{l=1}^{M} \theta_l \gamma_l} = \frac{\theta_k \left[\prod_{i}^{m} (\alpha_i^k)^{\bar{\delta}_i} \right]}{\sum_{l=1}^{M} \theta_l \left[\prod_{i}^{m} (\alpha_i^k)^{\bar{\delta}_i} \right]} \tag{5-25}$$

式中,$\bar{\delta}_i = \dfrac{\delta_i}{\max\limits_{i=1,2,\cdots,m} \{\delta_i\}}$,$\gamma_k = \prod_{i}^{m} (\alpha_i^k)^{\bar{\delta}_i}$ 被称为联合匹配等级。

以证据推理(Evidential Reasoning)为基础,规则中每一个后件属性的置信度可以根据式(5-26)进行计算得到。

$$a_j = \frac{\mu \left[\prod_{k=1}^{M} \left(w_k \beta_j^k + 1 - w_k \sum_{j=1}^{N} \beta_j^k \right) - \prod_{k=1}^{M} \left(1 - w_k \sum_{j=1}^{N} \beta_j^k \right) \right]}{1 - \mu \left[\prod_{k=1}^{M} (1 - w_k) \right]} \tag{5-26}$$

式中:

$$\mu = \left[\sum_{j=1}^{N} \prod_{k=1}^{M} \left(w_k \beta_j^k + 1 - w_k \sum_{j=1}^{N} \beta_j^k \right) - (N-1) \prod_{k=1}^{M} \left(1 - w_k \sum_{j=1}^{N} \beta_j^k \right) \right]^{-1}$$

根据上述推理计算过程,激活规则的输出结果为:

$$O(U) = \{(D_j, a_j); j = 1, 2, \cdots, N\} \tag{5-27}$$

通过对式(5-27)中的输出结果的每一个后件属性分配效用值 $u(D_j)$,输出结

果 $O(U)$ 可以根据式(5-28)转化成数值的形式。

$$O = \sum_{j=1}^{N} a_j u(D_j) \tag{5-28}$$

根据以上计算过程可以完成基于初始置信规则库的模型推理,但是在很多情况下,单纯依靠专家经验所构建的初始置信规则库并不能很好地实现对数据的拟合或预测,因此需要利用实际的运行数据对建立的初始置信规则推理模型进行训练[22]。优化训练的参数包括规则的权重 $\theta_k(k=1,2,\cdots,L)$,前件属性的权重 $\delta_i^*(i=1,2,\cdots,m)$,后件属性的置信度 $\beta_n^*(n=1,2,\cdots,N)$。优化的目标函数根据所建模型的输出类型有所不同。当模型的输出为一个数值量时,优化的目标函数如式(5-29)所示,而当模型的输出为后件属性的置信度时,优化的目标函数如式(5-30)所示。

$$\min_{P} \quad J = \frac{1}{S} \sum_{i=1}^{S} (y_i - \hat{y}_i)^2 \tag{5-29}$$

式中,S 为用于模型训练的样本个数,y_i 为第 i 个样本的实际观测值,$\hat{y}_i$ 为初始模型给出的第 i 个样本的估计值。

$$\min_{P} \quad J_j = \frac{1}{S} \sum_{s=1}^{S} [\beta_j(s) \quad \hat{\beta}_j(s)]^2 (j=1,\cdots,N) \tag{5-30}$$

式中,S 为用于模型训练的样本个数,$\beta_j(s)$ 为第 s 个样本的第 j 个属性的置信度参考值,$\hat{\beta}_j(s)$ 为初始模型给出的第 s 个样本的第 j 个属性的置信度。

用于模型优化训练的约束条件如式(5-31)~式(5-34)所示:

$$0 \leqslant \theta_k \leqslant 1, (k=1,\cdots,L) \tag{5-31}$$

$$0 \leqslant \delta_i \leqslant 1, (i=1,\cdots,m) \tag{5-32}$$

$$0 \leqslant \beta_j^* \leqslant 1, (j=1,\cdots,N) \tag{5-33}$$

$$\sum_{j=1}^{N} \beta_j^* = 1 \tag{5-34}$$

根据特征选择结果,56 mm、30 mm、5 mm 处颗粒的磨粒覆盖面积比率被作为置信规则推理模型的前件属性,磨损程度被作为模型的后件属性,并且模型的磨损程度通过曲线下面积进行评估,通过设定后件属性的效用值,模型可以最终输出一个数值。

用于每一个前件属性划分的参考等级的数目直接影响置信规则库的规模以及后续计算的复杂性。过多的参考等级会增加规则推理的复杂程度。此处,56 mm、30 mm、5 mm 处颗粒的磨粒覆盖面积比率被划分为三个等级,分别为低磨粒覆盖面积比率(L),中等磨粒覆盖面积比率(M)以及高磨粒覆盖面积比率(H),如式(5-35)所示。

$$C_{ij} \in \{L, M, H\} \tag{5-35}$$

柴油机的磨损程度被划分为五个等级,即无磨损(ZW)、正常磨损(NW)、早期预警磨损(FW)、报警磨损(WW)以及严重磨损(SW),如式(5-36)所示。

$$D \in \{ZW, NW, FW, WW, SW\} \tag{5-36}$$

根据船舶柴油机状态监测中常用的 3σ 准则,前件属性的参考等级所对应的参考值如表 5-10 所示。

表 5-10　置信规则库前件属性的参考等级对应的参考值

参考等级		L	M	H
参考值	56 mm 处	0.36	0.4	0.5
	30 mm 处	0.25	0.31	0.39
	5 mm 处	0.26	0.32	0.4

对于后件属性,曲线下面积的正常值的平均值被作为正常磨损的参考值,用 V_1 表示。$V_1 + 2\sigma$ 作为报警磨损的参考值,用 V_3 表示,而 V_3 数值的 85% 则被作为早期预警磨损的参考值,用 V_2 表示,此时柴油机仍处于正常磨损状态的范围,但是已经有向异常磨损方向发展的趋势。V_0 表示无磨损产生,V_4 表示严重磨损,其参考值为 $V_1 + 3\sigma$。后件属性的参考点值如式(5-37)所示。

$$\left. \begin{array}{l} V_0 = 0 \\ V_1 = \overline{AUC} = 11.5 \\ V_3 = V_1 + 2\sigma = 15.5 \\ V_2 = 80\% V_3 = 13.5 \\ V_4 = V_1 + 3\sigma = 17 \end{array} \right\} \tag{5-37}$$

根据所确定的置信规则的前后件属性,置信规则库中的规则表示为如下形式:R_k:IF 56 mm 处磨损面积覆盖比率为 A_1^k,30 mm 处磨损覆盖面积比率为 A_2^k,5 mm 处磨损面积覆盖比率为 A_3^k;THEN 磨损状态为 $\{(ZW, \beta_{1k}), (NW, \beta_{2k}), (FW, \beta_{3k}), (WW, \beta_{4k}), (SW, \beta_{5k})\}$,$(\sum_{n=1}^{N} \beta_{n,k} \leqslant 1)$。

通过对所有的前件属性进行遍历,可以得到包含有 27 条规则的初始置信规则库,如表 5-11 所示。这 27 条初始置信规则库是在综合多个该领域工作人员经验的基础上得到的,其中来自从业时间长、经验丰富的人员意见赋予较大的权值,而从业经验较少的年轻人员意见赋予相对低的权值。

表 5-11 初始置信规则库

规则序号	56 mm 处,30 mm 处,5 mm 处	磨损状态评价
1	L and L and L	$\{(ZW,0.3),(NW,0.7),(FW,0),(WW,0),(SW,0)\}$
2	L and L and M	$\{(ZW,0),(NW,0.8),(FW,0.2),(WW,0),(SW,0)\}$
3	L and L and H	$\{(ZW,0),(NW,0.3),(FW,0.4),(WW,0.3),(SW,0)\}$
4	L and M and L	$\{(ZW,0),(NW,0.7),(FW,0.3),(WW,0),(SW,0)\}$
5	L and H and L	$\{(ZW,0),(NW,0.55),(FW,0.45),(WW,0),(SW,0)\}$
6	L and M and H	$\{(ZW,0),(NW,0.25),(FW,0.35),(WW,0.4),(SW,0)\}$
7	L and H and L	$\{(ZW,0),(NW,0.2),(FW,0.5),(WW,0.3),(SW,0)\}$
8	L and H and M	$\{(ZW,0),(NW,0.2),(FW,0.3),(WW,0.5),(SW,0)\}$
9	L and H and H	$\{(ZW,0),(NW,0.1),(FW,0.3),(WW,0.6),(SW,0)\}$
10	M and L and L	$\{(ZW,0),(NW,0.6),(FW,0.4),(WW,0),(SW,0)\}$
11	M and L and M	$\{(ZW,0),(NW,0.4),(FW,0.6),(WW,0),(SW,0)\}$
12	M and L and H	$\{(ZW,0),(NW,0.2),(FW,0.35),(WW,0.45),(SW,0)\}$
13	M and M and L	$\{(ZW,0),(NW,0.35),(FW,0.65),(WW,0),(SW,0)\}$
14	M and H and L	$\{(ZW,0),(NW,0.5),(FW,0.5),(WW,0),(SW,0)\}$
15	M and M and H	$\{(ZW,0),(NW,0.2),(FW,0.2),(WW,0.6),(SW,0)\}$
16	M and H and L	$\{(ZW,0),(NW,0.2),(FW,0.25),(WW,0.55),(SW,0)\}$
17	M and H and M	$\{(ZW,0),(NW,0.1),(FW,0.3),(WW,0.6),(SW,0)\}$
18	M and H and H	$\{(ZW,0),(NW,0),(FW,0.15),(WW,0.85),(SW,0)\}$
19	H and L and L	$\{(ZW,0),(NW,0.2),(FW,0.4),(WW,0.4),(SW,0)\}$
20	H and L and M	$\{(ZW,0),(NW,0.15),(FW,0.3),(WW,0.55),(SW,0)\}$
21	H and L and H	$\{(ZW,0),(NW,0),(FW,0.2),(WW,0.8),(SW,0)\}$
22	H and M and L	$\{(ZW,0),(NW,0.2),(FW,0.2),(WW,0.6),(SW,0)\}$
23	H and H and L	$\{(ZW,0),(NW,0),(FW,0.3),(WW,0.7),(SW,0)\}$
24	H and M and H	$\{(ZW,0),(NW,0),(FW,0.1),(WW,0.9),(SW,0)\}$
25	H and H and L	$\{(ZW,0),(NW,0),(FW,0.1),(WW,0.9),(SW,0)\}$
26	H and H and M	$\{(ZW,0),(NW,0),(FW,0.05),(WW,0.95),(SW,0)\}$
27	H and H and H	$\{(ZW,0),(NW,0),(FW,0),(WW,0),(SW,1)\}$

在某些情况下,根据初始置信规则库所得到的曲线下面积会与实际值产生一定的偏差,从而降低了模型对于柴油机磨损程度判断的准确性,因此利用实际采集的柴油机的油液数据对初始模型进行训练。

在某船舶柴油机 1000 h 的运行时间中共采集 43 个油液样本并对这些油液样本进行分析,获得了每个样本中 56 mm、30 mm、5 mm 处颗粒的磨粒覆盖面积比率以及每个样本所对应的曲线下面积值。现将这 43 个样本分为训练集(前 30 个样本)和测试集(剩余 13 个样本),利用训练样本对初始置信规则模型进行优化训练,用剩余 13 个样本对模型的优化结果进行判断。由于模型最终的输出结果是一个数值,所以优化的目标函数如式(5-29)所示。

根据式(5-31)～式(5-34)所给出的模型优化约束条件以及表 5-11 所列初始置信规则库,可知该规则库共有 27 条规则,每一条规则后件包括 5 个属性,共有 $27 \times 5 + 27 + 3 = 165$ 个参数需要进行优化调整,它们是:

$$P = \beta_{ik}, \theta_k, \delta_j; \quad i = 1, \cdots, 5; \quad k = 1, \cdots, 27; \quad j = 1, 2, 3$$

模型的输入是 56 mm、30 mm、5 mm 处颗粒的磨粒覆盖面积比率,实际测量的曲线下面积作为优化目标函数的观测值 y_i,通过初始置信规则模型所获得的曲线下面积作为优化目标函数的估计值 $\hat{y}_i$。整个置信规则模型的优化训练分为以下 7 个步骤进行。

A. 模型初始值的设定

初始置信规则模型中后件属性的置信度根据专家经验给出,如表 5-11 所列。每条规则的规则权重 θ_k 和每个前件属性的权重 δ_j 均初始化为 1。

B. 模型输入的转化

对于训练集和测试集的每一个样本,输入值 56 mm、30 mm、5 mm 处颗粒的磨粒覆盖面积比率需要根据表 5-10 所列出的参考等级所对应的参考点值,利用公式(5-24)进行转化,表示成置信度的形式。例如:训练集中第 27 个样本所对应的 56 mm、30 mm、5 mm 处颗粒的磨粒覆盖面积比率分别为:0.53,0.27,0.26,根据公式(5-24)可得该样本转化成置信度表示的形式为 56 mm 处:$\{(L:0),(M:0.54),(H:0.46)\}$,30 mm 处:$\{(L:0.73),(M:0.27),(H:0)\}$,5 mm处:$\{(L:0.88),(M:0.12),(H:0)\}$。

C. 计算每一条规则的激活权重

根据式(5-25),利用第二步中所获得的每一个前件属性的置信度以及每一个前件属性的相对重要性计算每一条规则的激活权重 w_k。

D. 对规则库中激活的规则进行合成

以证据推理为基础,根据式(5-26)对激活的规则进行合成,从而得到如下形式的输出结果:

$$\text{Output} = \{(D_j, \beta_j); j = 1, \cdots, 5\} \tag{5-38}$$

其中 β_j 根据式(5-26)得到,即 $a_j, [D_1, D_2, D_3, D_4, D_5] = [V_0, V_1, V_2, V_3, V_4] = [0, 11.5, 13.5, 15.5, 17]$。

E. 对模型的输出进行估计

在获得如式(5-38)所示的输出结果后,对曲线下面积的估计为:

$$\hat{y} = D_1\beta_1 + D_2\beta_2 + D_3\beta_3 + D_4\beta_4 + D_5\beta_5 \tag{5-39}$$

根据初始置信规则模型所得到的曲线下面积的估计值如图 5-30(a)所示。可以看出在某些样本上,初始置信规则库给出的估计值与实际观测值存在较大的偏差,说明根据专家经验建立的初始置信规则库的性能需要进行优化。

F. 计算实际观测值与初始模型估计值之间的差值

观测值与估计值之间的差值 $\xi(P)$ 为:

$$\xi(P) = \frac{1}{30} \times \sum_{i=1}^{30} \left[y(i) - \hat{y}(i) \right]^2 \tag{5-40}$$

G. 寻找最优的 P 值使得 $\xi(P)$ 的值最小化

通过对 P 中所包含的模型参数进行调整,使得式(5-40)中的 $\xi(P)$ 值最小,即求 $\min_{P}\{\xi(P)\}$。该模型最优参数的求解可以利用 Matlab 所提供的优化工具箱进行求解,优化后的置信规则库的各个参数如表 5-12 所列。

根据优化后的置信规则模型,可以得到曲线下面积的估计值如图 5-30(b)所示。

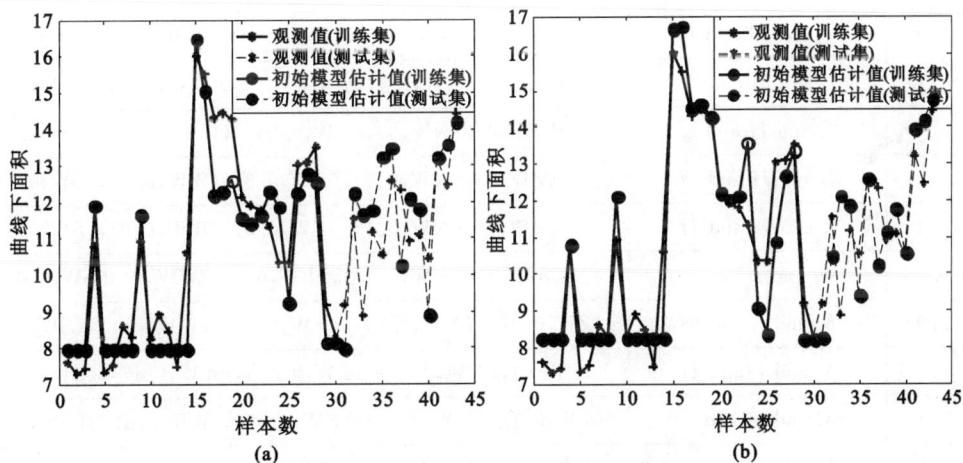

图 5-30 曲线下面积的观测值与估计值

(a) 初始置信规则模型;(b) 优化后置信规则模型

从图 5-30 中可以看出,优化后的置信规则模型对于柴油机磨损程度的估计要优于初始置信规则模型对柴油机磨损程度的估计,尤其是对测试样本的估计要优于初始置信规则库。置信规则模型对于前 15 个样本的部分样本的估计值是恒定的,如样本 1、2、3,这是因为在最初获得的部分样本中,柴油机的磨损状态正常并且磨损量很小,此时 56 mm、30 mm、5 mm 处颗粒的磨粒覆盖面积比率均小于

表 5-10 给出的 L 等级的参考值,所以这些样本在转换成置信度的形式后均为 56 mm 处:$\{(L:1),(M:0),(H:0)\}$,30 mm 处:$\{(L:1),(M:0),(H:0)\}$,5 mm 处:$\{(L:1),(M:0),(H:0)\}$,使得这些样本具有相同的置信度表达形式,从而使模型给出的最终结果相同。

从表 5-12 可以看出,优于目前所获得的样本并不能覆盖所有的规则,所以优化后的置信规则库中有些规则并没有被训练,如规则 19～规则 25。因此,为了进一步完善基于置信规则推理方法所建立的船舶柴油机磨损状态估计的数字诊断模型,需要积累更多的关于柴油机的摩擦磨损状态的数据样本对模型进行训练,从而使得模型具有更好的准确性和稳定性。同时为了使得模型能够适应船舶柴油机不断变化的磨损状态,还需要对模型的结构和参数的在线更新进行研究,提高模型的适应能力。

表 5-12　优化后的置信规则库

规则序号	规则权重	56 mm、30 mm、5 mm 处	磨损状态评价
1	0.224	L and L and L	$\{(ZW,0.37),(NW,0.42),(FW,0.01),(WW,0.02),(SW,0.18)\}$
2	0.776	L and L and M	$\{(ZW,0.15),(NW,0.40),(FW,0),(WW,0.1),(SW,0.36)\}$
3	0.859	L and L and H	$\{(ZW,0.38),(NW,0.04),(FW,0.19),(WW,0.36),(SW,0.03)\}$
4	0.452	L and M and L	$\{(ZW,0.29),(NW,0.41),(FW,0.08),(WW,0.07),(SW,0.14)\}$
5	0.963	L and H and L	$\{(ZW,0.04),(NW,0.49),(FW,0.41),(WW,0.03),(SW,0.03)\}$
6	1	L and M and H	$\{(ZW,0.01),(NW,0.14),(FW,0.3),(WW,0.46),(SW,0.09)\}$
7	0.96	L and H and L	$\{(ZW,0.06),(NW,0),(FW,0.03),(WW,0.45),(SW,0.46)\}$
8	1	L and H and M	$\{(ZW,0),(NW,0.2),(FW,0.3),(WW,0.5),(SW,0)\}$
9	1	L and H and H	$\{(ZW,0),(NW,0.1),(FW,0.3),(WW,0.6),(SW,0)\}$
10	0.684	M and L and L	$\{(ZW,0.3),(NW,0.44),(FW,0.2),(WW,0),(SW,0.06)\}$
11	0.956	M and L and M	$\{(ZW,0.07),(NW,0.29),(FW,0.49),(WW,0.1),(SW,0.05)\}$
12	0.786	M and L and H	$\{(ZW,0),(NW,0.01),(FW,0.07),(WW,0.47),(SW,0.45)\}$
13	1	M and M and L	$\{(ZW,0.1),(NW,0.01),(FW,0.07),(WW,0.12),(SW,0.69)\}$
14	0.963	M and H and L	$\{(ZW,0.03),(NW,0.36),(FW,0.43),(WW,0.08),(SW,0.1)\}$
15	0.997	M and M and H	$\{(ZW,0.01),(NW,0),(FW,0.11),(WW,0.7),(SW,0.18)\}$
16	0.759	M and H and L	$\{(ZW,0.07),(NW,0),(FW,0),(WW,0.49),(SW,0.43)\}$
17	0.931	M and H and M	$\{(ZW,0),(NW,0),(FW,0.23),(WW,0.63),(SW,0.14)\}$
18	0.967	M and H and H	$\{(ZW,0),(NW,0),(FW,0),(WW,0.83),(SW,0.17)\}$
19	1	H and L and L	$\{(ZW,0),(NW,0.2),(FW,0.4),(WW,0.4),(SW,0)\}$
20	1	H and L and M	$\{(ZW,0),(NW,0.2),(FW,0.4),(WW,0.4),(SW,0)\}$
21	1	H and L and H	$\{(ZW,0),(NW,0.15),(FW,0.3),(WW,0.55),(SW,0)\}$

规则序号	规则权重	56 mm、30 mm、5 mm 处	磨损状态评价
22	1	H and M and L	$\{(ZW,0),(NW,0.2),(FW,0.2),(WW,0.6),(SW,0)\}$
23	1	H and H and L	$\{(ZW,0),(NW,0),(FW,0.3),(WW,0.7),(SW,0)\}$
24	1	H and M and H	$\{(ZW,0),(NW,0),(FW,0.1),(WW,0.9),(SW,0)\}$
25	1	H and H and L	$\{(ZW,0),(NW,0),(FW,0),(WW,0.09),(SW,0.91)\}$
26	0.943	H and H and M	$\{(ZW,0),(NW,0),(FW,0),(WW,0.83),(SW,0.17)\}$
27	1	H and H and H	$\{(ZW,0),(NW,0),(FW,0),(WW,0),(SW,1)\}$

参 考 文 献

[1] 周宝山,孙旭明,李亨宇,等.实船检验中常见机械故障分析 [J].吉林交通科技,2011(4): 49-51.

[2] 范明照.船舶柴油机主要机械故障诊断和排除 [J].珠江水运,2009(3):51-52.

[3] 李斌.船舶柴油机 [M].大连:大连海事大学出版社,2011.

[4] MALM L A, ENSTROM J, HULTMAN A . Main engine damage study [R]. Swedish Club, 2012.

[5] 曹永.船舶柴油机综合在线监测诊断系统的研究 [D].武汉:武汉理工大学,2012.

[6] 石新发,刘东风,李广太,等. 柴油机润滑油污染监测方法研究 [J]. 中国修船,2010, 23(1): 14-16.

[7] 盛晨兴.挖泥船动力机械远程诊断系统关键技术研究 [D].武汉:武汉理工大学,2009.

[8] 余永华.船舶柴油机瞬时转速和热力参数监测诊断技术研究 [D].武汉:武汉理工大学,2007.

[9] 魏超. 大型船用齿轮箱系统动态性能分析方法研究 [D].杭州:浙江大学,2013.

[10] YUAN C Q, PENG Z, YAN X P,et al. Surface roughness evolutions in sliding wear process[J]. Wear,2008,265(3-4):341-348.

[11] 严新平,宗成强,盛晨兴,等. 8000 方挖泥船动力机械远程诊断系统研制 [J]. 武汉理工大学学报,2010(13):118-121.

[12] 严新平,盛晨兴. 300 方首冲自航挖泥船机械设备远程故障诊断系统的设计与实现 [C].武汉:全国机械维修学术会议,2007.

[13] 张月雷. 机械系统可监测性设计理论及在船舶机械中的应用研究 [D].武汉:武汉理工大学,2011.

[14] HADID A, PIETIKÄINEN M. Efficient locally linear embeddings of imperfect manifolds, Machine Learning and Data Mining in Pattern Recognition [C]. MLDM 2003 Proceedings, Lecture Notes in Computer Science 2734,Springer,188-201.

[15] YAN X, SUN J. Recent progress on the key issues of vehicle operation

engineering[M]. 北京：人民交通出版社，2003.

[16] WU T H, PENG Y P, SHENG C X, et al. Intelligent identification of wear mechanism via on-line ferrographimages [J]. Chinese Journal of Mechanical Engineering, 2014, 27(02): 411-417.

[17] GAJATE A, HABER R, TORO R, et al. Tool wear monitoring using neuro-fuzzy techniques: a comparative study in a turning process [J]. Journal of Intelligent Manufacturing, 2012, 23(3): 869-882.

[18] PENG Z X, GOODWIN S. Wear-debris analysis in expert systems [J]. Tribology Letters, 2001, 11(3-4): 177-184.

[19] 顾大强，周利霞，王静. 基于支持向量机的铁谱磨粒模式识别 [J]. 中国机械工程，2006, 17(13): 1391-1394.

[20] YANG J, LIU J, WANG J, et al. Belief rule-base inference methodology using the evidential reasoning approach-RIMER [J]. IEEE Transactions on Systems, Man, and Cybernetics-Part A: Systems and Humans, 2006, 36(2): 266-285.

[21] XU D, LIU J, YANG J, et al. Inference and learning methodology of belief-rule-based expert system for pipeline leak detection [J]. Expert System with Application, 2007, 32: 103-113.

[22] YANG J, LIU J, XU D, et al. Optimization models for training belief-rule-based systems [J]. IEEE Transactions on Systems, Man, and Cybernetics-Part A: Systems and Humans, 2007, 37(4): 569-584.

6 旋转机械设备的可监测性设计与数字诊断

伴随着工业生产水平的发展,旋转机械设备正逐渐成为具有大型、复杂和高速等特点的复杂系统。旋转机械设备一般工作在重负载的工况下,而且处于保证机械系统连续安全运行的关键位置。与一般的机械相比,旋转机械往往较容易出现各种形式的故障,从而导致设备不能正常运行,轻微故障影响企业产品的生产质量和效率,严重故障则会导致生产线设备停机,整个生产中断,有时甚至会导致生产事故。一旦发生事故,就造成严重的经济损失,危及员工的生命和企业财产安全,造成非常严重的后果。因此,对旋转机械设备的工况进行监测与诊断具有非常重要的意义。

6.1 旋转机械设备典型故障及机理

6.1.1 旋转机械设备主要故障类型

旋转机械设备越复杂,运行速度越高,其发生故障的概率越大,并且其发生的故障类型也有所不同。机器发生故障的原因不同,所产生的信息也不一样,根据机器特有的信息,可以对机器故障进行诊断[1]。但是,机器发生故障的原因往往不是单一的因素,对于机器系统中的旋转机械故障,往往都是多种故障因素的组合结果,所以对旋转机械设备进行故障诊断,必须进行全面的综合分析研究。旋转机械设备常见故障类型主要有:轴承故障、转子故障和齿轮故障。

6.1.2 旋转机械设备故障机理

(1)轴承故障

由于旋转机械设备的主轴承的缺陷常常会导致机组产生异常的振动,严重时则会使机械设备运行失稳直至停止运转。轴承的材料加工或装配不当、润滑不良，以及腐蚀、过载等原因都会导致早期损坏，而经过一段时间运转，也会产生疲劳剥落和磨损等现象，影响机组正常运转[2-3]。

① 疲劳剥落

轴承的工作表面受到交变应力的作用会产生材料的疲劳失效，常见的形式就是接触疲劳剥落[4-5]。轴承表面最大交变切应力处会首先产生疲劳裂纹，然后慢慢扩展形成点蚀等小片剥落，随着继续运行，浅层剥落会向深层扩展，此时产生的大片剥落叫作疲劳剥落。它会在工作时产生冲击载荷，导致振动和噪声的加剧。

② 磨损失效

当轴承工作表面有尘埃异物或硬质颗粒时将会引起擦伤磨损，在润滑条件不良时，局部摩擦产生的热量更易造成接触面局部熔化，增大塑性变形，降低轴承的配合精度，轴承的滚道表面经常会出现振动磨痕。

③ 腐蚀失效

当水汽等腐蚀性介质侵入到轴承时，表面会渐渐生锈腐蚀，此外运转过程中滚动体和滚道之间还会受到静电作用，在表面形成凹凸不平的局部熔融，最终引起轴承的失效。

④ 断裂失效

轴承零件的断裂是由于加工装配产生的残余应力、过大热应力等缺陷和载荷超过强度极限引起。一般情况下，轴承的断裂大多数为过载失效。

（2）转子故障

① 转子不平衡

质量不平衡是大型旋转机械最为常见的故障。众所周知，旋转机械的转子由于受材料质量和加工技术等各方面的影响，转子上的质量分布相对于旋转中心线不可能做到"绝对平衡"，这就使得转子旋转时形成周期性的离心力的干扰，在轴承上产生动载荷，使机器发生振动[6-10]。机组不平衡按发生过程可分为原始不平衡、渐发性不平衡和突发性不平衡等几种情况。其中原始不平衡是转子制造误差、装配误差及材质不均匀等原因造成的[11-17]；渐发性不平衡是不均匀积灰造成的；突发性不平衡是转子上零件脱落造成的，机组振幅忽然增大后稳定在一定水平上。

② 转子不对中

不对中是旋转机械最常见的故障之一。由于设备安装或运转过程中，联轴节的非标准安装导致不对中。不对中故障表现出的结果为机器的振动、联轴节的偏转、轴承的摩擦损伤、油膜失稳和轴的挠曲变形等故障[18]。其主要原因有以下几点：一是设计对中考虑不够及计算偏差；二是安装找正误差和对热态转子不对中量考虑不够；三是运行操作上超负荷运行和机组保温不良，轴系各转子热变形不一；四是机器基础、底座沉降不均使对中超差和软地基造成对中不良；五是环境温度变化大,机器热变形不同。美国 MONSANTO 石油化工公司统计得到:机械故障的 60％是由转子的不对中引起,因此需要重视这方面的故障分析。

③ 涡动

涡动是由于轴旋转时发生的一种自激振动,它既不属于自由振动,也不属于受迫振动,它的特征表现为轴在轴承间表面做回转运动,这种振动并不是在转轴达到临界转速时发生,而是在较大转速范围内发生,并且与转轴本身的转速关系较小。以圆柱滑动轴承为例,由于交叉刚度系数不等于零,油膜弹性力有使轴颈失稳的因素。在不同的工作转速下,发生振动的位置随载荷大小变化而变化,轨迹近似为一个半圆弧,称为平衡半圆,即轴承中轴颈中心的位置并不是沿着载荷作用方向移动,其位置与工作转速及载荷大小有关。对于受载条件一定的滑动轴承,当轴颈转速不太高时,即使受到一个偶然的外部干扰力的作用,轴颈仍回到平衡位置;轴颈转速升高达到一定数值后,一旦受到外部干扰力作用,轴颈便不能回到初始位置,而沿一近似椭圆的封闭轨迹涡动,或者沿某一极不规则的扩散曲线振荡,这就形成了轴承的失稳状态[19]。

油膜涡动产生后,随着工作转速的升高,其涡动频率也不断增加,频谱图中半频谐波的振幅也不断增大,使转子振动加剧[20]。假如转子的转速升高到第一临界转速的 2 倍时,将产生自激振动,振幅忽然骤增,振动非常剧烈,轴心轨迹忽然变成扩散的不规则曲线,频谱图中的半频谐波振幅值增加到接近或超过基频振幅,并有组合频率的特征,若继续提高转速,则转子的涡动频率保持不变,始终等于转子的固有频率,这时就形成了油膜振荡[21-23]。

(3) 齿轮故障

据统计,齿轮故障占旋转机械故障的比例为 10.3％,而齿轮箱中齿轮本身的故障比例更是高达 60％,齿轮的运行状态对整个机组发电有着重要的影响。实际运转中,由于磨损疲劳、设计不当、制造安装误差、维修保养不良等原因,都有可能导致齿轮表面发生点蚀、疲劳剥落、磨损、胶合以及齿根裂纹,甚至断齿等故障。

① 齿轮磨损

齿轮磨损包括磨料磨损和腐蚀磨损两种。磨料磨损是指当金属颗粒或其他磨料进入到齿轮工作面之间造成的齿面磨损,腐蚀磨损是指润滑物质中的成分与齿轮材料在运转中发生化学反应引起的腐蚀性磨损。磨损会导致齿侧间隙增大,甚至会由于齿厚的过度减薄导致断齿。

② 齿面接触疲劳与点蚀

齿面接触疲劳是指在过大的接触应力和应力集中作用下,表面磨损发热发生塑性变形。当产生的脉动循环的剪应力超过了齿轮材料的剪切疲劳极限时,齿面就会出现疲劳裂纹,随着继续运行,裂纹将向着受力方向扩展,导致齿面形成小块剥落,即为点蚀。通常,点蚀总是发生在齿根靠近节圆处,若点蚀进一步扩大引起严重剥落则会影响轮齿正常运转,甚至造成齿轮折断。

③ 弯曲疲劳与断齿

弯曲疲劳是指周期性应力过高超过了齿轮材料的弯曲疲劳极限,在齿根部引起疲劳裂纹,当扩展至齿轮无法承担时发生断齿。过载折断是指由于严重的冲击和过高的载荷超过了极限应力导致齿轮断裂。齿轮的折断主要是过高的有害残余应力或者本身的内部缺陷所造成的。

④ 齿面胶合和划痕

齿面的胶合或划痕的机理比较复杂,一般来说,新齿轮未经跑合时,经常会出现局部齿面擦伤。一方面,润滑条件不良时,会造成啮合齿面相对滑动时油膜破裂,使得运行温度过高,接触区金属出现局部融化而黏着并随齿面的运动而被撕落,在齿面上形成划痕。另一方面,当齿面受载过大,较高的局部压力会使啮合齿面的表面膜被压破,金属的直接接触产生相互撕伤。

6.2　旋转机械可监测性设计与故障诊断

6.2.1　旋转机械状态监测方式

大型旋转机械状态监测方式主要有:离线监测、在线监测和远程监测[24]。为了减少停机事故,对生产运营起关键作用的机械部件要实行在线监测,对其他机械部件实行离线监测。

(1) 离线监测

通过布置传感器来获取机械的运转状态信息,然后利用计算机对采集的信息进行后续分析与诊断,此种监测方法十分适合定期或不定期的故障巡检。离线监测对突发性机器故障不能做出及时响应,但由于是采集后对信息进行处理,所以数据分析更透彻,结论更准确。可以使用一台监测设备对多台机械进行状态监测,无疑为企业节约了监测成本。

(2) 在线监测

所谓在线监测,就是在旋转机械设备正常运转的情况下实时进行数据采集并及时给出分析结果,通常由测量传感器、数据采集卡、计算机和分析软件构成。对于昂贵的进口设备、传动链上的关键部件,在线监测系统可以及时发现故障并立即向监控中心反馈信息,最大程度减少停机事故的发生。

(3) 远程监测

离线监测与在线监测都受传输距离限制,难以进行远程诊断。如果企业将状态监测与网络技术相结合,便可以实现信号的远距离传输,专家在异地便可顺利完成故障诊断。

网络化状态监测是近几年伴随计算机网络技术共同发展起来的,此种技术结合网络通信和故障监测于一体,最终形成有机的分布式信息处理系统。当前,众多高新技术企业在所研发的产品中都嵌入了 Internet 通信功能,例如本特利公司的在线测控系统可以使用网上信息交互手段向监控中心传输风力机工作状况信息;美国 NI 公司也在其旗下的虚拟仪器软件产品中嵌入了网络通信协议,所以,可以采用互联网通信等方式进行故障数据的传输。当前,网络通信技术的高速发展给现代故障监测领域带来了革命性的变化。在工业过程检测中,测控仪表设计上朝分布式网络协同工作方向发展,已是大势所趋。现阶段,智能专家信息系统、基于因特网的语音视频传输技术、基于 Web 的大规模数据仓库技术等众多科研硕果,为远距离、分布式测控系统的研发奠定了基础。现代远程监控系统最大的优势表现为数据采集卡将不同种类的传感器采集到的状态信息转化为数字信号后,利用网络发送给远程监控中心,远程诊断工程师再采用先进的数字信号处理技术进行后续处理,对运转设备在线进行监测、分析出故障部位及其产生原因并将诊断结果返回给现场工作人员。

6.2.2 可监测性设计

可监测性是机械设备设计的一种属性。在设定的监测诊断技术水平下,系统的可监测性水平是在设计阶段决定的。国内外对机械系统状态监测技术进行了广泛的研究,现已形成以性能参数监测、油液分析监测、振动监测等为主的状态监测诊断技术体系。机械设备状态监测技术逐步从研究阶段走向实用化阶段,各种在线监测传感器和在线监测系统不断问世。然而,目前国内外大量机械设备制造厂往往在设计之初未考虑系统的可监测性问题,致使系统的可监测性比较差。如在一些大型舰船上,许多重要的设备需要进行监测,可使用的监测技术手段也很多,但由于在设计建造时忽略了设备的监测诊断工作所需要的必备条件,从而导致了对许多需要重点监测的设备无法进行有效监测或监测得不够准确。很多大型机械设备即使设计安装了状态监测系统,但大多数都是在系统设计生产交付使用后安装的,产品设计和状态监测一直走在平行的两股道上。近年来,国内外部分学者对可监测性问题进行了一些研究,指出系统的可监测性是系统本身应具备的检测和隔离故障的能力。这些研究多集中在机械系统结构损伤监测方面,未对机械系统可监测性问题进行系统分析,也未见从机械系统运行状态和性能角度进行可监测性方面研究的报道。将状态监测技术与产品现代设计相结合,在产品设计之初就充分考虑系统可监测性问题,开展可监测性设计的研究应用已成为当务之急。

（1）目的和对象

为进行可监测性设计，必须首先弄清楚需要监测的对象，即需要对何种机械设备进行监测，并根据机械设备的特点，提出要监测的状态参数。一般来说，旋转机械设备可监测的状态参数有很多，因此必须根据需要对待监测的状态参数进行选择，以期能依据监测到的状态参数最方便地对设备故障做出诊断。

（2）可监测性设计方法

① 经验设计方法，是指收集以往设计案例，根据经验，采用对比评价确定设计的方法。多用于类似机械设备和同类机械设备可监测性设计中。

② 试验设计方法，是指无经验数据和案例可借鉴，通过模拟试验或样机试验确定监测设计的方法。一般用于系统重要部件和位置或新型设备的监测性设计。

③ 综合分析方法，是指在机械设备全寿命全系统周期内，对可监测性设计方案进行分析、计算，得到设计评价定量参数的方法。适用于各种机械设备可监测性设计。常用的有：排队计分方法、评分法、技术经济评价法和模糊评价法。

（3）可监测性设计内容

可监测性设计是在系统、分系统、设备、组件和部件的设计过程中，综合考虑系统运行过程和各种监测技术方法，实现监测的可观性、可达性以及和外部监测设备兼容性等，实现系统状态监测的设计过程。归纳起来主要包括系统总体监测方案设计、监测内部设计（固有监测性设计与分析）、监测外部设计三方面，如图 6-1 所示。

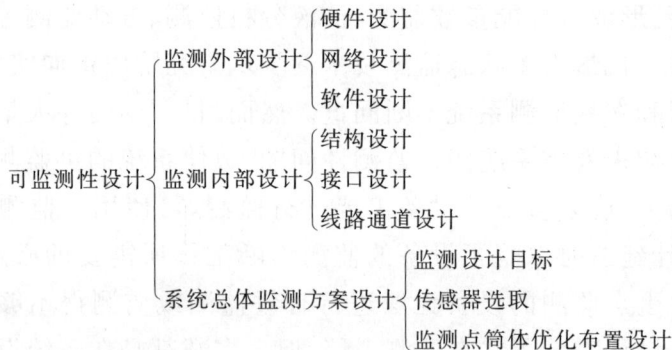

图 6-1　机械产品可监测性设计内容

可监测性设计中包括两个重要方面：

① 传感器的选择

根据对待监测的状态参数的分析和选择，选择合适的传感器。传感器的选择既要满足待监测状态参数的要求，也要满足其在旋转机械设备上安装位置的要求，还要考虑特定机械设备的构造、动态响应等因素。

② 设计在线监测的硬件

在线监测硬件的设计内容包括数据采集模块、数据分析模块、数据传输模块、显示和控制等，如图 6-2 所示。根据不同的检测对象，有的还要对样品进行先期处理的设计，所以在线监测的硬件设计要依据特定的监测对象而进行。

图 6-2　在线监测硬件设计内容

（4）可监测性设计应用的意义

可监测性设计作为产品性能设计的重要组成部分，是实现系统状态监测、故障诊断的重要基础和关键环节。该理念的应用和实施是实现机械系统视情维修决策的基础，可大大提高机械系统的故障预测与健康管理的能力，为以可靠性为中心的自治维修实施奠定了基础。可监测性设计大大提高了系统监测的准确性，对提高系统状态监控水平、降低维修成本、节省保障费用开支有重要意义。应该说，该理念的应用实施与系统设计开发、安全可靠、维修后勤保障和生命周期成本息息相关，是实现系统可靠性、维修性、安全性、保障性、经济性的一种关键技术。

6.2.3　故障诊断技术

故障诊断技术发展到今天，已经成为一门独立的跨学科的综合信息处理技术[25]。根据国际故障诊断权威德国专家 Frank 教授的观点，所有的故障诊断方法可以分为基于解析余度的方法、基于信号处理的方法以及基于知识的方法三种，按照此思想，对各类常用的故障诊断方法做了分类，如图 6-3 所示。

下面对近年来研究较多的几种诊断技术进行介绍：

（1）专家系统

专家系统是运用大量的专家知识和推理方法求解复杂问题的一种人工智能计算机程序，是人工智能的一个发展分支。专家系统的研究目标是模拟人类的推理思维过程，一般是将领域专家的知识和经验用一种知识表达模式存入计算机，系统对输入的事实进行推理，做出判断和决策。

专家系统一般由人机界面、推理机、知识库、数据库四个基本部分组成。此外包括解释程序和知识获取程序。其中人机界面是用户与系统交流的界面，用户输入基本信息、回答系统提出的相关问题，系统会推理出相关结果并给出解释；推理机针对用户输入的条件和已知信息，反复匹配知识库中的规则，得出相关的结果；知识库用于存放特定格式的专家知识；数据库用于存放推理过程中的数据。

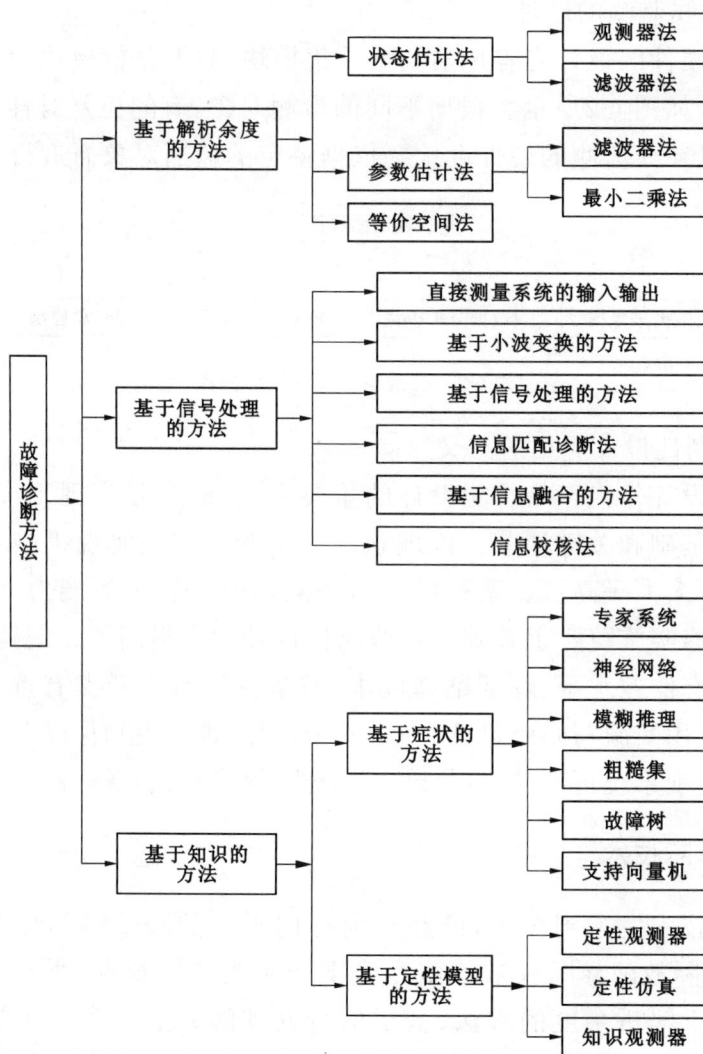

图 6-3　故障诊断方法分类

专家系统的结构如图 6-4 所示。

（2）人工神经网络

人工神经网络就是用物理上可以实现的器件系统或现有的计算机来模拟人脑的结构和功能的人工系统。它由大量简单神经元经广泛互联构成一种计算结构，在某种程度可以模拟人脑生物神经系统的工作过程。它以神经元为信息处理的基本单元，以神经元间的连接弧为信息传递通道，是多个神经元连接而成的网络结构。

神经网络示意图如图 6-5 所示。

人工神经网络的拓扑结构可分成两大类：层状结构和网状结构。

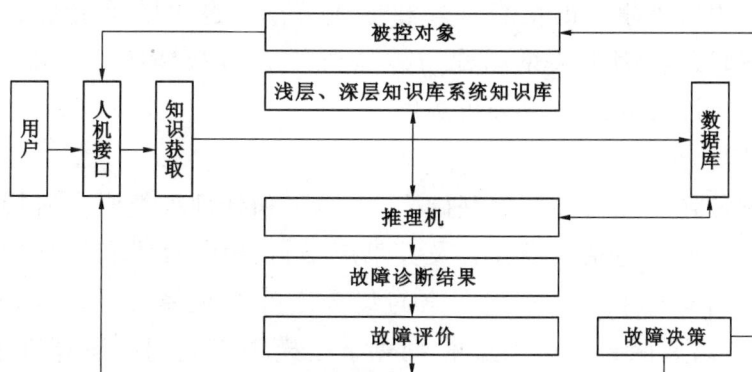

图 6-4　基于专家系统的故障诊断方法的结构图

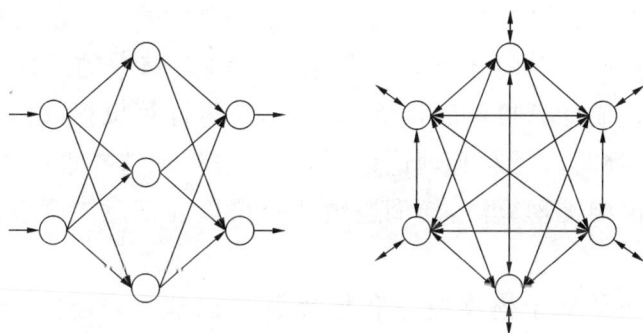

图 6-5　神经网络示意图

层状结构一般包括输入层、隐含层、输出层。每一层都包含一定数量的神经元,相邻层之间的神经元单向连接,同层内神经元相互之间无连接关系,各层神经元的个数根据实际问题确定。输入层是信息采集单元,隐含层和输出层是计算单元。

网状结构特点是任何两个神经元之间都存在双向的连接关系,所有神经元既作为输入节点,同时也是输出节点。随着神经元数目的增加,互联网络结构会迅速复杂化,从而大大增加网络的计算数量。

(3) 故障树

故障树分析(Fault Tree Analysis,FTA)是用于大型复杂系统可靠性、安全性分析和风险评价的一种方法,其核心就是事件或故障树的建立与分析。在故障树分析中,对于所研究系统的各类故障状态或不正常工作情况皆称为故障事件,各种完好状态或正常工作情况都称为成功事件,两者均称为事件[26]。故障树分析中所关心的结果事件称为顶事件,它是故障树分析的目标,位于故障树的顶端[27]。仅导致其他事件发生的原因事件称为底事件,它是可能导致顶事件发生的基本原因,位于故障树底端[28]。位于顶事件与底事件之间的中间结果事件称为中间事件。用各种事件的代表符号和描述事件间逻辑因果关系的逻辑门符号组成的倒立树状逻辑因果关系图称为故障树[29]。以故障树为基础,对系统的故障进行分析的方法称为故障树分析法。

（4）模糊理论

模糊理论是建立在模糊逻辑基础之上,描述和处理人类语言所特有的模糊信息的理论。它的概念包括模糊集合及其隶属函数、模糊算子和模糊逻辑。模糊集合采用隶属度的概念来定量描述元素与集合之间的隶属关系。它是一个 0 到 1 之间的实数,由隶属函数求得[30]。模糊算子是模糊集之间的运算算子,通常采用最大最小算子。模糊逻辑通常采用"IF"（条件）"THEN"（结论）的推理形式。人类感官对客观世界的感知常常是不确定的、模糊的,适合用语言来进行描述。为了精确地描述信息,人类发明了数字,并在此基础上建立了现代科学。模糊理论在人类智能和现代科学之间建立起了联系。它将大脑中的以模糊信息形式存储的经验和知识转化成计算机可以接受的形式,使得计算机得以模拟大脑处理模糊信息,进行分析和判断。已经有理论证明,只要适当地选择隶属函数、模糊化和反模糊化算法以及模糊推理算法,模糊逻辑系统得以在任意维度上逼近某个给定的非线性函数。

模糊逻辑系统是基于模糊概念和模糊逻辑而建立,能够处理模糊信息的系统,其一般结构如图 6-6 所示。[31]

图 6-6　基于模糊推理的故障诊断结构图

输入信号 X 通过模糊化单元变换成论域 U 上的模糊集合,模糊推理机利用模糊规则库中的规则进行推理后得到论域 V_i 的模糊集合。再经过反模糊化单元的变换得到输出信号 Y。其构建的一般步骤是:分别确定输入量集合和输出量集合;确定输入输出变量的模糊取值及相应的隶属函数;建立模糊规则库;确定模糊算子;确定模糊推理算法;确定去模糊化算法。

目前专家系统和人工神经网络在机械故障诊断上的应用是很广泛的,并且专家系统相对来说应用更成功一些,但是专家系统仍然存在以下缺陷:

① 完善的专家库建立比较困难;

② 容错能力较差,缺乏有效的方法识别错误信息;

③ 大型专家系统的知识库维护困难;

④ 复杂故障诊断任务中推理速度慢。

以风力发电机为例，风力发电在国内还处于早期状态，投入使用的风电机组也处于故障发生的频繁期，因此，风力发电机故障维护检修的专家经验尚不足，构建完备的大规模专家库也就不可能。而与专家系统相比，基于人工神经网络（Artificial Neural Network，ANN）的故障诊断方法具有鲁棒性好、容错能力强和学习能力强等特点[32-34]。但神经网络需要完备样本的条件，学习及问题求解具有"暗箱"性，求解问题的过程和结果难以解释，从而容易引起怀疑，而解释工作对于很多应用领域来说是相当重要的，这就成为应用中的一个难题。学习周期长，大部分学习算法的收敛速度较慢，缺乏有效的追加学习能力，为了让一个已经训练好的网络再学习几个样例，常常要对整个网络包括对已经训练好的样例也要一起重新训练，这就极大地延长了学习周期。

将模糊理论知识应用于风力发电机故障诊断专家系统解决了针对一种或多种故障征兆，如何准确迅速地找到引起故障的真正原因等问题，从而提高了故障诊断专家系统运行时的快速性、准确性和可靠性。但由于建立完善的风力发电机故障诊断专家系统在很大程度上依赖于故障与征兆之间建立的模糊关系的可靠性，而模糊关系的建立立足于大量现场经验的科学总结和风能专家的经验[35]。因此，建立在模糊理论基础上的风力发电机故障诊断专家系统还有待在今后长期运行中不断完善改进。而符号有向图模型可以在缺之详细过程知识的条件下，根据经验或基本定律米建立，可以快速有效地进行故障检测与定位。

6.3　不同旋转发电设备的应用

本节精选较为典型的旋转发电设备在线监测的系统设计案例，具体包括汽轮机和风力发电机两种对象，对进一步设计相关的诊断系统具有重要的参考价值，以期读者可以由此获得一定的启发，为今后自主开发设备诊断系统提供借鉴。

6.3.1　汽轮机油液在线监测与数字诊断系统

（1）目的和对象

汽轮机油液系统颗粒度污染超标在电厂是一个普遍存在的问题。油中的污染物包括灰尘、土粒、砂粒、铁屑、金属微粒、漆皮、纤维物、空气及水分等，这些污染物对油液系统危害极大。对汽轮机润滑油系统来说，润滑油中的固体颗粒在滑动轴承承载表面上会加快轴颈与瓦面磨损，使轴颈拉毛磨损、车削成槽[36]。

汽轮机润滑油异常变化可能会对汽轮发电机的运行产生很大的影响，因此有必要了解润滑油在工作状况下的各参数的变化。润滑油在线监测系统在安装后对弥补汽轮机润滑油周期检测的一些不足起到了一定的作用。通过不同的传感器可以测量汽轮机润滑油的黏度、温度、颗粒浓度以及水含量。不同的监测数据以时间序列存储在服务器计算机的数据库中。通过对油品状况数据和发电机的负荷数据进行分析,从而找出换油条件和发电机的工作条件之间的关系。数据分析结果表明,相应数据的变化能够反映出汽轮机运行状况的一些变化。

2013 年 4 月,大唐三门峡发电有限公司对汽轮机润滑油油质实施在线监测,于 2013 年 5 月到 7 月间以 3# 汽轮机(600MW)为载体,安装了汽轮机润滑油在线监测系统,对设备进行监测与诊断[37]。

(2) 油液监测系统的主要部件

① 动力元件是微型磁驱动不锈钢齿轮泵。它是由微型泵头、永磁驱动器和微型电机组合而成的流体输送单元,特别适合流量在 4000~9000 mL/min 范围内的各种液体介质(包括腐蚀性、有毒、易燃易爆、贵重介质)的输送、滴注、取样、循环、分流、喷雾、冲洗、灌注、冷却和润滑等。不需要碳刷,不需要变速。流量约为 120 L/h。能够为系统提供源源不断的动力,维持油液在系统中的运行,是整个系统的心脏部分。

② 控制元件有流量控制阀和单向阀。由于油液在流动过程中会造成传感器对其检测不准确,为了控制油液流动速度和流动状态,故安装流量控制阀。为防止颗粒度传感器油路中油液回流进入到四合一传感器油路,因此安装单向阀来控制油液流动方向,保证传感器的监测环境处于长久稳定状态,使监测数据更加精确,不至于出现太多误差。

③ 监测元件包括四合一传感器、颗粒传感器等。

四合一传感器是该系统中的核心部分,是系统对油液监测的关键部件。四合一传感器是高度整合的传感器,主要监测油液的温度、黏度、介电常数以及密度,这些参数是液压油监测的关键,通过这些基本的参量,可以得出水分、污染度等方面的相关数据。

颗粒度传感器用来在线监测油液中的颗粒数量及尺寸大小,在实际运用中十分重要,因为它可以通过遮光型传感器来反映出油液的污染程度,或者机械部件的磨损程度;由于磨损过程会产生磨粒、铁屑以及其他杂质,故油液中所含颗粒的多少以及尺寸的大小可以反映出机械零件的工作环境以及磨损情况,最终体现出零件的工况是否良好,这样才能体现出油液在线监测的根本意义。

(3) 汽轮机油液在线监测系统实现的功能

① 对油品温度、黏度、密度、水分含量、颗粒浓度、污染等级、酸值、氧化物含量、各元素含量进行实时在线监测。

② 对监测的油品参数进行现场及中控上位机的报警设置,并对监测数据提供自动存储和查询功能。

③ 通过模拟软件对油品质量进行预测性趋势分析,以指导滤油、换油或检修操作。利用监测参数、光谱分析结果、油标定数据及配套的数学模型对油品老化原因进行分析。

④ 可设定周期,将周期内的数据自动汇总并进行分析,以报表形式进行储存以提供查询,并可自动或手动进行网内上传汇报。

在线监测系统构成如图 6-7 所示。

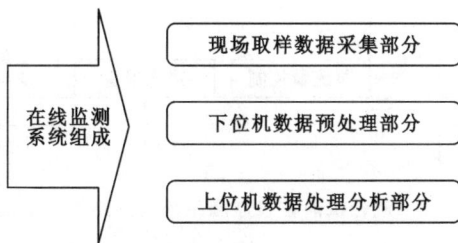

图 6-7 在线监测系统构成情况

汽轮机油液在线监测的意义就在于从在用润滑油的理化性能方面推断出当前机组的润滑油衰变程度及各个摩擦副的磨损状态,并将此结果作为维修检测的依据,且能及时判断出是否需要改善润滑条件。比如黏度可以反映出由于摩擦剪切作用和设备发热引起润滑油的老化、氧化程度;水含量可以反映出是否有冷却水或者蒸汽渗漏讲润滑循环系统等。

(4)油液在线监测系统设计

① 在线自动监测系统硬件结构

在线自动监测系统主要由如下五部分组成:油液循环模块、传感器模块、数据采集模块、数据传输模块、上位机等。在线监测系统的硬件结构示意图如图 6-8 所示。监测系统利用齿轮泵将汽轮机油从汽轮机组的总油管中抽入到监测系统中,在监测系统的油管中循环流动,流过各个监测传感器后再流回到汽轮机组的总油管。传感器部分如图 6-8 中虚线框所包围的所示,主要包括水分传感器,在线颗粒计数传感器,黏度、密度、介电常数、温度四合一传感器。其中水分传感器和在线颗粒计数传感器通过 RS232 接口与下位机单板机进行数据传输,而四合一传感器是通过 CAN 总线与下位机单板机相连,数据通过 CAN2.0 接口被单板机读取。单板机读取所有传感器的数据后先保存在内存和硬盘中,然后再通过网络接口将数据发送到网络上。单板机与上位机的 PC 机之间通过网络交换机连接,这样上位机能够同时和多个下位机单板机通信,通过下位机的固定 IP 访问并读取每个单板机的数据。

上位机中运行的在线监测软件负责存储数据和对数据进行实时分析。当监测的数据出现异常的时候,及时通过上位机控制下位机驱动声光报警装置,提示

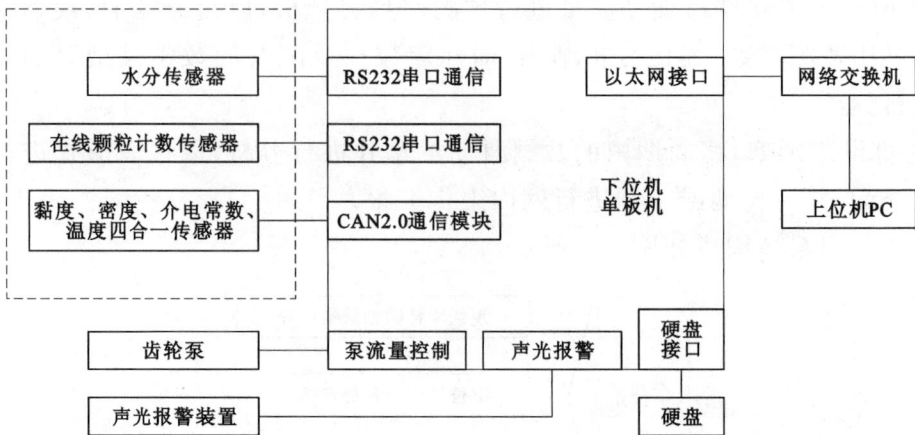

图 6-8 汽轮机油在线监测系统硬件结构示意图

现场工作人员汽轮机组所用的润滑油液中出现异常,需要进行现场处理,从而实现通过该汽轮机油在线监测系统对汽轮机组润滑油工况的在线监测。

② 在线监测系统软件结构

系统主监控界面如图 6-9 所示。主界面上显示的信息包括当前连接的下位机数量、油液出现异常和报警的次数、数据传输的状态等。另外,主界面中能够实时显示每个下位机上传到主机的数据的时间序列,能够实时反映各个传感器监测信号随时间的变化情况,不同下位机上传的参数信号在不同的标签页中显示。对于系统的异常错误信息也将在主界面实时显示,提示集控室中的用户当前出现的异常类型及处理建议。

油液在线监测系统实物图如图 6-10 所示。控制柜为钢板材料,柜体符合IP46 的防护标准。润滑油的接入管口与接出管口位于柜体左侧,柜内布置有电动抽油泵和铜质油液管道。柜体下部是散热孔,散热孔具有防水特性。柜体上有一个液晶显示器用于实时显示数据采集板获取的各个传感器的数据,方便现场工作人员实时查看汽轮机润滑油液状态的变化情况。同时液晶显示屏上有一个报警指示灯,当油液的工况处于正常范围时,报警灯显示为绿色,当实时监测的任何一项数据超过设定的阈值范围时,报警指示灯显示为红色,以提示用户此时汽轮机油状态异常,需要在现场及时处理。

(5)数据分析与结论

由监测系统获得数据可得机组的负荷有着很大的相关性,在线监测数据跟机组负荷的变化延迟周期在 30 min 左右,密度会随着颗粒度的增加而改变,特别是在颗粒度急剧增加后有大幅度的变化,机组负荷有较大的提升后,相应的颗粒数目及水分会有大的增长。

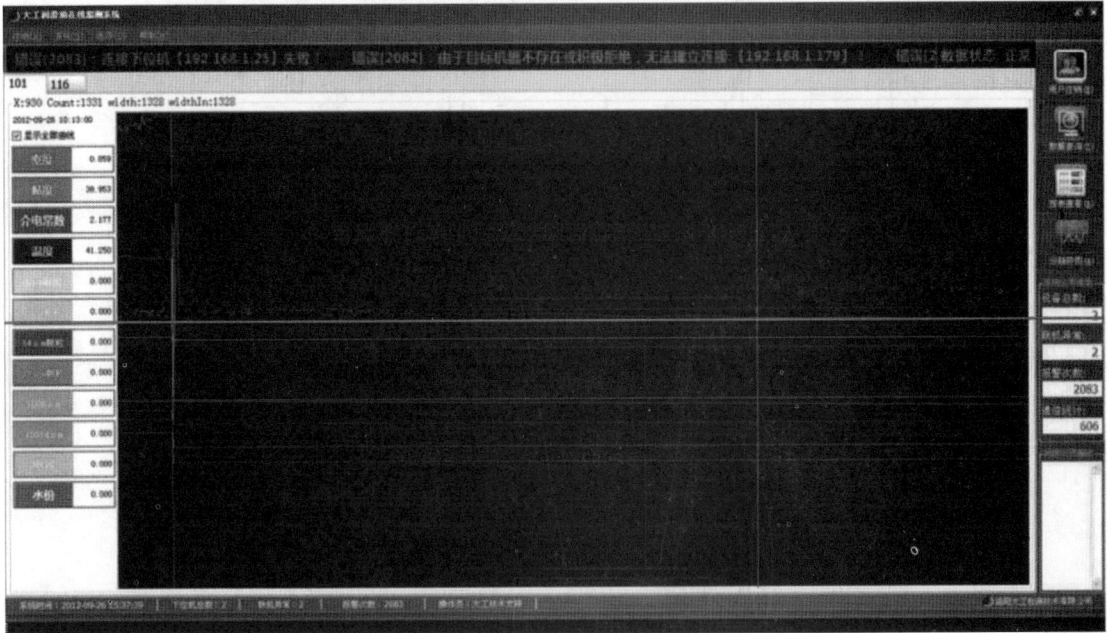

图 6-9　系统主监控界面

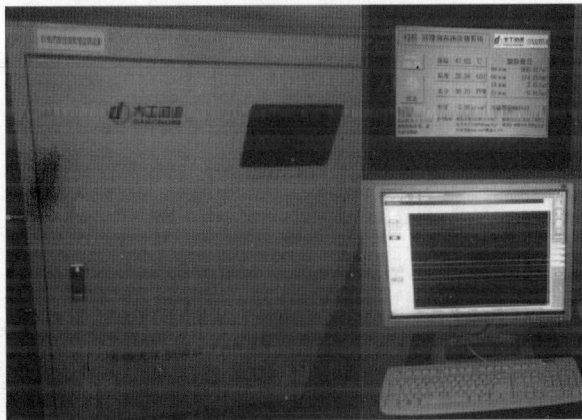

图 6-10　油液在线监测系统实物图

可以在图 6-11 中看到,随着输出功率的上升,介电常数(DC)增大。但如果功率上升不太高,如低于 500 MW,介电常数的变化不是很明显。这可能意味着当涡轮发电机负荷增加到某一水平,汽轮机油的含水值会增加。若负荷下降或低于 500 MW,含水值会降低。

图 6-12 所示是一例汽轮机油 6 μm 颗粒浓度和输出功率关系。对监测到的数据和部分机组负荷趋势图进行单参数指标的对比,绘制出机组负荷的输出功率和粒子浓度的时间序列图,具体如图 6-13、图 6-14 所示。

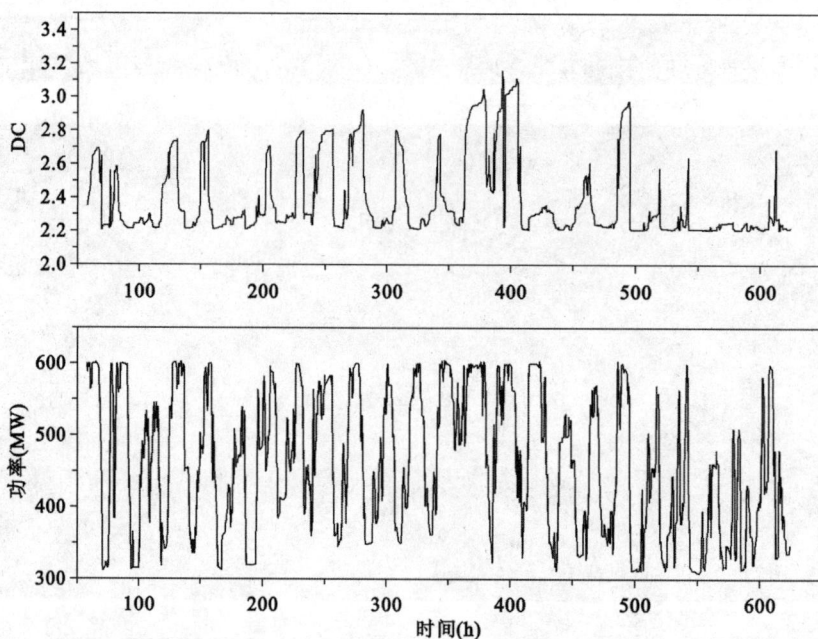

图 6-11　监测特征参数值截图

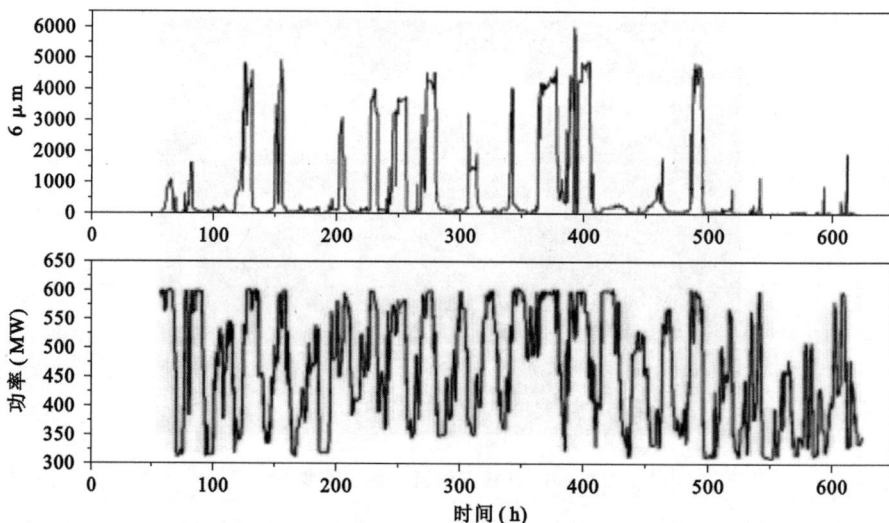

图 6-12　汽轮机油 6 μm 颗粒浓度和输出功率关系

　　输出功率与其他参数之间的关系含有汽轮机油的摩擦学信息,将直接反映汽轮机系统的工作条件。根据 NAS 污染度标准,颗粒大小分为四个粒径区间:4 μm、6 μm、14 μm、21 μm。图 6-12显示汽轮机油中 6 μm 颗粒浓度随汽轮机系统的输出功率的变化情况。汽轮机系统的输出功率爬向峰值时,颗粒浓度的变化显著。图 6-13 显示的是 6 μm 颗粒的浓度和输出功率之间的关系,从图上可以看到细节的一致性。

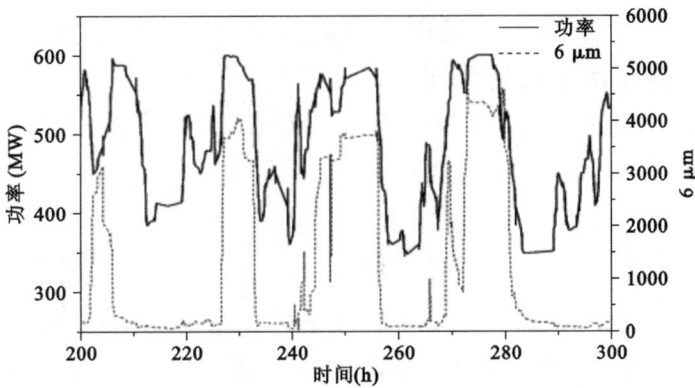

图 6-13　6 μm 颗粒浓度数据

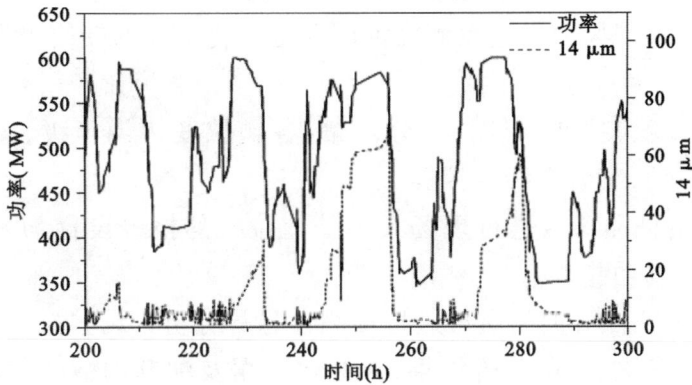

图 6-14　14 μm 颗粒浓度数据

在获得汽轮机润滑油监测数据和机组负荷变化趋势,对获得数据有了进一步的认识:机组在运行过程中润滑油系统的各个指标是处于不断变化的过程中。最小反映周期为1 h,润滑油的水分及颗粒度是随机组负荷变化而变化的,机组负荷超过一定范围后,所有参数会成倍增加。

取到特征样后便于掌握机组摩擦的一些数据,为设备的维护及运行提供可靠的数据信息。此外还能将有异常的特征油样进行铁谱分析、红外分析,以便及时发现润滑系统的各种问题,为机组运行的异常摩擦起到预警作用。

6.3.2　风力旋转发电机润滑油在线监测系统

(1) 目的和对象

随着能源危机和环境污染问题的日益严重,作为绿色能源的风能已受到世界各国的高度关注和重视,我国中长期规划明确支持"重点研究开发大型风力发电设备",风电装备由此得到了迅猛发展。

根据我国当前风力发电装机容量不断提升的现状,结合风力发电机状态监测与故障诊断的最新发展趋势,立足项目组的研究设备和技术基础,研制出一套针对风力发电机的传动系统及其电气系统实施远程运转状态在线监测与故障诊断的风电场健康管理系统。该系统包括风力发电机润滑油在线监测系统、风机传动轴扭矩在线监测系统、风力发电轴承振动在线分析系统、机舱环境状态监测系统等。

鉴于现代风力发电机的运行特点,传统的状态监测方法虽然可以实现故障的有效诊断,但存在一定的局限性,尤其是在线状态监测方面,问题尤为突出。选择合适的状态监测方法,实现风力机故障的有效诊断是现在风力机状态监测面临的主要问题。

(2)风力发电机润滑油在线监测系统的功能实现

该系统主要实现风力发电机润滑油的关键理化指标的在线测试,其具体功能实现描述如下:

① 对油品温度、黏度、密度、水分含量、各颗粒度污染等级、酸值、氧化物含量、各元素含量进行实时在线监控。

② 对监控的油品参数进行现场及中控上位机的报警设置,并对监测数据提供自动存储和查询功能。

③ 通过模拟软件对油品质量进行预测性趋势分析,以指导滤油、换油或检修操作。利用监控参数、光谱分析结果、油标定数据及配套的数学模型对油品老化原因进行剖析。

④ 可设定周期(如一星期),将周期内的数据自动汇总并进行分析,以报表形式进行储存以提供查询。可自动或手动进行网内上传汇报。

(3)系统组成

本项目油液在线监测系统分为三个部分:现场取样数据采集部分、下位机数据预处理部分、上位机数据处理分析部分。

① 现场取样数据采集部分

在现场油路管线选取适当的油样采集点,将油样从旁路引入油液采集柜,经油泵加压,油样分别通过 4 个监测传感器模块(流体特性采集模块、油液污染颗粒度采集模块、油液微水采集模块和红外光谱分析模块),油品的各特性参数经传感器采集后经电路系统传送到下位机。

② 下位机数据预处理部分

下位机数据预处理部分由 ADC 数据采集卡、声光报警装置、硬盘(或 SD 卡)和下位机单板机构成。前述的各种传感器中水分传感器输出的信号为模拟信号,通过 ADC 数据采集卡采集到下位机单板机,流体特性传感器通过 CAN 2.0 接口采集到下位机单板机,颗粒污染度传感器的数据通过 RS232 串行接口输入到下位机单板机,下位机单板机根据获取传感器信号的分析结果做出相应的控制,主要是根据测量的需求调整和控制齿轮泵的流量,以及根据监测的液压系统油指标是否超过设定的阈值来决定声光报警装置是否执行报警动作。

此外,下位机数据预处理部分将下位机单板机采集到的传感器信号通过计算机网络一并传输到上位机 PC。具体操作流程如下:

A. 数据经由下位机打包后经由 LAN 口进行传输发送,考虑到现场交换机位于风机下部,距板卡距离超过 50 m,在板卡加装 RS485 传输通道,可根据现场情况选取传输方式。

B. 所有数据传输接口采用 P5 航空插头,以保证数据传输的可靠性。现场信号传输方式为光缆信号传输。

C. 通信模式为上位机启动→根据 IP 地址连接下位机→建立通信→下位机开始采集工作→根据通信协议发出收回数据指令→下位机将采集数据打包上传→上位机收到数据后存入数据库→上位机将处理后数据回传给下位机,下位机执行,现场显示。

③ 上位机数据处理分析部分

由下位机采集到的传感器信号通过计算机网络传输到上位机,并将其存入上位机的数据库供分析使用,同时实时显示各个传感器的监测数据的变化情况以及实时数据。

上位机安装有数据管理软件,对当前采集到的数据进行判断,判断其是否超过了设备要求的使用指标。主要通过两方面来判断当前数据是否超过设备所要求的指标。一方面设定平均值阈值,另一方面设定实时数据峰值阈值。平均值阈值是判断在多次测量过程中,数据变化的总体趋势是否超过了被监测设备润滑油的运行指标要求;实时数据峰值阈值反映的是当前测量出的数据变化幅度是否超过被监测设备润滑油的运行指标要求,因为实时测量的数据会是一个波动的过程,实时数据峰值阈值能够保证波动的峰值不超过运行指标的要求。另外,数据传输和管理部分还会对各个传感器采集到的历史数据进行分析,从历史数据中分析出设备油液变化的发展趋势,预测设备油液的使用状态和换油时间。

数据信号由下位机引入到中控上位机后,通过中控 PC 机上安装的上位机软件,可实现如下功能:

A. 将采集数据存入上位机数据库。

B. 数据提取计算,在 PC 机上显示。

C. 软件提供趋势图、实时数据、历史数据查询、设备维护信息等操作页面,方便操作人员及技术管理人员对润滑油系统的管理。

D. 上下报警值设定,周期润滑报表的生成。

E. 预留联动控制部分功能。

如图 6-15 所示为上位机软件的分趋势图和历史数据导出界面。

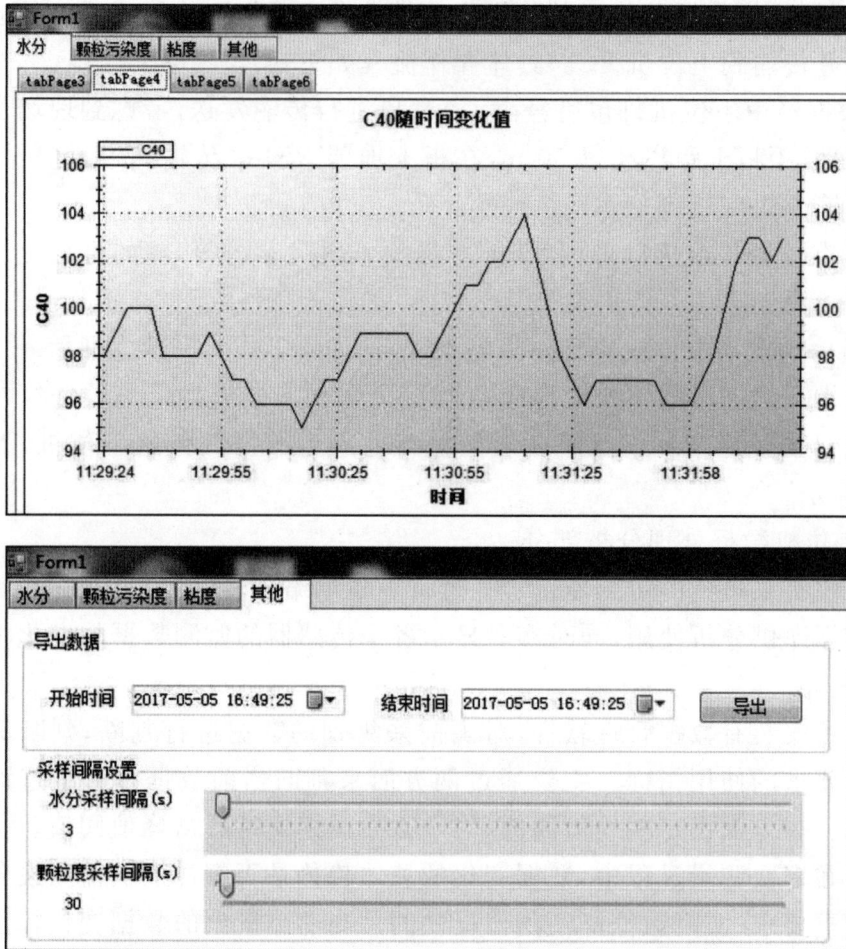

图 6-15　上位机软件的分趋势图和历史数据导出界面

（4）现场布置方案

① 油液采集方案

齿轮箱位于叶轮与发电机之间，具有以下特点：

A. 由于顶部受风荷载作用而摆动，且摆动幅度较大，区别于一般振动，在摆动的过程中会有一定的惯性。

B. 在风机运转的情况下振动较大，安装基台无法选择。

C. 润滑油采用强制风冷，油温相对于水冷设备较高。

D. 设备是浸泡溅油润滑，考虑到监测结果的准确性及可靠性须采用循环取样。

如图 6-16 所示为油液监测装置在风机中的布局示意图。

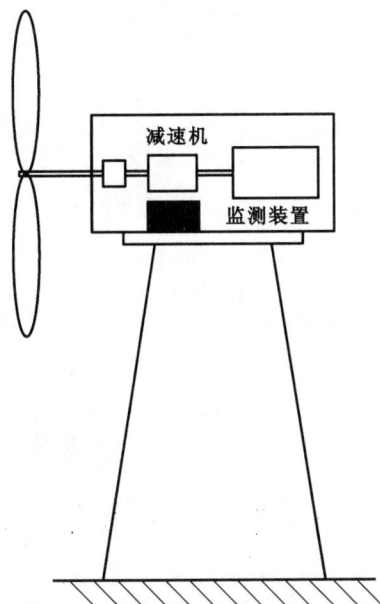

图 6-16　油液监测装置在风机中的布局示意图

在齿轮箱取样口引出油样,经过油泵产生压力,油样经过采集箱柜后返回齿轮箱汪油口。所有采集器采用固定安装,之间采用硬质管路连接,配置专门的取样箱,柜底设计减震缓冲设施。压力设计要求为 $0\sim1.0$ MPa,建议管路压力为 0.5 MPa,以避免回油口压力过大,油箱产生大量泡沫,影响油品的散热及润滑效果。箱体外采用耐高温高压软管进行连接,以避免震动对外部接口的影响。监控柜内部结构示意图如图 6-17 所示。动力源采取微量齿轮油泵,动力源功率小于 200 W,采集器均采用小于 36 V 电压供电,由电路板进行集中供电。由于安装位置的限制,为防止震动对元器件的损伤,采集系统与电源及采集板分离安装,所有线缆加装安全护套。采集控制部分采用立柱安装于减速机旁侧。采集系统现场安全需求:AC 380 V/DC 36 V或 24 V。

② 数据传输布置方案

数据传输和管理部分主要是将下位机单板机采集到的传感器信号通过计算机网络传输到上位机 PC,并将其存入上位机的数据库供分析使用,同时实时显示各个传感器对本项目的监测数据。数据到达光缆转换器前,根据要求的信号方式进行打包后转换为光信号传输到中控机房,进行信号转换后在 PC 机上进行处理和显示。如图 6-18 所示。

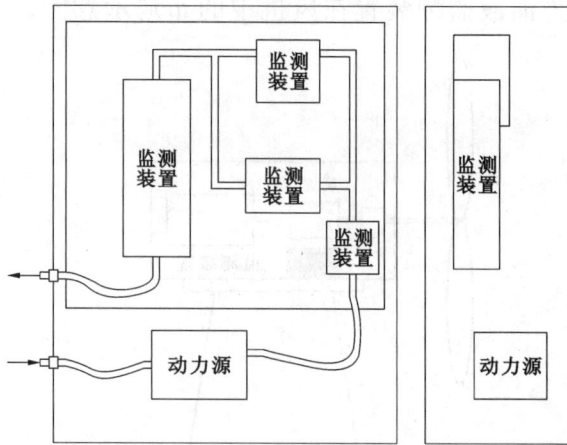

图 6-17　监控柜内部结构示意图

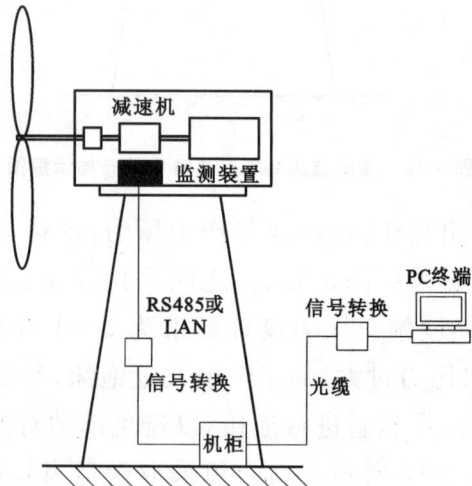

图 6-18　油液在线监测系统与上位机通信结构

参 考 文 献

[1] 任腊春,张礼达.基于模糊理论的风力机故障诊断专家系统构建[J].机械科学与技术, 2007,26(5):581-584.

[2] 陈长征,周洋.基于 MSP430 的风力发电机振动监测系统[J].信息技术,2010(3): 72-75.

[3] 唐新安.600 kW 风力发电机组故障诊断[D].乌鲁木齐:新疆大学,2006.

[4] 陈传波,梁先勇,胡卫军,等.基于 SVG 的故障树表示方法研究[J].计算机工程与科 学,2007,29(12):61-63.

[5] 姚敏茹,苏改艳.基于故障树模型的热轧钢卷开卷校平剪切线故障诊断系统[J].科技资 讯,2011(21):247.

[6] 刘颖峰. 旋转机械状态监测系统的研究与开发[D]. 杭州:浙江大学,2003.

[7] 孙楠楠.大型旋转机械振动监测与故障诊断知识体系的研究与实现[D]. 重庆:重庆大学,2006.

[8] 王洪.旋转机械故障诊断新方法的应用研究与振动监测诊断系统的开发[D].北京:华北电力大学,2003.

[9] 王艳. 旋转机械状态监测与故障诊断系统的开发[D]. 昆明:昆明理工大学,2007.

[10] 钟先友.旋转机械故障诊断的时频分析方法及其应用研究[D]. 武汉:武汉科技大学,2014.

[11] 王资璐.机械设备用油多参数在线监测系统的研制[D]. 北京:中国地质大学,2013.

[12] 申宗杰.多机组分布式网络化监诊系统的研制[D]. 杭州:浙江大学,2000.

[13] 曾周亮.电厂风机状态监测与维修系统研究[D]. 武汉:武汉大学,2004.

[14] 姚冉中.基于 DSP 的设备状态监测与分析平台的开发研究[D]. 太原:中北大学,2007.

[15] 刘鑫.柴油机发动机运行状态监测和故障诊断[D]. 成都:电子科技大学,2006.

[16] 熊浩. 大型水轮发电机组状态监测与故障诊断技术的研究[D]. 重庆:重庆大学,2001.

[17] 陈昆亮.汽轮发电机组状态监测与故障预警系统研究[D]. 北京:华北电力大学,2012.

[18] 谢学文.沈阳汽车厂设备故障诊断及维修[D]. 长春:吉林大学,2002.

[19] 许昕.齿轮箱故障诊断在安全生产中的应用[D]. 太原:中北大学,2007.

[20] 简安刚.600MW 机组的 TSI 安装与调试[J]. 华中电力,2007,20(4):74-76.

[21] 李佳,礼宾,王梦卿.基于神经网络的齿轮故障诊断专家系统[J]. 机械传动,2007,31(5):81-83.

[22] 何树波.基于隐 Markov 模型的旋转机械故障诊断系统的研究[D]. 杭州:浙江大学,2003

[23] 王衍学. 机械故障监测诊断的若干新方法及其应用研究[D]. 西安:西安交通大学,2009.

[24] 贺阅,贺星钊.控制芯片技术的进步与交流传动系统的发展[J]. 自动化信息,2004(7):12-15.

[25] 王欢欢.风力发电机旋转机械故障诊断虚拟仪器系统研究[D]. 长沙:湖南大学,2012

[26] 高峰,孙时珍,曲建岭.人工智能在故障诊断中的应用[J]. 科技信息,2010,02(23):63-64.

[27] 李鹏飞.轴心轨迹识别及其在汽轮机组振动监测诊断中的应用[D]. 北京:华北电力大学,2007.

[28] 张彦南,张礼达. 基于专家系统的风力机机舱故障诊断研究[J]. 云南水力发电,2009,25(3):7-9.

[29] 王亚瑟,赵娜.电站风机状态监测与故障诊断技术的研究[J]. 科技信息,2009(16):69.

[30] 苗海滨,任新广. 尖峰能量谱技术用于滚动轴承故障诊断[J]. 设备管理与维修,2008(5):48-51.

[31] 张纯.真空树脂灌注机关键技术及可靠性的初步研究[D].西安:西安理工大学,2000.

[32] 于海蛟.旋转机械故障产生的原因分析[J].湖南造纸,2011(2):35.

[33] 张建中.旋转机械常见典型故障机理与特征分析[J].轻工科技,2008,24(7):32-33.

[34] 李艳妮.旋转机械故障机理与故障特征提取技术研究[D].北京:北京化工大学,2007.

[35] 鲁晓娟.自热熔炼炉模糊控制器的研究[D].昆明:昆明理工大学,2003.

[36] 李晓庆.基于DSPACE永磁同步电机模型参考模糊自适应方法研究[D].无锡:江南大学,2005.

[37] 杨琨,孙鑫未,宋平,等.一种汽轮机油在线监测系统[J].润滑与密封,2017,42(1):116-119.

7 工程机械的可监测性设计与数字诊断

7.1 工程机械典型故障及机理

工程机械在运行过程中与周围介质（空气、水蒸气、灰尘等）以及组成元件之间互相作用，使零件受载、磨损、生热，产生一系列物理化学变化，随着作用时间的增加，进而表现为零件的尺寸、配合间隙、相互位置等理化特性的变化，从而改变机械设备的初始状态[1,2]。随着使用时间的延长，会导致工程机械的技术状况日渐变差，致使部分或全部丧失规定工作能力，或其性能指标恶化至规定标准之外，这就是我们常说的故障。

7.1.1 主要故障类型

工程机械常见故障可分为以下六种[3-5]：
① 损坏型故障：如断裂、开裂、点蚀、烧蚀、变形、拉伤、龟裂、压痕等；
② 退化型故障：如老化、变质、剥落、异常磨损等；
③ 松脱型故障：如松动、脱落等；
④ 失调型故障：如压力过高或过低、行程失调、间隙过大或过小、干涉等；
⑤ 堵塞与渗漏型故障：如堵塞、漏水、漏气、渗油等；
⑥ 性能衰退或功能失效型故障：如功能失效、性能衰退、过热等。

7.1.2 故障机理分析

工程机械在使用过程中，故障成因主要有：一是机构本身，在工作过程中，组成元件间相互作用，导致机件磨损、塑性变形、疲劳破坏；二是由于使用、维护或保管不当，一般情况下工程机械工作环境条件十分恶劣，会造成机件的腐蚀损坏；三是由于偶然因素，技术状况变差，发展成故障。以下是几种典型故障的分析[6-8]：

（1）工程机械零件的磨损

工程机械零件的磨损是指机械设备两接触零件发生相对运动而产生接触摩擦，使表面物质不断损失的现象。例如：发动机活塞与汽缸发生相对运动时产生摩擦，摩擦的结果是使活塞、汽缸套、活塞环等零件产生磨损。机械零件从运行到报废的过程称为正常运行的磨损过程。一般可以将零件的磨损过程分为三个阶段，即磨合阶段、稳定磨损阶段和剧烈磨损阶段，如图 7-1 所示。

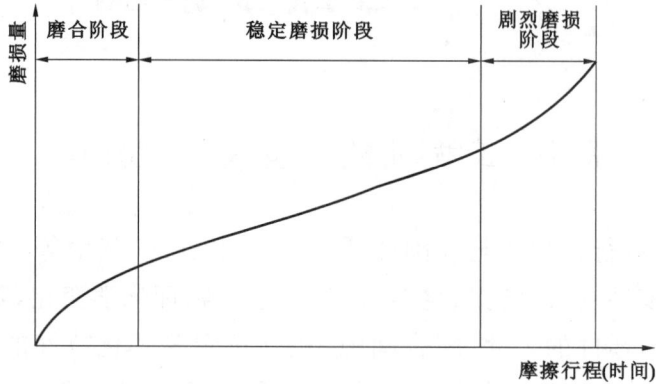

图 7-1　零件磨损曲线图

工程机械零件的磨损不是孤立产生的，是与它周围的物质相互联系和相互影响的。零件磨损程度除与零件的材料有关外，还直接受到摩擦类型、零件相对运动速度和承受的压力、润滑油的质量以及温度等条件的影响。

在零件相互作用过程中，摩擦是现象，磨损是摩擦的结果，润滑是降低摩擦减少磨损的重要措施，摩擦、磨损、润滑三者密切关联。

① 摩擦

摩擦的基本类型可分为干摩擦、边界摩擦、流体摩擦以及混合摩擦。

A. 干摩擦：干摩擦是指在无润滑的条件下，两物体直接接触发生的摩擦。

B. 边界摩擦：零件摩擦表面之间仅存在着极薄的油膜（通常小于 1 μm），这时的摩擦称为边界摩擦。这种摩擦是由于油膜极薄且容易被破坏，而油膜破坏后部分零件摩擦表面直接接触而加速零件磨损。

C. 流体摩擦：摩擦副的两摩擦面之间存在一层润滑油，它充当着摩擦表面的介质，使两摩擦面完全分隔而不接触，称为流体摩擦。

D. 混合摩擦：混合摩擦是指两接触表面同时存在着流体摩擦、边界摩擦和干摩擦的混合状态时的摩擦。混合摩擦一般是以半干摩擦和半流体摩擦的形式出现：a. 半干摩擦，两接触表面同时存在着干摩擦和边界摩擦的混合摩擦；b. 半流体摩擦，两接触表面同时存在着边界摩擦和流体摩擦的混合摩擦。

② 磨损

磨损的形式通常归纳为以下两种：

A.磨料磨损：工程机械许多动配合的零件，表面都经过了加工处理，看起来十分光滑，但实际上仍存在许多微凸体。当摩擦表面直接接触并受到压力和剪切力作用时，表面的凸起部分会互相嵌入、刮擦，在相对运动过程中，这些凸起部分会发生弹塑性变形，最后形成金属微粒（金属屑）脱落。这实质上就形成了零件的磨损，这种磨损脱落的金属微粒，混入在润滑油中形成了磨料。这些磨料夹在两零件的摩擦表面之间时，对零件的金属表面产生擦伤、刮削与研磨，加速了零件表面磨损，久而久之，零件的尺寸、形状发生了变化，使配合间隙增大，这就是磨料磨损。

B.黏着磨损：摩擦副相对运动时，由于直接接触摩擦产生升温而最终相互焊接，接触表面的材料从一个表面移到另一个表面的现象称为黏着磨损。黏着磨损主要是因为零件表面比较粗糙，在滑动摩擦时造成相接触的部分的单位压力很大，使零件之间的润滑油膜被挤破，形成局部干摩擦。当摩擦速度较高时，产生高温，使接触处局部瞬时熔化和熔合（类似焊接），摩擦后会造成将一零件表面的材料转移到另一零件的表面，这就是黏着磨损。

实践表明，工程机械技术状况变坏多半是磨损所致。磨损引起摩擦副的工作条件恶化，零件几何形状改变，配合间隙增大，润滑条件被破坏，机件产生异常响声和振动。如发动机的活塞与汽缸磨损后间隙增大，造成发动机工作时敲缸、窜油、窜气、汽缸压力减小，使发动机功率下降，耗油量增大，甚至出现不易启动等故障。又如液压工作系统机件磨损会造成漏油，使液压系统的执行元件工作无力，出现爬行等故障。

（2）工程机械零件塑性变形

工程机械在使用过程中，如果长期处于过载，在外力作用下，零件的质点位置发生变化，其形状和位置等要素也产生变化而不能自行恢复的现象，称为塑性变形。

零件变形的机理是零件受力后引起弹性变形，当外力消除后弹性变形可以恢复，若外力超过材料弹性的最大限度，则进入弹性塑性变形阶段；当外力消除后，变形不能全部恢复，这一部分保留下来的残余变形就是塑性变形。

工程机械零件塑性变形主要表现为弯曲、扭转等。零件变形后，易使工程机械出现异响等故障。例如：传动轴弯曲，行车时易出现振动而发生异响。发动机连杆扭转、弯曲，会引起活塞敲缸等故障。

（3）工程机械零件疲劳破坏

工程机械在工作过程中，零件在较长时间内由于交变载荷的作用，产生裂纹，直至最后断裂的现象称为疲劳破坏。

疲劳破坏多发生在承受交变载荷的齿轮、轴承、轴、弹簧以及杆等零件上。由于交变接触压力的作用导致零件表层硬化出现初始裂纹,随后,润滑油在压力作用下进入裂纹,交变载荷的持续作用导致裂纹内的压力迅速升高使裂纹扩展,直到最后产生断裂或凹坑(点蚀)。

齿轮疲劳损坏经常表现为点蚀或轮齿折断;轴承疲劳损坏常表现为点蚀,导致轴承不能做正常滚动;轴、杆、弹簧等零件的疲劳损坏常表现为折断。

(4)工程机械零件腐蚀损坏

工程机械腐蚀损坏是指零件由于化学反应而逐渐蚀损破坏的现象。化学腐蚀是金属零件表面与化学物质反应而引起的损坏,如零件表面锈蚀,发动机的零件酸腐蚀等。

由于腐蚀引起金属零件表面材料损失,致使机械设备形状或位置要素发生改变进而出现故障。钢铁零件的表面锈蚀,致使配合副相对运动不灵活,严重时不能活动,即工程机械发生了故障。例如:履带推土机的转向离合器锈蚀严重时会失去转向作用;发动机气门与气门座的工作带蚀损,会造成气门关闭不严而漏气,致使发动机不易启动。

(5)工程机械零件热损坏

工程机械零件热损坏是指机械零件在高温或高电压条件下被烧焦和烧穿的现象,例如:电器件(灯泡、电线、线圈等)烧坏,电子元件(二极管、三极管等)烧穿或烧毁等;发动机汽缸垫烧坏;离合器摩擦部分或行车制动器的摩擦件烧坏,造成摩擦力矩减小,引起离合器打滑或制动不良。

7.1.3 工程机械常见故障现象

通过各种故障所表现出的现象,就能诊断出工程机械潜在故障的位置,从而能够有针对性地进行保养和维修。工程机械常见的故障现象如表 7-1 所示。

表 7-1 工程机械常见故障现象

序号	故障	现象	举例
1	工作异常	表现为不能正常运行	提升缓慢,行车抖动,效率下降等
2	声音异常	表现为不正常的噪声	敲缸,气门异常等
3	气味异常	闻到特殊的气味	电线烧毁时的胶皮味儿,燃油泄漏时的生油味儿,离合器或制动器摩擦片过度磨损的焦糊味儿等
4	排放异常	尾气颜色异常	冒蓝烟、冒黑烟、冒白烟等,颗粒物超标等
5	温度异常	超出正常的工作温度范围	冷却液温度过低或过高,变矩器油温异常,轮胎温度过高等

序号	故障	现象	举例
6	油料消耗异常	油料添加、更换频繁	燃油、机油等油料消耗过快、过多
7	"一断""二开" "三松""四磨" "五漏"	折断、开裂、磨损、泄漏	杆件折断、开焊、开铆；皮(齿)带松，链条松；普通接触磨损，磨料磨损，疲劳磨损，黏着磨损；漏油，漏水，漏电，漏气，漏液

7.1.4　工程机械典型故障 1 举例

（1）液压缸的故障分析

液压缸是把液压能转换为机械能的执行元件。液压缸常见故障有：爬行、泄漏、液压缸机械别劲、液压缸进气、液压缸冲击及振动等[9-11]。

① 液压缸爬行故障分析及处理（表 7-2）

表 7-2　液压缸爬行故障分析及处理

序号	故障	处理方法
1	液压缸或管道内 存有空气	设置排气装置；若无排气装置，可开动液压系统以最大行程往复数次，强迫排出空气；对系统及管道进行密封
2	缸内某处形成负压	找出液压缸形成负压处加以密封并排气
3	密封圈压得太紧	调整密封圈，使其不松不紧，保证活塞杆能来回用手拉动
4	活塞与活塞杆不同轴	两者装在一起，放在 V 形块上校正，使同轴度误差在 0.04 mm 以内；换新活塞
5	活塞杆不直(有弯曲)	单个或连同活塞放在 V 形块上，用压力机控直和用千分表校正调直
6	导轨或滑块夹得太紧 或与液压缸不平行	调整导轨或滑块的压紧条的松紧度，既保证运动部件的精度，又保证滑动阻力要小；若调整无效，应检查缸与导轨的平行度，并修刮接触面加以校正
7	两活塞杆两端 螺母扭得太紧	调整松紧度，保持活塞杆处于自然状态
8	缸内壁或活塞表面拉伤， 局部磨损严重或腐蚀	镗缸内孔，重配活塞

② 液压缸的冲击故障分析及处理（表 7-3）

表 7-3　液压缸的冲击故障分析及处理

序号	故障	处理方法
1	未设缓冲装置	调整换向时间(>0.2 s)，降低液压缸动力速度；增设缓冲装置
2	缓冲装置中的柱塞和 孔的间隙过大	更换缓冲柱塞或在孔中镶套，使间隙达到规定要求；检查节流阀
3	端头缓冲的单向阀反向	修理、研配单向阀与阀座或更换

续表 7-3

序号	故障	处理方法
4	活塞杆表面损伤	修复活塞杆损伤
5	密封圈边缘损伤或老化	更换密封圈
6	管接头密封不严	检查密封圈及接触面有无伤痕,加以修复或更换
7	缸盖处密封不严	检查接触面加工精度及密封圈老化情况,及时更换或修复
8	由于排气不良,使气体绝热压缩造成局部高温而损坏密封圈	检查排气装置,或增设排气装置;及时排气
9	缓冲装置处密封不严	检查缸杆接触面加工精度及密封圈老化情况,及时更换或修整

③ 液压缸的内泄露故障分析及处理(表 7-4)

表 7-4　液压缸的内泄露故障分析及处理

序号	故障	处理方法
1	缸孔和活塞因磨损致使配合间隙增大超差	活塞磨损严重时,应镗缸孔,将活塞车小,并车几道糟装上密封圈密封或新配活塞
2	活塞上的密封圈磨伤或老化	更换密封圈
3	活塞与缸筒安装不同心或承受偏心负荷,使活塞倾斜或偏磨	检查缸筒、活塞与缸盖活塞杆孔的同心度,并修整对中
4	缸孔径加工直线性差或局部磨损造成缸孔局部腰鼓形	重配活塞
5	声响和噪声	将活塞慢速运动,往复数次,每次均走到顶端,以排除缸中气体,即可消除此严重的噪声,还可防止密封圈烧伤

(2)液压马达故障分析

液压马达为液压系统的一种执行元件,它将液压泵提供的液体压力能转变为其输出轴的机械能。液压马达亦称为油马达,主要应用于注塑机械、船舶、起扬机、工程机械、建筑机械、煤矿机械、冶金机械、石油化工、港口机械等[12-15]。

① 液压马达的转速降低,输出转矩降低

产生的原因有:a. 液压泵供油量不足。液压泵因磨损轴向和径向间隙增大,内泄漏量增大,液压泵电机转速与功率不匹配等原因,造成输出流量不足,进入液压马达的流量和压力不够。b. 液压油黏度过小,致使液压系统各部分内泄漏增大。c. 液压系统调压阀(例如溢流阀)调压失灵,各控制腔内泄漏量增大等原因,造成进入液压马达的油液流量和压力不够。d. 液压马达本身的原因。如 CM 型液压马达的侧板和齿轮两侧面磨损拉伤,造成高低压腔之间泄漏量大,甚至串腔;YMC 型摆线齿形内啮合液压马达由于没有间隙补偿,转子与定子以线接触进行密封,且整台液压马达中的密封线过长,因而引起泄漏,马达效率低。特别是当转子与定子接触线因齿形精度差或者拉伤时,泄漏更为严重,会造成转速下降,输出扭矩降低。e. 工作负载较大,转速降低。f. 液压系统的其他元件故障。

② 液压马达的噪声大,且振动和发热

产生的原因有:a. 液压马达齿形精度不高或啮合接触不良;b. 液压马达内部零件损坏;c. 液压马达轴向间隙过小;d. 液压马达齿轮内孔与端面不垂直或液压马达前后端盖上两孔不平行;e. 液压油黏度过高或过低;f. 滤油器因颗粒等污染物而堵塞;g. 油泵进油管接头漏气;h. 油箱液位太低;i. 液压油老化衰变,消泡性能差等原因,造成空气泡进入液压马达内。

③ 液压马达的油封漏油

产生的原因有:a. 泄油管的压力高,造成油封漏油;b. 油封破损;c. 轴颈拉伤。

7.2　工程机械可监测性设计与数字诊断

国内设备监测与诊断系统经过几十年的研究和应用推广,现已经广泛应用于各行业中。该项技术的应用主要分为两个阶段:第一个阶段是传感器与信号分析处理阶段,传感器是依据光敏、热敏、霍尔效应、电磁感应、声呐等原理制成的敏感元器件,利用传感器信号反映设备的工作状态参数。信号分析与处理技术是依靠微机,利用数据库进行采集信号对比分析的技术。第二个阶段是人工智能和专家系统的应用阶段,是指利用计算机实现　种新的能以人类智能相似的方式做出反应的智能系统,现在的智能故障诊断系统已经朝向远程控制的趋势发展[16]。鉴于工程机械应用环境的特殊性和复杂性,工程机械的一次故障停机将意味着重大的经济损失,因此尽快对设备故障做出诊断并能及时组织排除显得尤为重要。现代工程机械结构复杂,给故障诊断带来了很大阻碍。传统的故障处理以人工排除为主,人工检测的优点是操作简便、准确,但存在时间长、效率低的缺点。因此,有必要寻求一种简便高效的方法,对在施工现场运作的工程机械进行实时故障监测。

故障诊断系统具有可靠、高效、先进的特点。基于机器学习算法的故障智能诊断避免了维修人员由于专业知识的限制导致的维修效率及成功率低下的问题,诊断过程只需要操作人员做简单的操作,故障的判断均由系统预设程序完成,具有高可靠性。诊断系统中传感器的应用在一定程度上代替了专用的电气检测设备,程序控制器运算代替了人类思维,避免了因设备停工时间的增加而导致利益损失等问题,操作便捷,具有诊断结果准确、迅速、高效等显著优点。

故障诊断在同类产品中虽早有应用,但大多是以简单的故障判断以及故障案例显示为主。如何对工程机械实现在线监测,预知故障的发生,把损失降到最低呢?

　　绝大多数工程机械中都有润滑系统,润滑油经过管路到达设备摩擦副,对机械中的运动副进行润滑,减少其直接接触而产生的磨损。既然润滑油流经机械的所有运动副,而具有相对运动的机械结构发生故障的可能性最大,同时润滑油管路构成独立的回路,润滑油在润滑过程中受外界影响极小,因此,如果我们可以对润滑油进行在线监测,通过分析润滑油的理化性质,就可以实时掌握机械设备所处的工作状态,还能够根据润滑油理化性质的变化趋势,预知设备潜在的故障,及时对设备进行预防维修,将损失降到最低。

　　动力系统的机械润滑油有以下几种:柴油机润滑油;齿轮箱润滑油;液压油;汽轮机油(燃气轮机和蒸汽轮机)。柴油机润滑油和齿轮箱润滑油一般黏度比较大,油液内的磨损金属颗粒浓度大,所含杂质多,油色发黑不透光,一般不适合用颗粒浓度传感器监测,主要通过总铁含量传感器和在线铁谱仪等监测其所含的磨损颗粒物浓度。柴油机润滑油和齿轮箱润滑油允许的含水量相对较高,一般可达到1%甚至更高。液压油和汽轮机油一般黏度较小,油液内的磨损颗粒浓度相对较低,油色透明,能够采用颗粒污染度传感器监测磨损颗粒的浓度,同时可以用流体黏度传感器监测油品的黏度、密度等参数。液压油和汽轮机油的含水量相对较低,一般不超过0.1%。

　　在线监测与在线监测仪器的开发与研制是油液检测与故障诊断技术发展的热点和趋势之一,许多国内外研究机构对此做了大量的研究和探索[17-18]。但是由于机械设备的故障特征不同,被检测对象的监测指标要求各异,故障特征信号检测手段的复杂以及状态监测各种层次的区别等,使得在线监测仪研发的技术路线门类繁多,受到油液监测人员的极大关注。

　　工程机械状态监测与故障诊断系统涉及力学、电学、化学、材料学等多门学科,核心是传感器技术与计算机技术。工程机械在运行过程中存在的潜在故障可以通过设备状态参数信号来预判,通过监测转速、温度、声音、振动、尾气成分浓度等工作状态信号,并将其与设备状态数据库进行对比,能够实现故障的有效判定,进而采取有效的维修措施,可将故障消灭在发生的初期,延长工程机械的使用寿命。故障诊断及工作流程见图7-2所示。

　　针对传感器和各监测电路的采集信号,要首先经过信号处理,将模拟信号转化成数字信号,并进行必要的滤波整流或者信号放大,计算机将处理后的信号与数据库中的标准值进行比较,并按照数据对比结果进行故障种类判断,并根据采集信号分类进行故障部位确定,点亮报警灯,并输出故障信息,包括故障产生的部位、故障原因以及推荐维修方案。这里介绍通过油液的在线监测实现工程机械的故障诊断系统。

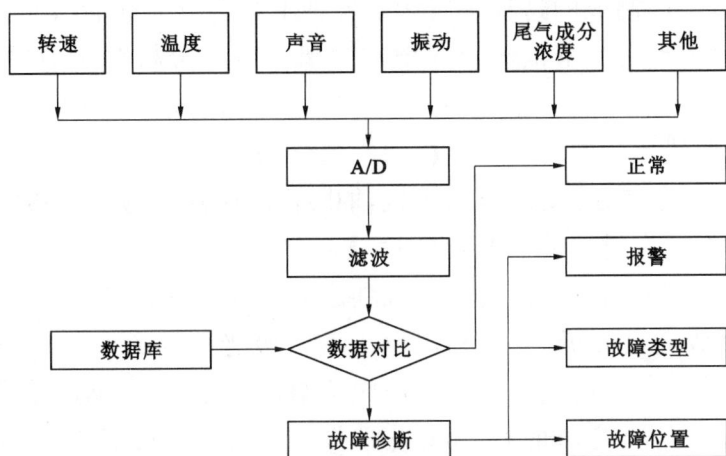

图 7-2　故障诊断工作流程图

7.2.1　油液分析方法

到目前为止,油液分析方法有很多种,这些油液分析方法各具特点,因此,工程技术人员可以根据具体工况以及所要监测的指标选择适当的方法。以下是几种比较常用的分析技术:

(1) 油液理化性能分析法

油液理化性能监测主要是通过对油液理化性能指标的检测来实现。油液理化性能指标按其所反映的油品性能特征来分类。主要有油液物理性能指标、油液化学性能指标和油液台架性能指标等三方面的内容。这些指标主要有黏度、水分、凝点、机械杂质、不溶物、油斑测试、抗氧化性、抗乳化性、抗磨性和挤压性能等。

(2) 铁谱分析法

铁谱技术是一种磨损颗粒分析技术[19]。它利用高梯度磁场的作用将机器摩擦副中产生的磨损颗粒从润滑油液中分离出来,并使其按照尺寸大小依次沉积在显微基片上而制成铁谱片,然后置于铁谱显微镜或扫描电子显微镜下进行观察;或者按照尺寸大小依次沉积在玻璃管内,通过光学方法进行定量检测,以获得摩擦副磨损过程的各类信息,从而分析机器的磨损机理和判断磨损的状态。

(3) 光谱分析法

光谱分析法可分为:分光光度分析法、原子发射光谱分析法和原子吸收光谱分析法三种。

① 分光光度分析法:是利用在用机油中金属微粒对光的吸收作用而建立的分析方法。其操作过程是,采用分光光度计测定经过配制的含有某种金属微粒溶

液的吸光度,再与已制成的这种金属元素各种不同含量的标准谱或标准吸光度曲线进行比较,就可确定此溶液的金属微粒含量。例如分析机油中的铁含量时,应先把含铁油样燃烧到只剩下金属微粒时,加酸溶解制成含铁溶液,然后与标准谱或标准吸光度曲线比较即可分析出机油中的含铁量。

②　原子发射光谱分析法:是利用机油中金属微粒受电能或热能作用后由激发态回到原状态时发射出特性光谱的性质而建立的分析方法。根据机油中受激发的诸金属元素发射出的不同的光谱线强度对各元素进行定量分析。

③　原子吸收光谱分析法:是利用原子蒸汽吸光度与原子浓度成正比的机理建立的分析方法。它是将机油中金属微粒热解原子化,并根据原子蒸汽对各种不同波长的单色光光源发出的特征线吸收作用的不同,来确定各种金属元素含量的。

（4）介电常数分析法

物质的介电常数（亦称电容率）通常随温度和介质中传播的电磁波的频率而变,机油的介电常数也具有这一性质。在同一温度下,在用机油介电常数的变化,主要是机油内添加剂逐渐减少,污染老化程度逐渐增加造成的。测得介电常数这一变化量,即可分析出机油品质的变化程度。

7.2.2　油液在线监测指标及技术问题

（1）齿轮油和液压油监测指标

齿轮油和液压油监测指标包括:黏度,密度,温度,介电常数,微量水分含量,颗粒污染度,总铁含量,油品老化程度。

（2）相关主要技术问题

①　齿轮油的循环和在线监测

齿轮油从齿轮箱底部抽出后,经过在线监测系统再送回到齿轮箱,形成齿轮润滑油的循环流动。对抽出的齿轮油实施在线监测,能够获取齿轮油一段时间内工作状态变化的趋势情况,同时获得关于齿轮磨损的代表性信息,如金属磨损颗粒的浓度、含水量等信息。

②　液压油的在线监测

将液压油从液压泵站的油柜中抽出,导入到液压油在线监测系统中对其进行实时监测。需主要解决的技术问题是取样点的选择,考虑从油柜上选择合适的取油口,保证抽出的液压油具有代表性,同时不妨碍液压系统的正常工作。最好的抽取方式是下抽出上返回,根据油站容积,来考虑系统的循环量,防止影响设备正常运行,要保持油站液面在合理范围之内,避免泡沫的产生。

液压油在线监测系统能够对液压系统中的液压油实施实时的在线监测,将液压油的各项状态指标按一定时间间隔采集输入到计算机中,在计算机监控软件中实时显示各项指标的时间序列变化趋势。要求该系统具备以下功能:

A. 指标报警功能:当液压油的某项或多项指标超过报警阈值时,系统现场报警,提示现场人员对液压系统做应急处理。

B. 趋势分析功能:能够用监控软件描绘各指标随时间变化的趋势图,利用趋势图对液压油某些指标未来的变化趋势进行分析,获取趋势变化的特征信息。

C. 液压油处理系统的联机操作功能:在线监测系统需提供相应的控制接口输出,系统需具备与液压油处理设备联机能力,如与滤油机、过滤机等联机的能力。当需要通过在线监测系统自动控制液压油处理机构工作时,能够通过在线监测系统的监测数据变化情况,自动启动液压油处理机构对在用液压油进行处理。

(3) 液压油在线监测系统的安装和布局

在线监测系统控制柜的大小和放置位置要满足现场设备布局的要求,不妨碍关键设备的操作和运转。看是否有振动,如果振动较大就要考虑在线监测系统控制柜与关键设备不能安装同在一个基台。

(4) 在线监测数据的联机读取

在线液压油监测系统的数据要能够输入到现场的工控机或者用单独的计算机系统实时显示。

7.2.3 在线监测系统的硬件结构

工程机械状态监测与故障诊断系统的任务主要有两大部分:一是完成数据采集,包括采集传感器的信号输出和传感器数据的预处理;二是完成故障诊断任务。对于后者,采用先进的嵌入式系统结构,可以满足系统的速度、体积、功耗等要求;对于前者,采用高速微处理器。实际应用时,是组成一种分布式监测处理系统,即上、下位机两级微机结构。在此系统中,数据采集模块负责完成数据采集、信号处理的任务;下位机实现数据存储、诊断、显示及报警的功能;而上位机主要是给用户提供一个可视化的界面,方便用户观测。图 7-3 所示是油液在线监测原理图。

(1) 油液参数采集模块及检测指标

用于采集油液理化特性参数的传感器主要包括:流体测量模块,用于采集油液的黏度、密度、温度、介电常数信息;油中微水模块,用于采集油液含水量信息;油中颗粒污染度模块,用于采集油液中颗粒物的数量和大小信息;总铁量传感器,用于采集油液中金属颗粒物信息;在线铁谱传感器,用于获取油液铁谱信息,进而得到磨损情况信息。

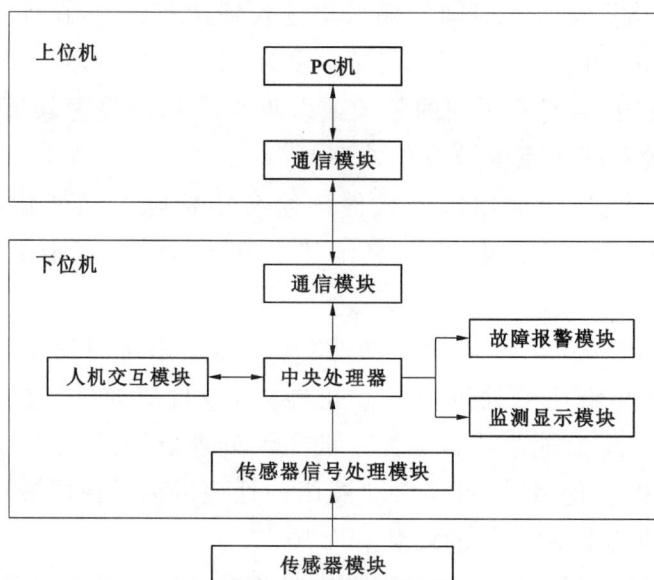

图 7-3　油液在线监测原理图

（2）数据采集传输系统

信号采集控制部分由 ADC 数据采集卡、齿轮泵、声光报警装置、硬盘（或 SD 卡）和下位机单板机构成。前述的各种传感器中水分传感器输出的信号为模拟信号，通过 ADC 数据采集卡采集到下位机单板机，四合一传感器的数据通过 CAN2.0 接口采集到下位机单板机，颗粒污染度传感器的数据通过 RS232 串行接口输入到下位机单板机。下位机单板机根据获取传感器信号的分析结果做出相应的控制，主要是根据测量的需求调整和控制齿轮泵的流量，以及根据监测的液压油指标是否超过设定的阈值来决定声光报警装置是否执行报警动作。

与上位机服务器的通信数据传输和管理部分主要是将下位机单板机采集到的传感器信号通过计算机网络传输到上位机 PC，并将其存入上位机的数据库供分析使用，同时实时显示各个传感器对本项目的监测数据。

（3）上位机通信和数据传输

下位机采集模块与上位机之间采用 LAN 接口，使用网线建立连接。通信模式为上位机启动→根据 IP 地址连接下位机→建立通信→下位机开始采集工作→根据通信协议发出收回数据指令→下位机将采集数据打包上传→上位机收到数据后存入数据库→上位机将处理后的数据回传给下位机，下位机执行，现场显示。系统控制和数据处理流程如图 7-4 所示。

通信具备功能有：时间设置、串口波特率设置、查询模拟量通道数据、查询 CAN 总线数据、查询串口数据、查询历史记录、显示命令等。

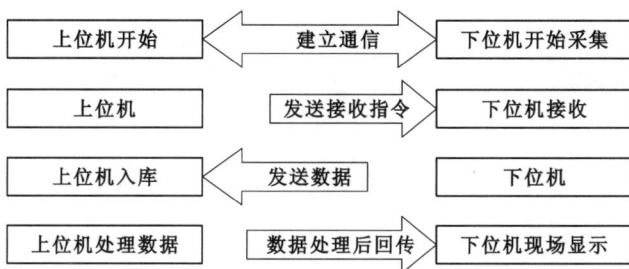

图 7-4　系统控制和数据处理流程

　　数据接收后存入 SQL Server 2005 数据库,以小于 5 s 的处理时间将检测项分别代入相应的计算公式进行处理后界面显示,由于上位机与下位机是以网线连接,软件提取数据后分别进行运算和修正,然后在显示界面进行实时数据的显示,以 20 h 为单位进行趋势曲线绘制,具备历史数据查询功能,最大查询期限 1 年,以月为单位进行报表的打印及部门之间的传送。每项监测指标设置上下报警界限,数值超过报警界限执行声光报警。图 7-5 所示为软件界面,其中每个坐标系中是在线监测系统监测到的润滑油的一个指标的分趋势图,图中显示的是水分传感器输出的数据。

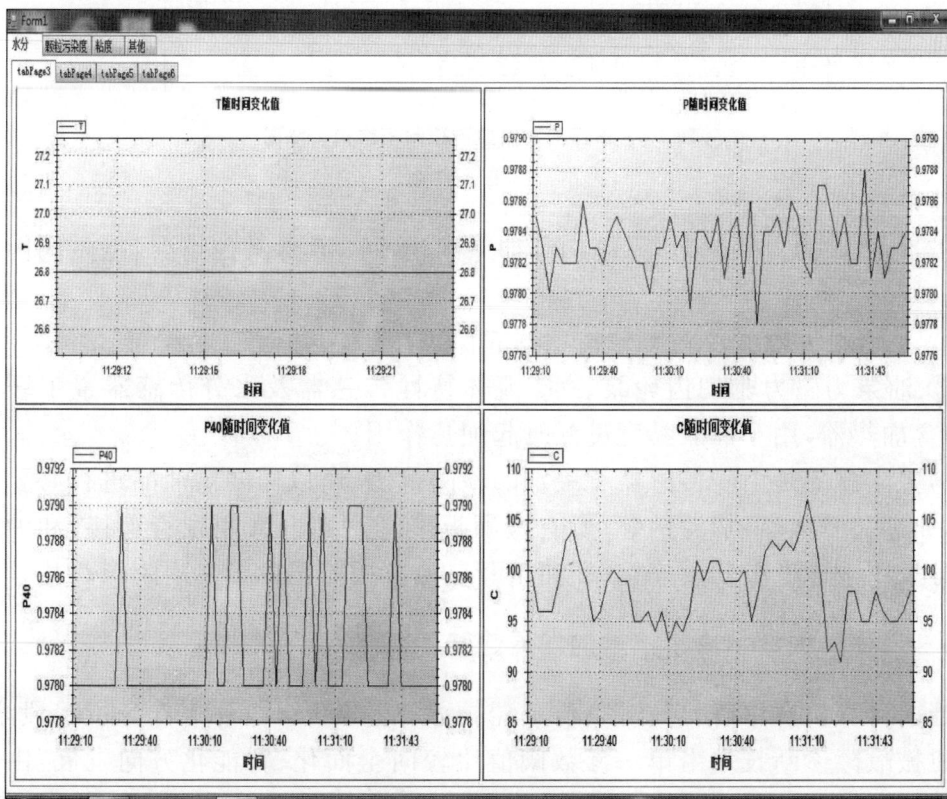

图 7-5　软件界面

（4）控制柜结构

液压油在线监测控制柜结构如图 7-6 所示，所有监测部分安装在一个柜体之内，其中左侧为高黏度齿轮油监测系统，右侧为液压油监测系统，各个系统采用独立的动力泵及循环系统，以避免油品的污染。

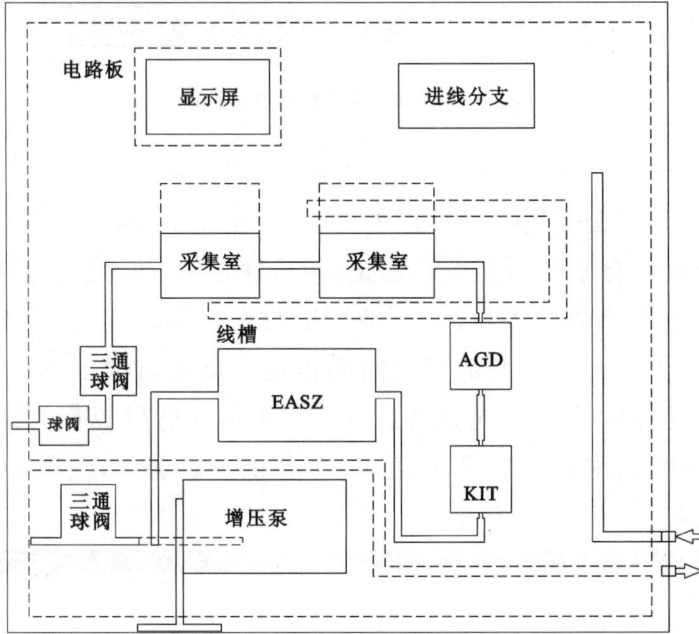

图 7-6　液压油在线监测控制柜结构示意图

其中：

① 电磁阀为自保调节，系统内部如果出现泄漏或者其他情况，电磁阀能自动切断。

② Y 型过滤器主要对颗粒传感器起保护作用，防止堵塞传感器。

③ 油泵为磁力驱动齿轮泵。④ 流体特性传感器及水分传感器置于缓冲油池，内含加热器，用于油品黏度过低时起加热作用。

需要注意的是由于传感器有一定的检测范围，所以需要对油品进行必要的预处理，如进行升温、增加滤网等；所有检测板上管路部分采用硬管连接，和油箱连接部分采用液压橡胶软管连接；在油箱开口位置按照国标设立启闭阀。

7.2.4　工程机械数字诊断技术的发展趋势

当前计算机技术、信息技术、传感器技术迅速发展，各种信号分析手段增多，工程机械故障诊断技术由单一参数阈值比较向全面化、智能化方向发展，由依靠人的感官和简单仪器向精密电子仪器以及以计算机为核心的故障监测系统发展，具体表现为以下几个方面：

（1）多传感器数据融合技术

由于工程机械逐步大型化、自动化、复杂化，要求对工程机械进行全方位、多角度的监测与维护，以便对工程机械的运行状态有整体的、全面的了解。因此，在进行故障诊断时，可采用多个传感器同时在各个位置进行监测，然后按照一定的方法对这些信息进行处理并且与当代最新传感技术融合，研究开发新型传感器和监测仪器，对工程机械运行过程中的几何量、物理量快速准确地检测，以提高故障诊断的效率和准确率[20-21]。

（2）混合智能故障诊断技术

由于工程机械故障的多样性、突发性、成因复杂性，导致进行故障诊断所需要的知识对特定领域实践经验和诊断策略的依赖，所以智能故障诊断系统对工程机械尤为重要。将多种不同的智能诊断技术相结合而形成的混合诊断系统，是智能故障诊断研究的一个发展趋势。结合方式主要有基于规则的专家系统与神经网络的结合，实例推理与神经网络的结合，模糊逻辑、神经网络与专家系统的结合等。其中，模糊逻辑、神经网络与专家系统结合的诊断模型是最具发展前景的，也是目前人工智能领域的研究热点之一[22]。

（3）结合最新信号处理方法的故障诊断技术

工程机械运行过程中由于转速不稳、负荷变化、故障等原因导致产生的振动信号具有非平稳、非线性、不确定性等特征，传统的信号处理方法难以客观准确地描述，近年来出现的小波分析、数学形态滤波、几何分形、混沌和独立分量分析等新的信号处理方法，对非平稳信号和非线性信号的分析具有显著效果。

小波分析能够将任何信号分解到一个由小波伸缩而成的基函数族上，在通频范围内得到不同频道的分解序列，在时域和频域均具有局部化的分析功能[23]。因此，可根据故障诊断的需要选取包含所需故障信息的频道序列进行深层信息处理以查找故障源。小波分析方法具有良好的时频定位特性，特别适合于分析时变、瞬态及非线性信号，具有一般谱分析所不具备的时域和频域同时定位的能力，为设备故障检测诊断提供了新的强有力的分析手段。几何分形和混沌则模拟自然界的方式来处理信息，为工程机械故障诊断中非线性问题的分析提供了一种新的思路和方法，使故障诊断技术进入一个更加广阔的天地。将小波分析与分形理论、神经网络等有机结合是提高故障诊断可靠性的重要方法之一。

（4）基于大数据的远程故障诊断技术

现代工程机械结构复杂，现场故障诊断与维护工作难度大，另外，工程机械工作在各工地上，分散性大，流动性强，给故障的及时排除带来了很大困难。因此，建立工程机械的远程监测与故障诊断系统将成为故障诊断技术的主流发展方向[24]。

工程机械远程监控系统的解决方案主要采用 GPS 全球定位系统、GPRS/GSM 无线通信和 GIS 地理信息系统（Geographic Information System，有时又称为地学信息系统，是一种特定的十分重要的空间信息系统。它是在计算机硬件、软件系统支持下，对整个或部分地球表层空间中的有关地理分布数据进行采集、储存、管理、运算、分析、显示和描述的技术系统）三种技术的组合。在机械设备机身上安装控制器及数据采集装置，控制器通过数据采集装置获取机械设备的状态信息。同时通过 GPS 接收机接收地理位置信息。然后通过 GPRS 无线调制解调器，向机群中心站发送机械设备的状态数据和地理信息数据，机群中心站再将数据通过 GIS 发布，实现工程机械设备的远程监控。GIS 作为一种信息系统，除具有对信息的存储、管理、查询、统计等功能外，还有强大的空间数据管理和空间分析功能，使其在工程机械远程监控中起着举足轻重的作用。

（5）基于互联网的故障诊断技术

借助于互联网平台实现机械故障诊断技术即通过互联网络实现企业内部、企业之间，甚至在全世界范围内的数据共享和远程测试，在无须用户进行编程的情况下就可以做到连续的发布或订阅实时信息，利用远端功能强大的工作站或多微机并行处理系统，分析数据测试结果，对现行设备实施精确的故障诊断和预报[25]。

7.3　数字诊断技术在工程机械上的应用

在不同工程机械故障诊断的应用中[26-28]，最常见的是油液在线监测技术。油液监测技术是通过分析被监测机械设备在用润滑油的性能变化和油中磨损颗粒的情况，获得机械设备润滑和磨损状态的信息，从而评定机械设备的运行工况和对故障进行智能预测，并进一步确定故障原因的技术[29-30]。本节将从油液监测的角度，列举一些相关的应用。

7.3.1　盾构机油液在线监测系统和便携式监测系统

盾构机作为隧道掘进设备，必须保持良好的安全运行与备用状态，才能有效地发挥设备效率。为保证这种良好的状态，必须对盾构机进行标准化、科学化、系统化的维护。由于盾构机工作的环境及运行过程中复杂的工况条件，因此状态监测与故障诊断等与设备维护相关的新技术不断地被引入盾构机的维护及维修改造、技术升级的过程中[31-32]。

据统计，盾构机液压系统故障中 70% 以上的故障是油液的污染造成，其中固体颗粒污染及水分污染占 80% 以上。液压油系统如果出现非正常状态工作，会导致压缩比发生变化,进而引起液压系统工作性能变坏及液压系统相关元器件的磨损加剧,因此对盾构机液压系统进行状态监测与故障诊断显得十分有必要[33]。

以往设备油液检测都是现场采集油样,到实验室去完成分析,分析完成后数据再反馈给现场维修人员,这样就需大量时间传递油样和数据,完成一个油样分析往往少则需要几个小时,多则长达数天,同时,过程中由于受到取样的限制,很难保证取到具有代表意义的特征油样。调查表明:50%以上的离线分析油样没有发现问题,仅有 5%~15% 检测出油品问题,而很大一部分未发现油液存在问题的机械设备也出现了故障。由此可以看出离线式的实验室油液监测方法不仅消耗了大量人力和物力,也很难保证数据的时效性,无法真正及时地诊断故障。鉴于此,实时在线监测油液状态数据是至关重要的。图 7-7 所示为盾构机液压油在线监测系统的基本原理和数据传输的示意图。

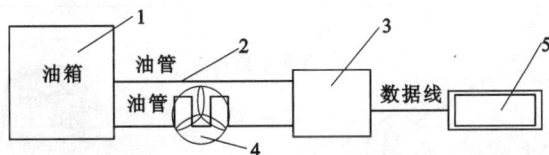

图 7-7　在线监测系统的基本原理图

1—盾构机润滑油箱(监测对象);2—取样流程;3—黏度、水分和颗粒污染度集成模块,

4—辅助取样动力源;5—现场显示及数据远传端口

该监测系统针对盾构机液压系统摩擦信息进行监测和分析,了解和掌握设备运转过程中润滑油各项指标的变化状况,同时具备异常预警功能,在此基础上进行数据的收集和分析处理,完成特征库的建立及远程诊断模型的初步建立。从而对盾构机的润滑情况和关键部件的磨损状态进行详细的解析,并为盾构机的状态维护和故障诊断提供可靠的数据支持。

对盾构机液压油进行在线监测具有如下优点:

① 有助于提高盾构机安全运行水平,减少意外停机时间;

② 降低盾构机维修成本;

③ 延长盾构机使用寿命;

④ 传统盾构机润滑管理的突破,通过数据的分析可以从定期维护(BM PM)向基于状态维护(TMP)推进;

⑤ 实现盾构机现代化科学管理;

⑥ 实现润滑问题查找的根源化,磨损早期的预警分析及油液乳化及污染早期的分析诊断。

然而,液压油在线监测的成本较高,为每台盾构机加装这套系统存在困难。为了满足油液现场监测和低成本的需求,我们在油液在线监测系统的基础上,研发出一种用于盾构机现场油液监测的低成本的便携式液压监测系统。

图 7-8 所示是便携式油液监测系统硬件模块的组成图。其测试系统硬件模块组成特点如下：

① 为了减轻相应的尺寸和重量,对数据采集和数据解析采用分体开发的方式;数据解析部分采用 Windows 系统平板电脑或者笔记本电脑来实现,通信采用蓝牙无线数据传输实现[34]。

② 数据采集部分采用模块化集成处理,面板设定 220 V 电源接入,配备 380 V 转 220 V 模块,如果需要直接插接即可。

③ 模块配置 $\phi6 \sim \phi8$ 进出油口,采用标准连接方式,现场直接插拔即可,配置相关插拔部件。

④ 打印机采用热敏打印机,打印内容根据需方提供相关的信息后排版确认。

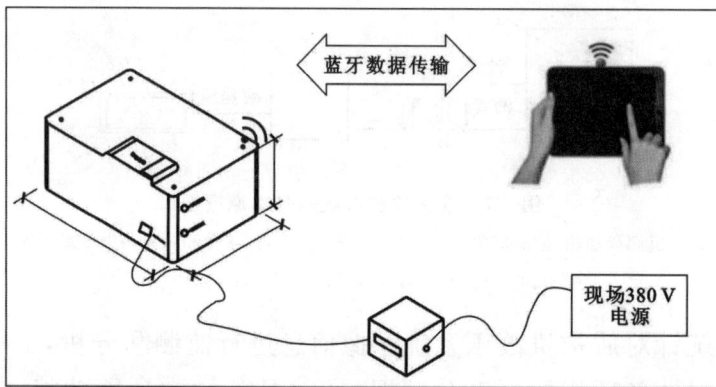

图 7-8　便携式油液监测系统硬件模块组成

盾构机油液在线监测系统和便携式油液在线监测系统的监测参数一致,具体如表 7-5 所示。

表 7-5　便携式测量仪监测参数表

测量参数	测量范围	精度	对应标准	参数意义
黏度	$0.5 \sim 50$ mPa·s	±5%	GB/T 256	黏度表示油液流动分子间摩擦阻力的大小。黏度过大会增加管路中的输送阻力,造成工作过程中能量损失增加。黏度过小则不能保证液压系统和元件的良好润滑条件,加剧零部件的磨损,且系统泄漏增加,引起油泵容积效率下降
温度	$-40 \sim 150$ ℃	±0.1 ℃		
介电常数	$1 \sim 7$	±0.01%		油品的介电常数同其水含量有很密切的关系
水分含量	≥0 ppm	±10 ppm	GB/T 260	水分存在会使添加剂水解,生成酸性物质腐蚀金属表面,并加剧油品的氧化,生成不溶物阻塞过滤器

测量参数	测量范围	精度	对应标准	参数意义
相对湿度	0～100%	±0.1%		
电导率	0～450000 ps/m	1 ps/m		
密度	0.65～1.5 g/mL	±5%		
颗粒污染度 (4 μm、6 μm、 14 μm 和 21 μm)	污染度等级 ISO 4-25 级	10%	ISO 4406:99、 SAE AS 4059	颗粒污染度是液压系统的关键参数。液压润滑系统故障的 75% 甚至 90% 是由系统污染引起的。其中固体颗粒对机械设备的危害最大,会产生"链式反应",对磨损产生加速作用
压力	1～12 bar			主要测量检测仪动力泵后压力

该监测系统实物包括数据采集和数据处理显示两部分[35]:

① 在现场油路管线上选取适当的油样采集点,将油样进行处理后引入监测集成模块。

② 现场采集的数据首先存入缓存部位(大容量 SD 存储卡),然后对数据进行分析,进行现场显示或者根据需求进行相关信号的远传,以便于将报警信息传递给操作人员。

盾构机油液在线监测系统采用有效的监测和分析诊断技术,通过对设备长期的运行数据收集,进行数据库的组建及综合分析,从而及时、准确地掌握设备运行状态,保证设备的安全、可靠和经济运行。

7.3.2　工程机械车载油液在线监测系统

工程机械车载油液在线监测系统监测的参数有黏度、水分、污染度。在输出的结果中,油液的黏度为运动黏度;水分为油液中的绝对含水量;而污染度的输出为每毫升 4 μm、6 μm、14 μm、21 μm 粒径颗粒的数目以及污染等级。同时,该系统具备报警功能,黏度和污染度设置上下限,水分指标按照要求设置上限报警[36]。

图 7-9 所示为工程机械车载油液在线监测系统的功能结构示意图,其中:

① 四合一传感器:读出温度、黏度、介电常数、密度四项参数,采用 12 V 供电,CAN 总线输出。压力传感器检测范围为 0～1.5 MPa,5 V 供电,输出 0～5 V 电压。

② 颗粒度传感器:RS232 接口,12 V 供电。

③ 主控板:由 12 V 供电,各传感器、电磁阀、泵控制器都连接在主板上,主板将采集到的信号转换为可识别的数值,显示在 7 寸 LED 液晶屏上。

④ 电源开关:由一个轻触按键控制总电源,一个按键控制泵和电磁阀的启停。

图 7-10 所示为车载油液监测系统示意图。

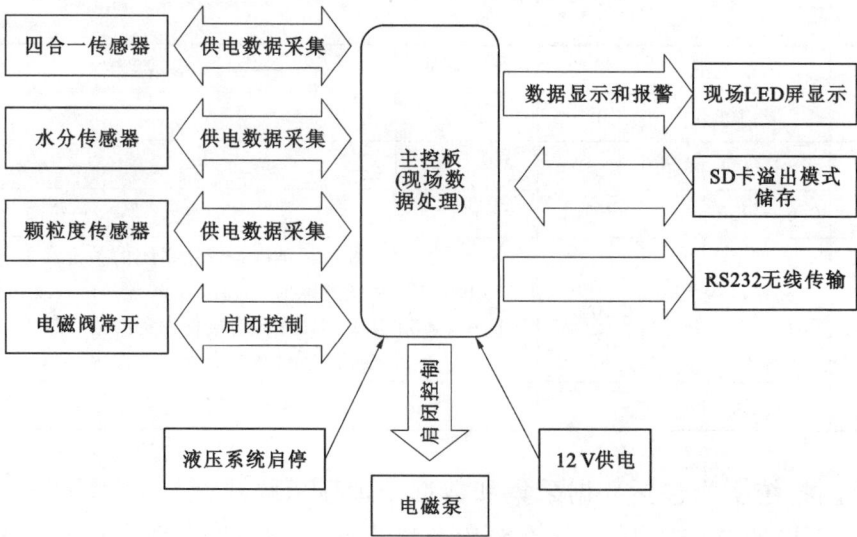

图 7-9　工程机械车载油液在线监测系统的功能结构示意图

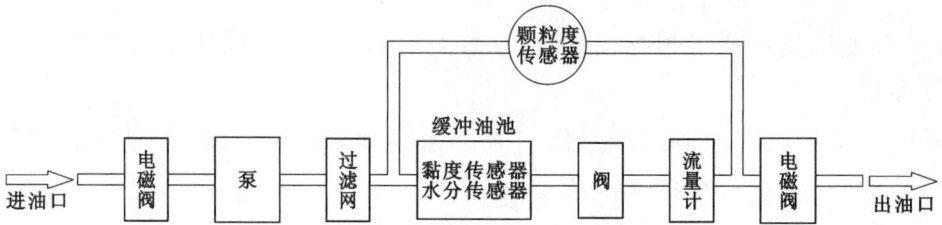

图 7-10　车载油液监测系统示意图

该车载油液监测系统主要运用在混凝土泵车上,通过对润滑油液的黏度、水分、污染度的监测和预警,从而实现对混凝土泵车进行标准化、科学化、系统化的维护。图 7-11 所示为车载油液在线监测系统实物图,图 7-12 所示为泵车液压油在线监测现场。

图 7-11　车载油液在线监测系统实物图

图 7-12　泵车液压油在线监测现场

参 考 文 献

[1] 杨国平. 现代工程机械故障诊断与排除大全 [M]. 北京:机械工业出版社,2007.

[2] 徐化娟,李宏伟. 工程机械故障浅析 [J]. 经济技术协作信息,2008(24):95.

[3] 李淑范. 工程机械维修常见技术问题分析 [J]. 黑龙江科技信息,2011(26):58.

[4] 沙锋. 公路工程机械施工设备管理及维护常见问题 [J]. 工程技术(建筑):文摘版,2016(1):230.

[5] 李庭斌. 工程机械故障要素及其应用 [J].科技与企业,2014(14):451,454.

[6] 王福山. 工程机械液压缸泄漏故障的诊断及维修 [J]. 工程机械,2001,32(5):52-54.

[7] MA N, WU H T, YE F X, et al. Failure analysis and remanufacturing of construction machinery shafts by HVOF technique [J]. Applied Mechanics & Materials,2013,423-426:771-774.

[8] TIAN G F, ZHANG Z S, JIN F Z, et al. Remanufacturing technology analysis of construction machinery and equipment [J]. Advanced Materials Research, 2011, 421(2):43-46.

[9] 李新德,王丽. 工程机械液压系统常见故障的原因分析及对策 [C]. 南京:2008 中国人工智能学会智能检测与运动控制会议,2008.

[10] 张红军,工慧基. 多级套筒伸缩式双作用液压缸故障分析及改进 [J]. 建筑机械,2010(5):109.

[11] ZHAO X X, HU Z M, SHANG Y C. Research on hydraulic cylinder fault diagnosis system based on ARM [J]. Advanced Materials Research,2012,619:489-493.

[12] 张利平. 液压泵及液压马达原理与使用维护 [M]. 北京:化学工业出版社,2014.

[13] 郑发泰,叶建波,翁正国. BP 神经网络在工程机械液压系统故障诊断中的应用研究 [J]. 工程机械,2006,10:1-5,82.

[14] 刘中兴. 基于神经网络与专家系统的挖掘机回转装置液压马达的故障诊断 [D]. 贵阳:贵州大学,2009.

[15] CHEN H, HONG Y, CHUA P, et al. Fault diagnosis of water hydraulic motor by hilbert transform and adaptive spectrogram [C]. Prognostics and System Health Management Conference. IEEE,2010:1-6.

[16] 王国彪,何正嘉,陈雪峰,等. 机械故障诊断基础研究"何去何从"[J]. 机械工程学报,2013,49(1):63-72.

[17] 柴艳红. 基于 DSP 的实时监测与故障诊断系统的研究与应用 [D]. 武汉:武汉理工大学,2003.

[18] 冯伟,陈闽杰,贺石中. 油液在线监测传感器技术 [J]. 润滑与密封,2012,37(1):99-104.

[19] 刘兵,路彦珍. 铁谱分析技术在工程机械故障诊断中的应用 [J]. 工程机械与维修,2004,02:107-108.

[20] 简小刚,张艳伟,冯跃,等. 工程机械故障诊断技术的研究现状与发展趋势 [J]. 中国工程机械学报,2005,3(4)：445-449.

[21] 李小全,刘安心,程懿. 基于案例推理的工程机械故障诊断智能化研究 [J]. 机械制造与自动化,2006,35(1)：115-118.

[22] 蔡应强,欧阳冰,陈晓炜. 基于多传感器信息融合技术的工程机械故障诊断系统 [J]. 工程机械文摘,2006(1)：59-61.

[23] 周小勇,叶银忠. 小波分析在故障诊断中的应用 [J]. 控制工程,2006,13(1)：70-73.

[24] 彭细,张盼,许野. 基于大数据的工程机械远程监控系统研究 [J]. 物联网技术,2014(1)：23-26.

[25] 赵华. 振动监测方法在工程机械状态监测与故障诊断中的应用 [J]. 工程机械与维修,2002,08：98-99.

[26] 王健,张琦,樊路军,等. 工程机械一体化监测与故障诊断系统设计 [J]. 工程机械,2004,35(8)：25-29.

[27] 潘伟,耿锋,罗晓春. 工程机械液压系统通用监测诊断平台设计 [J]. 机电工程技术,2007,36(4)：32-34.

[28] 石培科. 工程机械远程故障诊断专家系统的设计与应用 [J]. 工程设计与建设,2005,02：49-52.

[29] 张伟,曾安,贺石中,等. 油液监测技术的分析和研究 [C]. 北京:全国青年摩擦学与表面工程学术会议,2011.

[30] 刘继先. 设备诊断技术在工程机械维修中的应用 [J]. 工程机械,1999,09：43-44.

[31] 焦生杰,陈光和. 模糊数学在工程机械故障诊断中的应用研究 [J]. 西安科技大学学报,1999,19(2)：161-164.

[32] 杨刚,杨学孟. 数字滤波器在现场机械振动故障诊断信号处理中的应用 [J]. 中国设备管理,1999,12：39-40.

[33] 李美荣. 铁谱分析技术及其在工程机械故障诊断中的应用 [J]. 桂林航天工业高等专科学校学报,2009,01：46-47.

[34] 李伟. 蓝牙技术在工程机械故障诊断中的应用 [J]. 黑龙江工程学院学报:自然科学版,2009,23(3)：57-59.

[35] 张江陵,倪浆铭. 数字信号处理技术在精密机械工程中的应用 [J]. 电子机械工程,1987,02:12-24.

[36] 赵振英,查建中,焦建新. 智能工程在复杂机械装备故障诊断中的应用 [J]. 天津大学学报,1994,05：608-615.